HANYU KONGJIAN DUANYU YANJIU

汉语空间短语研究

储泽祥 著

北京大学出版社
PEKING UNIVERSITY PRESS

图书在版编目(CIP)数据

汉语空间短语研究/储泽祥著. —北京:北京大学出版社,2010.1
ISBN 978-7-301-16392-4

Ⅰ.汉… Ⅱ.储… Ⅲ.汉语—短语—研究 Ⅳ.H146.3

中国版本图书馆 CIP 数据核字（2009）第 219126 号

书　　名：	汉语空间短语研究
著作责任者：	储泽祥　著
责 任 编 辑：	旷书文
标 准 书 号：	ISBN 978-7-301-16392-4/H·2397
出 版 发 行：	北京大学出版社
地　　址：	北京市海淀区成府路 205 号　100871
网　　址：	http://www.pup.cn　电子信箱：zpup@pup.pku.edu.cn
电　　话：	邮购部 62752015　发行部 62750672　出版部 62754962
	编辑部 62754144
印 刷 者：	北京宏伟双华印刷有限公司
经 销 者：	新华书店
	650 毫米×980 毫米　1/16　15.25 印张　320 千字
	2010 年 1 月第 1 版　2010 年 1 月第 1 次印刷
定　　价：	29.00 元

未经许可,不得以任何方式复制或抄袭本书之部分或全部内容。
版权所有,侵权必究
举报电话：010-62752024　电子信箱：fd@pup.pku.edu.cn

目录

内容提要 …………………………………………… 1

第一章 ………………………………………… 1
汉语空间范畴的语义内涵及其表述形式
第一节 空间范畴研究的思路和方法……………… 1
第二节 汉语空间范畴及其表述形式……………… 6
第三节 参照与基准……………………………… 16

第二章 ………………………………………… 22
汉语空间短语的类型和共性
第一节 汉语空间短语的结构类型……………… 22
第二节 汉语处所词的词类地位及其类型学意义……… 29
第三节 从空间性看指示代词的类型和共性……… 41

第三章 ………………………………………… 51
空间短语里后置方位词的选择及其作用机制
第一节 空间实体的可居点与后置方位词的选择……… 51
附录：后置方位词选择情况调查表……………… 72
第二节 汉语"在＋方位短语"里方位词的隐现机制……… 79
第三节 套式方位短语"X·方＋的＋Y·方"里
    方位词的类别选择……………………… 94

目录

第四章 ……………………………………………………… 103
前置介词的形成、隐现及其类型和共性表现
 第一节 "对着"的虚化过程及其语法地位 …………… 103
 第二节 "单音动词＋往"里"往"的语法化 ………… 114
 第三节 "在"的涵盖义与句首处所前"在"的隐现 …… 122
 第四节 汉语方位短语前介词"在"的隐现机制 ……… 128

第五章 ……………………………………………………… 152
动词后的空间成分及其标记类型
 第一节 处所角色宾语的判定及其典型性问题 ………… 152
 第二节 处所角色宾语及其属性标记的隐现情况 ……… 160

第六章 ……………………………………………………… 171
空间短语的历时变化和共时表现
 第一节 汉语后置方位词的范围、性质
    和历时变化情况 ……………………………… 171
 第二节 汉语空间短语不同结构式在更替时期的
    共现情况 ……………………………………… 182
 第三节 《老乞大》、《朴通事》里方位短语作状语的
    异常情况分析 ………………………………… 188
 第四节 近代汉语里方位短语能否充当受事成分 ……… 191
 第五节 "底"由方位词向结构助词的转化 …………… 197
 第六节 "在"字句里的"SVO在L"式 ……………… 203
 第七节 "V往＋O"的语义约束 ……………………… 214
 第八节 里外关系变化的四种表达式
    及其标记模式 ………………………………… 224

参考文献 …………………………………………………… 231

内容摘要

　　本书在类型学视野下运用形式语义互证与历时考察相结合的方法研究汉语的空间短语,在分析、解释过程中强调倾向性与多样性的辩证统一。
　　汉语空间短语是汉语空间范畴最基本的表述形式,包括方位词、处所词、空间介词和普通名词四大要素,构成"普通名词＋方位词"、"空间介词＋普通名词＋方位词"和"空间介词＋处所词"等三种主要形式。汉语空间短语的类型表现主要包括：a. 同时使用介词和方位词；b. 处所词自成一类；c. 前置空间介词可隐可现。世界语言里,介词和方位词的使用情况有三种类型：一是介词、方位词形式上分立(如汉语),二是介词和方位词合并成一项(如芬兰语),三是方位词完全被介词吞并(如英语)。
　　汉语的后置方位词包括两种情况,第一种是只能后置的"之上、之下、之中、之间、以内"等方位词,第二种是常常后置的"上、下、前、后、里、外、东、南"等高频率的单音方位词。海内外学者们关注的是第二种情况,但第二种情况只能是一个动态的聚合,还不能说是后置介词。后置方位词与名词构成方位短语,是有选择的。实体名词的物理可居点影响着后置方位词的选择范围,主体与客体的位置关系影响着后置方位词的选择值,实体名词的功能可居点影响着后置方位词的选择倾向。在"介词＋普通名词＋方位词"结构里,语义上起转化作用、句法上有强制作用的方位词是不能隐去不用的。运用认知心理分析后置方位词,虽然推动了空间范畴的研究,但也带来新的问题,主要是容易产生以倾向代替全面、多样的问题,如"汽车"被认为是"图解为一个平面",常说"汽车上"而很少说"汽车里",但我们利用大规模语料库进行定量分析表明,"汽车上"与"汽车里"的出现比例约为 6∶4。

汉语的前置空间介词是从动词或动词性结构虚化来的，虚化成介词后不能再带体标记。"对着"类的介词，不是介词"对"带体标记"着"，而是动词性结构"对着"整体虚化的结果，它与介词"对"有不同的表意作用。由动词虚化来的介词，句法语义上往往具有虚实两重性，动词的用法往往也影响着介词的用法，如动词"往"常带处所词作宾语，"往"虚化以后附着在动词后边形成"V往"结构，所带的宾语仍然是处所词，而不能是方位短语。汉语的前置介词，有可能隐去不用，影响介词"在"隐现的因素包括语用、语音、结构形式、句法语义等四个方面。口语里的"在"，比书面语更容易隐去，单音动词后的"在"，比双音动词后的"在"更容易隐去，底层状语里的"在"比中心动词状语里的"在"更容易隐去，施事处所前的"在"比唯受处所前的"在"更容易隐去不用。在历时发展过程中，汉语的处所词、普通名词和方位短语存在着有机的联系。先秦以后，表示事物的名词逐渐失去充当空间介词宾语的能力形成普通名词，而表示空间场所的名词仍然能够充当空间介词的宾语形成处所词。处所词与普通名词分道扬镳，普通名词与方位词构成方位短语后才能充当空间介词的宾语，这就促动了方位短语的丰富发展。因此，处所词、普通名词与方位短语的形成发展过程，是一个历时的互动过程。在这个过程中，在新格式完全代替老格式之前，总会呈现新老交替、共现并存的局面。

第一章 汉语空间范畴的语义内涵及其表述形式

第一节 空间范畴研究的思路和方法

空间范畴是一个重要的、基本的语法范畴。认知语法非常重视空间范畴,早期就被称作"空间语法(Space Grammar)"。如何研究空间范畴,实际上是由如何研究语法决定的,而如何研究语法,决定于你如何看待语言、如何看待语法。

一 语言、语法与语法研究的思路和方法

人们常常从外在形式、内在性质和功能作用三个方面去认识语言,一般认为语言是一个符号系统,是人类的思维工具和最重要的交际工具(叶蜚声、徐通锵 1997,于根元 1999)。但作为语言学研究对象的语言,不同语言学家们的认识体现出一定的倾向性,更体现出一定的策略。这些倾向性和策略,通常是决定语言学流派尤其是语法学流派的关键因素(顾曰国 1999)。

1.1 Saussure 的"符号系统"说

Saussure 强调语言的社会性和符号性,试图把语言学与人类学、心理学、语文学等学科区分开来。他区分了语言和言语,他把语言比作乐谱,言语就是照着乐谱奏出的曲子。如果一个人的演奏出现了错误,并不影响乐谱。一个人的言语出现了错误,并不影响语言。言语会错,语言不会错。言语很重要,但太复杂,因此,从策略上考虑,只研究语言。但语言是抽象的,怎么研究？Saussure又指出,语言是言语的"结晶",是言语的社会的、共性的不变的一面,而不是随个体使用者变化而变化的一面。这个不变的一面就是语言的符号性。因此,Saussure认为语言是一个符号系统,符号由能指和所指任意组成,个体只能使用它,不能改变它。

Saussure说"语言是一个符号系统",是有他的前提条件的,是他对语言有所认识后,对他研究的对象所下的定义。

1.2 Chomsky的"语言能力"说

Chomsky把语言区分为语言能力和语言行为两部分,并选择语言能力为研究对象,认为语言能力是天赋的,是人类区别于非人类的一个重要特征。语言能力是人类共有的,研究语言,要寻找"普遍语法","普遍语法的规则是无例外的",因为它们构成语言能力的自身,构成人类语言的框架,是语言习得的基础。Chomsky的最终目标是总结出自然语言的共同特征,找到普遍语法的规律（即人类语言的本质）,理清语言与其他认知系统的关系（语言与大脑的关系）。基于他对语言的认识,为了实现他的目标,他发起了一场语言研究的"革命"行动,探究语言深层到表层的转换生成的过程,进行转换生成的语法研究,后来又发展出"支配及约束理论"、"原则及参数",直到本世纪初的"倒Y形派生、层阶式派生"。

如果要研究人类的语言能力,儿童语言习得的研究是非常重要的,Chomsky非常重视这一点。他认为习得语言的过程有1……n若干个阶段。第一个阶段是尚未接触外界语言的初始阶段,这个阶段人类具有生来就有的语言能力,第n阶段是完全掌握语言的阶段。第一阶段现在无法知道,先放弃,但还有两个方面可以研究：a. 语言与其他认知系统发生关系时所必须遵循的条件；b. 生物系统的普遍特性。b题目太大,条件有限,从策略上讲,Chomsky只有选择a了。因此,Chomsky以语言同其他认知系统的关系为研究重点,句法上,以"界面关系"为重点,即以语言系统与其他认知系统发生互动关系的地方为句法研究的重点（石定栩2003：33—40）。我们从中不难看出,Chomsky强调理论对语言的解释能力而不是简单的描写,强调探索人类语言的共性以及语言相异的途径,强调第一语言习得的研究（邹崇理2007：152）。他的语法研究对象、研究方法基于他对语言的认识,适合于他对目标的追求。

1.3 认知语法的"概念结构"说

跟 Chomsky 不同的是，认知语言学家认为语言能力不是一种独立的认知能力，而是跟一般认知能力紧密联系、不可分离的。语言有天赋成分，但天赋的是人类独有的认知、推理及信息处理的能力，而不是头脑里有一部抽象的语法。自然语言是概念化的现实的符号表达，应该从"表达观念和思想"的角度来研究人类语言。语言是不自足的，句法也是不自足的，与词汇、语义密不可分，没有明确的界线。语义是主观和客观的结合，总会涉及人的主观看法或心理因素。句法结构在相当程度上不是任意的、自主的，而是有理据的。句法结构为什么是那样，主要从外部去找原因，而不是从内部去找原因。概念结构与句法结构具有象似性，因此，要从概念结构而不是从形式构造入手分析语言现象（张敏 1998，沈家煊 1999a）。

认知语法是以人类对世界的经验以及人类感知世界并将其概念化的方法、策略作为基础和依据进行语法研究的语法学派，这种学派十分重视空间研究，因为空间认知对人类来说是基本的、重要的（Svorou 1993）。这种学派的形成，也是来源于认知语法学家对语言、语法的不同于别的流派的认识。

中国语言学界是如何认识语言、语法的呢？以朱德熙先生为例。朱德熙（1982：9）认为，"语言是一种符号系统。任何符号都包含形式和意义两方面。"朱德熙（1985：80）指出，"语法研究的最终目的就是弄清语法形式和语法意义之间的对应关系。所以从原则上讲说，进行语法研究应当把形式和意义结合起来。"显然，朱德熙先生对语言的认识受到了 Saussure 的影响，但语言的符号性无疑是语言的实质内容，更为重要的是，朱先生的语法研究方法是基于他对语言的认识的，这一点是十分明确的。

语法研究有影响的新进展，往往都离不开对语言和语法的新认识或新视角。"动态句法（dynamic syntax）"被称为"句法学界近年来最令人激动的新发展"（Kempson, et al. 2001，刘伟 2007），就是因为它的语言观和句法观与众不同。动态句法从语言理解角度来看待语言，把句法定义为构建句子语义逻辑式的过程，在构建语义的过程中考察自然语言的句法特征，并注意语用因素的影响作用。动态语法采用树形图来模拟释义的过程，有一整套计算规则。在解决一些句法难题方面，体现出一定的优势。

二 形式语义互证、历时考察与类型学视野

我们认为，从功能角度看，语言是人类用来表达意思、交流思想的工具，

从外在形式和内部性质看,语言是形式与意义的匹配系统。那么,语法就是形式与意义的匹配规律。这种理解可能使语法的范围显得比较宽泛,它包含了语音学和语义学的一些内容,但不会影响语音学与语义学的相对独立性。实际上,对语法的广义理解,中国语言学界是基本接受的。如朱德熙(1985:38)就把语法形式理解得很宽泛,"既包括有形的形式,例如词语的次序、停顿、轻重音以及某些虚词的有无等等,也包括无形的形式,例如词类、层次和可能的变换形式等等"。邢福义先生在与笔者交谈时指出,语法形式指一切听得见、看得到的与语法意义紧密联系的外在形式。这两位著名学者对形式的理解,都包含着语音成分。

我们遵从"形式与语义互证"的语法研究原则。这有两个基本的理由。一是我们认为语法是形式与语义的匹配规律,既然是"匹配",就是相互配合,不能是互不相干的两张皮。二是形式语义互证的语法研究方法是中国汉语语法界的共识,运用并坚持这种方法,汉语语法研究取得了巨大的成就,朱德熙、邢福义、陆俭明等长辈学者都十分强调这种方法。朱德熙(1985)认为:"从原则上说,进行语法研究应当把形式和意义结合起来。"(80页)"真正的结合是要使形式和意义互相渗透。讲形式的时候能够得到语义方面的验证,讲意义的时候能够得到形式方面的验证。"(80页)"凡是得不到形式上验证的语义分析对语法研究来说都是没有价值的。"(81页)邢福义先生非常重视语表(形式)和语里(意义)的相互验证,他多次强调,"要弄清一个语法事实,有必要由表察里,由里究表,表里互证"(邢福义1995:38)。

我们假设:A与B两个语法单位的形式不同,语义一定有差别;语义不同,形式一定有不同表现,其表意功能也不完全一样。这会使我们最大限度地挖掘形式与意义的匹配规律。

一切影响、制约形式与意义匹配规律的因素都会纳入我们的研究范围。如历时发展变化对共时现象的影响、语用影响、认知影响等。

在很大程度上,我们把认知分析纳入与形式相关的语义分析范围之内。这无疑是一种主观的做法,但并不是毫无依据。因为语义知识、概念、范畴都离不开认知。人们认知某事物形成初始的概念,当认知新事物时,大脑总是在记忆中寻找已存在的初始概念,根据新事物的物理、功能等属性将其与已知事物发生某种联系,对其进行归类。这样,初始概念不断被扩充,形成一个更大的语义范畴(赵艳芳2001:85)。认知是内省式的,强调人与世界的互动、主观与客观的结合,更适合语义分析。

本书的主要目的是研究汉语普通话的空间短语(主要包括空间方位短语和空间介宾短语)。我们的研究涉及到类型学,但不是纯粹意义上的语言类型学研究(刘丹青 2003,陆丙甫 2004)。我们考察古代、近代汉语的空间表述情况,是为了弄清现代汉语空间表述形式的成因和形成过程;我们涉及尽可能多的语言,涉及汉语方言,是为了开阔视野,在更大更为广阔的背景下聚焦汉语普通话的空间短语,以使我们的观察、分析更加准确,解释更加合理,对汉语的共性、类型或个性认识得更加到位,当然,也希望我们揭示的规律有更大的适用范围。

三 穷尽性基础上的倾向性研究

语言学研究遵循三大科学原则:一是穷尽性,二是逻辑上的一致性,三是经济性。穷尽所有语言、穷尽一种语言的所有现象、穷尽一种规律的所有现象是语言学研究者追求的目标。当语言研究进行到一定程度,除了继续进行穷尽性研究之外,应该转向倾向性研究。

汉语语法研究已经进行了一百多年,汉语语法学者必须回答四个问题:第一,汉语各种词类里哪一种词最常用?第二,汉语各种短语里哪种短语最常用?第三,汉语各种小句里哪一种最常用?第四,汉语各种复句里哪一种最常用?如果把汉语各种句法单位的内部成员排成一个优先序列,无论对本体研究,还是对中文信息处理和汉语国际推广,都具有非常重要的意义。研究句法单位的优先序列,就是倾向性研究。显然,倾向性研究是以穷尽性研究为基础的。汉语的空间短语里,方位短语的地位非常突出,方位短语的内部,优先序列情况如何?本书第三章第一节会做出回答。

与倾向性相对的不仅是穷尽性,也包括绝对性和多样性。如形式语法追求的绝对性主要是指规律没有例外,而认知语法的理念与形式语法不同,认为语言规律不可能是绝对的,"只能体现为一种概率或倾向性"(沈家煊 1999a:16),"语言共性及语言里的一般规律往往体现为某种趋势,而不一定是绝对的"(张敏 1998:6)。认知语法倾向性原则的基础是典型性、非离散性、连续性,这与我们要寻找的某个范畴成员的优先序列是一致的。

穷尽性、多样性基础上的倾向性研究,必然重视统计法和定量定性分析法,在这个过程中,离不开形式语义相互验证的分析,也离不开认知分析或解释。可以先统计,找出句法语义结构的优先序列,然后从认知角度对优先序列的构成进行解释;也可以先从认知角度入手,探讨典型性程度,排出优先序列,再用统计数据加以验证。

倾向性研究不仅是研究视点的转向,也可能造成一个新的巨大的研究领域。它的任务不是搭建理论框架,而是在较为成熟的语法框架基础上回答语法学者应该回答而没能回答的一些基本问题,并直接为汉语应用服务,如对外汉语教材要分级(如初级、中级、高级),短语、句子的编排有什么依据?优先序列就能提供依据。

倾向性研究重视统计方法,在一定程度上是概率性语言学研究传统的回归。语言学中的概率思想由来已久。1960年代以前,语言学研究中占主导地位的是基于统计分析的概率性研究。但此局面为Chomsky(1957)所倡导的生成语言学所遮断,其理论特点是非概率性的模块论和离散性概念的线性推导(杨军2007:117)。因此,重视统计方法,可以说是语言学研究传统的一个回归。

汉语句法语义结构的倾向性研究(主体内容是优先序列研究),不可能在本书完全展开,即使是空间短语的倾向性研究,本书也不是全面、完备的,但在许多内容上会有所体现。总体来说,还是一种尝试。

第二节 汉语空间范畴及其表述形式

一 空间范畴常见的概念术语

1.1 线、面、点、体以及维

"线",几何学上是指只有长、没有宽和厚的图形;"面",几何学上指有长有宽、没有厚的图形;"点",几何学上指没有大小(即没有长、宽、高)而只有位置、不可分割的图形,如线段两端都是点;"体",几何学上指具有长、宽、高(或厚)的形体。几何学上,点构成线,线构成面,面构成体。我们这里所说的"线、面、点、体",不是纯粹几何学意义上的线、面、点、体,而是带有空间认知特征的线、面、点、体。

我们这里所说的线、面、点、体,都是针对实体而言的,而"实体(substance)",这里是指可以看得见、摸得到的实实在在的有形体的东西,如桌子、椅子、石头、水、云、人、动物等。空间侧面对称的实体,往往被认知为空间的"点",如"足球",更为重要的是,当实体的内部和表面没有被占据而实体只是用来指示附近的空间时,该实体就被认知为"点",如"足球旁边"、"大楼前边"、"桌子附近"里,"足球"、"大楼"、"桌子"都被认知为"点"。空间侧面不对称的实体,有两种物理属性十分突出。一种是细长的侧面,如"绳子"、"海岸",被认知为"线",该类实体通常被叫做"线性实体";另一种是较为平坦的侧面,如椅子承置臀部的部位、餐桌承置餐具的部位,被认知为"面"。应该说明的是,"面"也可以指实体的表面部分。实体的表面,可以是方形的,也可以是弧形的,还可能是不规则的。认知空间的"体",突出的特征是实体的内部空间,而不是长、宽、厚这些几何特征。

线、面、点、体具有三个空间认知特征(Talmy 1983/2000:220—225):

第一个特征是理想化(idealization)。我们认识一个实体的空间时,不可避免地要通过知觉和格式塔认知形式的作用过程,并与头脑中已有的图式相配或归类,这个过程就是"理想化"的过程,它并不完全遵从实体的物理属性。当一个实体的某个侧面比其他的侧面大得多的时候,理想化就会出现。例如一根棍子、一个人或一幢摩天大楼可以被看作一条"线",一个大坑或一座火山可以被看作一个有容积的封闭物,而侧面大致均衡对称的一个实体,如一块鹅卵石或一颗星星,可以被看作一个单个的"点"。

第二个特征是抽象化(abstractedness)。当实体被理想化以后,必然有被忽略的部分。这个忽略的部分就是抽象化带来的结果。如湖面与场院,都被看作平面,但一个是液态的,一个是固态的,经过抽象,这种差别可以忽略不计。

第三个特征是语言拓扑(topology)。语言要表示纷繁复杂的空间,没有拓扑是难以想象的。这可以从两个方面得到证明。一是语言表述空间时不太计较形状,允许形状在一定范围内的变化。如汉语的"N 里",N 被理想化为封闭的实体,如"锅里"、"箱子里"、"屋里",但"山谷里"也可以说,山谷的一端或两端并不总是封闭的。二是语言表述空间时不太计较大小。实体的大小我们可以明确地感觉到,语言表述时也可能加以区分,如汉语的地名"湖北"表示较大的空间,"针线盒"却只有较小的空间,可以说"在湖北",不能说"在针线盒"。但"火车"比"针线盒"大得多,也不能说"在火车"。语言讲究经济性,如果计较空间大小,语言表述形式肯定会过于复杂。

顺便论及的是"维"及"维度"。"维"是几何学及空间理论的基本概念。构成空间的每一个因素(如长、宽、高)叫做一维,如直线是一维的,平面是二维的,体是三维的,点是零维的。点是零维的,是指点的维度在认知层面被忽略了,这并不意味着点在物理世界没有长宽高,如"车子开到火车站","火车站"就被认知为一个空间点(位移的终点),但在物理层面,"火车站"是一个立体,当我们说"车子开进火车站"时,"火车站"的立体性就表现了出来。我们还要强调的是,在语言空间范畴研究里,二维不等于面,二维只是平面

("面"的一种),"面"还有实体表面的意义,这不是"二维"所能代替的。

英语的 dimension 译成汉语可以是"维"或"度","维度"似乎是二者结合而成的一个词,与"维"的意义非常接近,但使用时分工不同。"维"是单音节的,倾向与单音节的语素组合("1+1"式),通常用于"一维/二维/三维";而"维度"是双音节的,倾向与双音节的词语结合("2+2"式),常见于实体的"垂直维度(即上下维度)/侧面维度(即左右维度)/纵深维度(即前后维度)"以及"空间维度"等表述上。维度与方向可以合称"维向"。

1.2 处所、位置、方向和方位

处所(place),指地点或场所,汉语多用来表示范围较大的可供人们活动的空间。位置和方向是两个有密切联系的概念。位置(location),指占有一定空间的点、线、面或体,汉语多用来表示范围比处所小的、通常较为具体的空间。方向(direction),指面对的某一位置,如汉语的"东、西、南、北、上、下"等,也指前进的目标(廖秋忠 1989:9)。方位在汉语里有两种意思,一种是方向(direction),偏指东西南北,一种是方向和位置的合称(location & direction,orientation),汉语空间范畴研究里主要使用第二种意思。方位、处所可以合称方所。

另外,在格语法、配价语法等以动词为结构中心的语法体系里,"处所"是动词的一个语义格/语义角色,或者是一个论元,中心意思是指与动词相联系的、表示空间的一种语义成分。如果不加特别说明,本书所说的处所是指地点或场所。

1.3 主体与客体、图形与背景

一个空间表述,至少有两种功能:一是给实体 X 安排了一个位置;二是在实体 X 与实体 Y 之间建立起空间联系。如"桌子上放着电脑",表示电脑(X)的位置是在桌子上,电脑(X)与桌子(Y)建立了承置性的空间关系。储泽祥(1997a:241)把提供空间的 Y 称作"本体",把占据空间的 X 称作"客体"。为了对应起见,我们这里把 Y 称作"主体",X 仍然叫"客体"。从 Y 看,Y 给 X 提供了一个位置,从 X 看,X 占据了 Y 的空间,"打扰"了 Y,Y 与 X 的空间联系,有点像主客关系,因此,我们分别用主体(host substance)、客体(guest substance)来称呼它们。

语言里,人们选择什么为主体、什么为客体,具有普遍的倾向性,这使主客体具有了一系列基本对立的语义特征。比较(参考:Talmy 1983/2000:183):

主体	客体
a. 具有已知的空间特性以描绘客体的未知状况	a. 具有未知的空间特性
b. 较多的定位性	b. 较多的移动性
c. 形体比较大	c. 形体比较小
d. 几何图形较为复杂	d. 几何特征较简单（通常是空间点）
e. 现场的提前性	e. 更多的现场性
f. 较少的关注	f. 更大的关注
g. 较多的直接理解性	g. 较少的直接理解性
h. 较多的背景性	h. 较多的凸显性
e. 较多的独立性	e. 较多的依赖性

这里要强调的是，主体和客体相对的语义特征，不是实体固有的语义特征，是人们强加在它们身上的，主体与客体二者的地位客观上是平等的，但主观上，有明显的倾向。如我们说"电脑在桌子上"、"湖旁边有一排石椅"，但一般不会说"电脑下有一张桌子"、"石椅旁边有一个湖"，就是因为较大的桌子、湖更适合作主体，而相对较小的电脑、石椅更适合作客体（刘宁生1994：171）。当两个实体大小比较接近时，谁是主体谁是客体可能都是可行的，如我们既可以说"办公楼在教学楼前边"，也可以说"教学楼在办公楼后边"。

当然，主体与客体的人为对立的语义特征不可能是绝对的。例如只能说"我身旁的这座城市"，而不能说"这座城市旁边的我"，尽管"我"比"这座城市"要小得多。在这个说法里，熟悉的"我"被安排为主体，而受关注的"这座城市"被安排为客体。主观上，说话人"我"把自己置身城市之外，而客观上，"我"正处城市之中，因此，"这座城市旁边的我"是不能成立的。

对空间范畴研究来说，主体和客体的空间关系最为重要。但相比较而言，主体的空间特征比客体更重要。

在语言表述空间时，并不注重用主体的物理外形或构成成分的任何特征来描绘主体所造成的空间，主体的大小、长度、距离、角度、质地、材料、性质等客观属性在表现空间时都不是十分显著的，它们可能在深层次上起作用，但远不如"结构形态"、"细分度"、"空间维度"、"边界情况"、"与局部识别相对的对称性"等因素显著而关键（Talmy1983/2000：187）。"形体即空间"这句话,应该从这五个方面理解更为合适。从结构形态看,主体可以分为单一主体和组合主体两种,单一主体如"一张桌子(上)",只有一个个体,组合主体如"中指和食指(之间)"、"学生(中)",个体不止一个(但构成一个整体)。我们不说"一张桌子中"或"一张桌子之间"。有的主体形态可以变化,如报纸可以折叠,绳子可以弯曲,用来刮胡子的泡沫可以膨胀,水可以流动,队伍可以散开、集合或重新排列。我们说"报纸里包着几块砖头",不能说"报纸上包着几块砖头"。从细分度看,主体空间特征复杂的细分度高,如箱子与石头,箱子有底和盖,内部可以容纳他物,石头就不能这么细分,我们经常说"箱子里",而不说"石头里"(除非是"石头里有玉"这样的特殊情况)。从空间维度看,一维、二维、三维的主体,表现出不同的空间特征,直接影响着空间表述,对于二维的水面,我们可以说"水面上"而不会说"水面里"。从边界情况看,有界的实体,汉语往往都有个体量词表示它的单位,如"一支笔",而无界的实体,汉语往往就没有给它安排个体量词,如水、气体、沙滩。有的实体客观上边界难以分清,但人们主观上把它归入有界的实体,如坑、墙角,它们的边界实际上是主观的、模糊的(沈家煊 1995:369)。从对称性看,越是不对称的主体,局部的空间特征就越突出,如桌面、床面、椅面是不对称的部分,分别是桌子、床、椅子的功能的突出体现,这会影响到"桌子、床、椅子"后附方位词的状况:通常后附"上",而很少后附"里"。

　　主体是建立空间关系的着眼点。客体要占据主体所提供的空间,主体能提供什么样的空间呢?或者说,在主体与客体的空间关系中,主体表现出什么样的空间属性呢?总体上看,主体能造成三种空间,或表现出三种空间属性:表面空间(boundary space)、内部空间(inner space)和外部空间(exterior space)。外部空间又可以区分为相邻空间(neighboring space)、远距空间(far-from space)两类,这种区分并非毫无意义。如"湖边是一排杨柳",杨柳是在湖的临近空间,而"广州在武汉的南边",广州是在武汉的远距空间。临近空间常常借助"旁/边/旁边"、"附近"等来表示,而远距空间不能用它们来表示。

　　主体与客体的空间关系,从格式塔心理学看,就是图形(figure)与背景(ground)的关系。如果把这一对心理学概念引到语言空间范畴中来,那么,主体与背景相联系,客体与图形相联系。图形是指已经或要占据空间的实体,它的位置、路径或方向被认为是一个变量,背景是指提供空间的实体,可以标明图形的位置或路径。图形也叫焦点(物)、目标(物)或目的(物),相应的背景也叫地标。

从理论上说,"背景"和"背景物"是联系紧密但又有差别的两个概念,应该区分开来。背景物与主体所指相同,但背景是指主体造成的空间,语言中背景往往不是单独由主体来表述,还需要别的语言元素来帮助表示,如"楼下有个停车场","停车场"是主体、图形,"楼"是主体、背景物,方位短语"楼下"才是背景。不过在实际运用中,背景和背景物这两个概念并没有区分得那么清楚,本书在使用时也未严加区分。

1.4 主体与客体的空间关系

主体与客体的空间关系,可以从不同角度去研究。它们相互补充,并不是相互排斥的。

如果着眼于客体的位置、路径或方向,可以把主体分为"位置"、"起点"、"终点"、"路径"四种情况(Fillmore 1968),也就是说,主体对客体的空间作用,可以分成这四类。这种区分,优点是抓住了方位的各个细节以及静止、位移的情况,但缺点也明显,它没有抓住主体不同情况的重要的共同空间因素,一遇到复杂的情况,也难以处理,如"他在屋顶走来走去","屋顶"是位置还是路径?虽然可以看作位置,但"走来走去"明显表示位移,从逻辑上说,有位移就应该有路径,因此,无法把路径因素完全抛开。

主体对客体的作用,可以归结为一个概念,那就是"背景"。主体与客体的关系,就是背景与图形的关系(Talmy 1983/2000:184)。用图形与背景的概念可以抓住共同点,但又过于宽泛,掩盖了主体与客体空间关系的不同类别。

主体与客体发生空间关系,存在程度差别。有的客体与主体只是表面接触,有的客体却进入了主体的内部,有的主体与客体没有任何接触。廖秋忠(1989:16)把主体与客体的空间关系分为"包含关系"和"排斥关系"两大类,储泽祥(1997a:241—246)把主体与客体的空间关系分成"接触性"、"容入性"、"离析性"三类,前两类对应"包含关系",后一类对应"排斥关系"。所谓接触性关系,是指主体与客体只是表面接触,如"灶台上摆着许多碗",灶台与碗只是表面接触;所谓容入性关系,是指客体处在或进入主体内部,如"柜子里都是衣服",衣服是处在柜子的内部空间。所谓离析性关系,是指主体与客体没有任何接触,如"头上飞过一群鸟","头"和"鸟"没有实际的接触。

接触、容入、离析三种关系都还可以细分。接触包括面接触和点接触,如"地上躺着一个人","人"与"地"是面上的接触,而"门楼上吊着一只红灯笼","门楼"和"灯笼"只是点的接触,即吊灯笼的东西其中的一端与门楼有接触。容入包括容入容器和容入范围,如"锅里的菜","菜"在容器"锅"里,而"他在禁区里发球",指"他"在"禁区"的范围之内。离析包括相邻离析和远距离析,如"办公桌旁坐着一个人","办公桌"和"人"的距离很近,是相邻离析,而"头上是满天的繁星","头"与"繁星"相距很远,是远距离析。

　　空间关系不同,主体对客体的作用也不同。主体与客体是接触性关系时,主体起承置客体的作用;主体与客体是容入性关系时,主体把内部空间提供给客体;主体与客体是离析性关系时,主体起指示客体位置的作用。

　　主体与客体的三种空间关系,与主体的三个作用和主体的空间属性是基本对应的。列表对应如下:

主体与客体的空间关系	主体对客体的作用	主体的空间属性
接触性关系	承置客体	表面空间
容入性关系	包纳客体	内部空间
离析性关系	指示客体的位	外部空间

　　主体的外部空间可以分为相邻空间和远距空间,主体客体的离析性关系也可以分为相邻离析与远距离析。

　　容入与接触、接触与离析都可能有中间状态,但容入与离析是完全对立的。依据它们的中间状态可以做如下表示(从左向右,主体与客体空间关系的亲密程度越来越低):

　　　　容入──→接触──→离析

　　容入与接触的中间状态如"头上戴着一顶草帽"、"他在灯火上点烟","草帽"的帽碗实际上为"头"提供了内部空间,而"烟"也实际进入了"灯火"的火焰之中,在这种情况下,主体与客体既有接触性关系,又有容入性关系,但人们理解的时候偏向接触性关系。

　　接触与离析的中间状态如"屋檐下用绳子吊着一个篮子","篮子"与"屋檐"实际上没有直接接触,但在这里有专门作用的中介物"绳子",它与"篮子"、"屋檐"有实际的接触,人们理解的时候仍然偏向接触性关系。

　　容入与离析是完全对立的。可以设想这样可能的中间状态:一根巨大的管子,中间是空的,一只蜜蜂在里面飞,但没有与管子的内壁接触。无论如何,蜜蜂都是处在管子的内部空间。在现实世界的实体之间,我们还无法想象容入与离析难以分清的中间状况。

1.5 基准物、参照物与目的物

当我们说"书架上都是书"、"土堆前边停着一辆自行车"之类的句子时，我们知道"书架"、"土堆"是主体/背景，而"书"、"自行车"是客体/图形。从主体角度看，主体为客体提供了空间位置，但如果我们着眼于客体，那么，我们就不难发现，客体的位置是以主体为参照的。也就是说，主体是参照物（reference），客体是目的物（goal）。这里有些疑问："书架"有上下之分，"土堆"有前后之分吗？"书架"的上下之分依据的是什么？"土堆"的前后之分依据的又是什么？要回答这些问题，光靠笼统的"参照"是解决不了问题的。我们把传统上空间范畴研究所说的"参照"分为两类，一类叫"基准"，一个仍然叫"参照"。第三节会专门讨论这个问题。

二 空间位置关系的典型表述形式：空间短语

2.1 空间表述因素及表述要素

先看下面的一段话：

城东国美商城有个停车场，32号位上停着一辆黑色奥迪。两个年轻人打开车门，钻进车里，车子开出了停车场，向南驶去，穿过隧道，开上中山大道，左拐到市政府旁边的画苑宾馆，在宾馆大门前停了下来。

这段话里包含了多少空间表述因素？在一段话里是可以穷尽的，如介词"向"、"在"，方位词"东"、"上"、"里"、"南"、"左"、"前"，处所词"旁边"、"国美商城"、"中山大道"、"画苑宾馆"，普通名词"车"、"隧道"等。但是，汉语空间表述因素到底有多少呢？大致包括以下几类：

a. 方位词。如"东西南北上下前后左右里外内中"以及"旁"、"边"、"以东"、"以西"、"以南"、"以北"、"以内"、"以外"、"之上"、"之下"、"之内"、"之外"、"之中"、"之间"、"以远"、"以近"、"下里"等。

b. 处所词。包括三种情况：一是地名、建筑机构名；二是以"顶/腰/脚/口/嘴/角"等结尾的、可以充当介词"在"的宾语的体词（廖秋忠1989：16，储泽祥1997a：15—19），如"山顶"、"山腰"、"山脚"、"门口"、"山嘴"、"墙角"等；三是"附近"、"周围"、"四周"、"旁边"、"以上"、"东头"、"前方"、"右边"、"上下"、"内里"、"背后"、"头前"、"边上"、"对面"、"上部"、"左侧"、"上端"等主要表示空间意义的体词。"身上"、"天下"等比较固定的说法，也可以看作处所词。

c. 空间介词。如"在"、"到"、"往"、"从"、"向"等。

d. 普通名词。普通名词与方位词结合构成的短语,是汉语常见的空间短语之一。

e. 指示代词。如"这儿/这里"、"那儿/那里"、"哪里"、"这边"、"那边"等。除了"哪里"之外,指示代词可以放在体词后边,如"树荫那边"、"墙那边"、"柜台那儿"、"我们这儿"、"他那儿"、"朋友那里"、"公司这儿"等,用来表示特定的空间位置。指示代词在空间表述里占有不可忽视的地位,汉藏语系的许多语言以及北美语言里,指示代词涉及说话人、听话人、言谈对象的位置,以及言谈对象是否看得见等十分丰富的内容(Mithun 1999:132—136)。

f. 空间副词。如"到处"、"处处"等。

g. 空间动词。如"在"、"到"、"往"、"来"、"去"、"进"、"出"、"过"、"经过"、"入"、"回"、"上"、"下"。表示趋向的空间动词,既能像"进家门"、"出教学楼"、"上华山"、"下江南"那样表示位移,也能跟在其他动词后边表示位移,如"跳进水塘"、"飞出云层"、"冲上屋顶"、"跑下土坡"等。

如果深入地观察就不难发现,只要带有位移义的动词,都可以影响空间表达。比较:

(1) 他走过玉米地,来到河边。
(2) 他钻过玉米地,来到河边。

动词不同,可能意味着不同的空间认知取向。例(1)用动词"走",突出了玉米地的水平的有边界的地块,忽略了生长在土地上的玉米。例(2)用动词"钻",突出了玉米秆,忽略了水平的地块。

除了上述七个表述因素之外,还有一些也可以看作空间表述因素。如数量词、领属性修饰语、某些关系小句以及表示空间属性的形容词等(Rijkhoff 2002:173)。数量不一样,占据的空间大小也不一样,"一个人"比"三个人"占据的空间要小,汉语还有"序数+量词"表示方位的现象,如"我坐在16排"。领属性修饰语,不少是空间表述因素充当的,如"武汉的天气",即使是"我的书"这样的领属结构,认知上也是基于空间的。像"我昨天买(的书)"这样的关系小句,也有分割空间的作用:把"我昨天买的书"与其他的书分割开来。形容词"大/小/高/低/矮/厚/薄/胖/瘦"等,可以描述不同的空间属性。

这些因素,以及由这些因素构成的结构式,就可以表示空间。如表示方向,主要有以下形式:方位词;普通名词+方位词;介词"向"、"往"、"从"、"到",以及"动词+向/往/到"等;空间动词,以及"动词+进/入/出/上/下/来/去/回"等。汉语精确方向的表达,往往需要"正"等副词的帮助,如"大门的正前方/上方"。表示处所,"介词+处所词"是常见的形式,而表示位置或方位,"(介词)+普通名词+方位词"是经常用到的表述形式。表示静态空间,常使用介词"在",表示动态空间位移,常用介词"向"、"往"、"从"、"到"。

空间表述因素有主要、次要之分。储泽祥(1997a)研究表明,a-d 方位词、处所词、空间介词、普通名词是汉语空间表述因素中的四大要素。

2.2 空间短语及其语义结构

汉语的空间短语(spatial phrase,简称 SP)是汉语空间表述的典型形式。它包括方位词、处所词、空间介词、普通名词四个要素,主要包括三种形式:

a. 普通名词+方位词。这就是通常所说的"方位短语"。我们主要涉及单音后置方位词构成的方位短语。

b. 空间介词+普通名词+方位词。

c. 空间介词+处所词。

我们可以把空间短语表示主体(host substance,简称 H)与客体(guest substance,简称 G)空间关系的语义结构表述如下:

空间关系的语义结构=SP(H,G)。

H 是充当基准的主体,G 是与主体发生空间关系的客体,SP 是表示空间关系的句法语义要素,如前置空间介词、后置方位词等。

方位短语里的后置方位词,可以帮助表现或描述主体的空间属性,不同的方位词,有不同的倾向性,其基本的对应情况如下表:

主体与客体的空间关系	主体的空间属性	倾向使用的后置方位词
接触性关系	表面空间	上
容入性关系	内部空间	里/内/中
离析性关系	外部空间	前/后/外/下/东/西/南/北

本书主要研究空间短语及其构成要素。当然,空间短语不可能孤立地

表示主体与客体的空间关系,必然牵涉到其他因素(如指示代词)和包含空间短语的各种句法格式。

包含空间短语的句法格式主要有以下五种:

格式一:S+(介词)+处所词/方位短语+V+O。如"咱们北京见"、"我们从长沙去广州"、"咱们饭桌上不谈正事"、"老师在黑板上写字"。

格式二:介词+处所词/(介词)+方位短语+S+V+O。如"在机场,他们商量了下次见面的时间"、"(在)操场的草坪上,几个小朋友在踢足球"。

格式三:S+V+(介词)+处所词/方位短语。如"这批货发(到)深圳"、"东西放(在)桌子上"。

格式四:S+空间VP+处所词/方位短语。如"小明跑回了画苑宾馆"、"你把花插进花瓶里"。

格式五:处所词/方位短语+的+N。如"文学院的教室"、"树上的鸟儿"。

以上五种格式可能糅合在一起,构成更为复杂的表述形式。格式一和格式二可以糅合,如"在广州,他们为了回家过春节在火车站广场上排了十几个小时的队"。格式一也可以与格式三糅合,如"他从北京飞到了成都"。格式五可以充当格式一、格式二里的O,如"他在阳台上看得到对面屋顶上的鸽子"。

这些包含空间短语的句法格式,也是汉语表达在某个空间里进行某个活动或存在某个事物的主要形式。这反过来可以说明,空间短语是汉语空间表述的最基本最重要的形式。

第三节 参照与基准

一 参照和基准的区分

1.1 参照与基准的定义

要想确定一个实体的位置,或者描述一个实体的运动情况,必须有一个参考系,而这个参考系,通常是另一个实体或一组实体,习惯叫法就是参照物。廖秋忠(1983:258)早就指出,"没有参考点的方位词或方位短语是无法用来定位的"。Talmy(1983/2000：203)已经注意到"主要参照物(primary reference object)"与"次要参照物(secondary reference object)"的不同,廖秋忠(1989：9)也意识到"方向参考点"与"位置参考点"的差别,储泽祥(1997a：203)初步讨论了参考系内部的不同。我们这里把参考系区分为两种：一种是参照,一种是基准。

所谓基准(underlying thing / subspatial base),是指与客体构成接触性关系或容入性关系(不包括离析性关系)的主体,是某个空间结构的重要组成部分,它为客体提供了表面空间或内部空间(不包括外部空间),它以自身为客体的位置提供了基础或"立足点"。如"书架上的书"、"口袋里的面粉"、"书架"、"口袋"就是基准。

所谓参照(reference),是指确定方位或指示方位的标准,如确定"东西南北上下前后左右里外"的标准物就是参照,"大楼前/附近/旁边/周围的车辆"里的"大楼",指示了"车辆"的方位,也是参照。确定方位的标准(即方位参照)是参照的核心。

1.2 汉语的方位参照

基准,对无论操何种语言的民族而言,都是一样的。但参照可能受先民认知或居住环境的影响,不同的民族不一定是一致的,有些方位参照,由于年代久远,已经不得而知了。

汉语的"东西南北"是以太阳为参照的,太阳升起的方向就是"东",太阳落下去的方向就是"西",依据"东西"就可以确定"南北"。刘宁生(1994：175)认为它们是以地球为参照的,这种看法不一定妥当。"东西南北"是以太阳为参照,然后对地球(首先可能是大地)进行区域划分、区域定位。

汉语"上下"的参照已经不得而知,因为早期汉字(参见《说文解字》)里的"上下"就是指示字,象征性的笔画所代表的参照物原本是什么已经不清楚了,刘宁生(1994：175)说"上下"的参照是地球,背地球而去的方向为"上",反之为"下",这种看法有些勉强,如果抠一下字眼就会发现,当汉语"上下"出现时,人类对地球还没有充分的准确的认识,"地球"不等于"地",先民不知道地球是圆的,甚至不知道海的另一边有人居住。我们推想,汉语的"上下"是以大地上的人和事物为参照,在"天地人"中,人在中间位置,天所在的方向为"上",地所在的方向为"下"。

汉语的"前后左右"是以人体为参照的。人类的语言表达总是以人类为中心,人类的身体经验,可以使人类认知前后左右甚至上下方位。人类行走的方向,视线的方向,以及人体前胸后背的区分,使人类能认知前后方位;人类的左右手,以及人类的心脏位置,可以促使人类认知左右方位,早期汉字里"左右"是象形字,表示左右手。人类直立的姿势,头脚相对的身体结构,脚接触地面的经验,可以帮助人类认知上下方向,虽然《说文解字》对"上下"的解释已经超越了人体认知,但不能据此认定汉语先民认知上下方位脱离了人体。

汉语里,"天上"与"地下"相对,"胸前"与"背后"相对,它们都是同位附加构成方式的、相当少见的说法(廖秋忠 1989:16),天在上,地在下,胸在前,背在后,天与地本身就蕴含着上与下,胸与背本身就蕴含着前与后。这类说法就像"语言化石",它们在一定程度上表明"上下"的参照与天地有关,"前后"的参照与人体有关。

参照的设定在不同语言中有共同之处也会有不同之处。英语的方位参照与汉语不同,如东西南北以及上下方向,Talmy(1983/2000:201—202)认为英语的 up 和 down,north 和 south,east 和 west 三对相反的方向,是以地球为标准区分出来的。刘宁生(1994)对汉语"东西南北上下"参照的看法,很可能受到了 Talmy 观点的影响。赵世开(1999:50)和张璐(2002:18)认为英语的 east,south,west,north 与汉语的"东西南北"一样,都是以太阳为参照。考虑到 Talmy 的母语与文化背景,我们暂时采信 Talmy 的看法。

不同民族居住环境不同,方位参照可能也不一样。大致说来,平原地带的民族东西南北的确定通常以太阳为参照,而高山河谷地区的民族东西南北方位要么不重要,要么不一定以太阳为参照。比较有趣的是格曼语,确定东西方向是一种参照,确定南北方向是另一种参照(李大勤 2002:72)。讲格曼语的人住在中国西藏的察隅县,地势北高南低,得鲁(察隅)河从北向南流,从海拔 5000 米到 1000 多米,山高谷深。东西方向以太阳为参照,太阳升起的地方为东,太阳落下的地方为西,南北方向以得鲁(察隅)河为参照,河的上游为北,河的下游为南。这两种不同的参照,我们从格曼语表示方位的词语里可以观察得到,因为格曼语并没有像汉语"东西南北"那样的固定词汇形式,而是用太阳升起落下、上游下游来指示方位。

1.3 汉语参照的类别及人体投射

a. 以太阳为参照。确定"东西南北"方位。
b. 以人体为参照。确定"前后左右"方位。
c. 以天地人的相对位置为参照。确定标示离析性空间关系的"上下"

方位。

　　d. 以表示客体处在外部空间的主体为参照。确定"外、旁边、附近、之间"等方位。

　　e. 以人体投射为参照。人体投射参照，是指人们根据对自然界事物常态的认知，把属于自己的"前后左右"方位，投射或推衍到这些事物身上，让它们也具有认知上比较一致的、较为稳定的"前后左右"方位。动物的头部或脸部所朝的方向为"前"，那么"后左右"也就可以确定了。无生命的事物，如大楼或房屋，大门所在方向为"前"，一部电视机，荧光屏所在的方向为"前"，一个村子，通常的朝向或入口为"前"，一张书桌，人面向它坐的、有抽屉的方向为"前"，火车、汽车和飞机，人们似乎先将它们"生命化"，先决定它们的面或头、背或尾等部位，然后再来决定"前"的方位，它们的头部、通常的运动方向、驾驶员脸部的朝向为"前"（廖秋忠1989：12，刘宁生1994：175—176）。这里有两个方面要注意：第一个方面，主体客体的位置关系（包括人与事物互动时的空间关系）是人体投射的基础，如鼻子的"前"可由它所在的脸部朝向来确定，但鼻子的"后"并不显著，因为人们很少关注鼻子后边（位于头的内部）的东西，我们说"鼻子前边"，但几乎不说"鼻子后（边）"；第二个方面，是否与人体结构相似或在认知上是象似的，是人体投射参照的关键。我们或多或少地能够在动物、玩具娃娃、建筑物、交通工具等事物身上找到与人体结构相似或象似的地方，经过人体投射以后，它们都有较为固定的前后左右方位，但"篮球"、"石块"、"山"、"大树"、"扫帚"、"碗"等事物就不同了，它们的结构跟人体差别比较大，难以通过人体投射形成较为固定的前后左右方位。不过，在实际的空间表述中，人们可以以说话人或观察者身份，临时为它们确定方向。

　　f. 以说话人或观察者的临时观察方向为参照，给事物临时定方位。首先我们想到的是"这儿/那儿"。"这儿"离说话人较近，"那儿"相对来说距说话人较远。但更常见的是说话人把自己的前后左右方位向空间延伸从而形成一个临时的参照框架，可以为事物临时定方位。人们通常把面对的部分定为"前"，如"大树前"、"篮球前边"、"山前"，再据此确定"后左右"。这里有三点需要强调：一是方位的临时性。说话人参照是临时的、不固定的，如山南边的人看着山说山南是"山前"，山北边的人看着山会说山北是"山前"，人们可以从不同的角度去面对一个事物，造成同一事物不同的临时方位。二是临时参照的连锁性。当有A、B、C三个事物一字排列时，观察者面对着C时，可以说"B的前边是C"，还可以说"A的前边是B"、"A的前边是B、C"，临时参照框架里,确定一个,就可以确定多个,形成连锁反应。三是在需要的时候,临时参照几乎可以针对任何事物。有固定方位的事物也可以进入临时参照框架,如一幢大楼,如果距离观察者较远,分不清大楼的固定方位,观察者面对的一面,就可以称作"前"。

针对有固定方位的事物,说话人选择"人体投射参照"定方位,还是选择"临时观察方向参照"定方位,严格来说是任意的。如果对话双方选用不同的参照,会造成误解。如"大楼左边",从固定方位看是这一边,从临时观察方向看却是另一边(储泽祥1997a:204)。

1.4 区分参照与基准的价值

首先,有利于主体所示空间与方位参考系的对应。主体表示的空间可以分成两大类:一类是外部空间,另一类是非外部空间(包括表面空间和内部空间)。参照针对外部空间,而基准针对非外部空间。

其次,有利于细致深入地了解汉语空间表述的认知语义内容。一个简单的方位短语,可能包含着两种参考系,如"树上","树"是基准,天相对于人的位置或头在人体上的位置是"上"的参照,参照可能因为时代久远而淡化甚至被遗忘,但它比基准更具文化内涵和民族特色。区分了参照和基准,使我们对方位表述的观察和理解更加细致深入。如"屋里"以"屋"为基准,而"屋外"以"屋"为参照。"楼下"有两种意义,一是指楼下的住户所处的空间,"楼"是基准,一是指楼周边的地上,"楼"是参照。"河东"有两个参照,一个是太阳,是深层参照,一个是"河",是表层参照。"村前有一条大路"有两种理解,一是"路"在"村"的内部,一是"路"在"村"的外部,前一种理解"前"是以人体对"村"的投射为参照,后一种理解"前"是以说话人面对村子的方向为参照。

再次,有利于解释一些空间表述现象。如汉语说"天上地下",是以"地"与"天"的相对位置为基础的,有时候,"地下"的意思就是"地上",如"碗掉地下(·xia)/地上了",为什么这里"地上"与"地下"意思相近?因为"地上"是以地为基准,而"地下"是以天地的相对位置为参照。更有意思的是"窗前"。我们可以说"窗前月",也可以说"窗前的桌子",到底"窗前"是在屋里还是在屋外?首先要看观察者的位置,观察者在屋内面对着窗户,那是"窗前的桌子",观察者在屋外面对着窗户,那是"窗前月";其次要看窗户的固定方位,朝外的方向是"前",因此,不管人在屋里还是在屋外,都可以说"窗前月"而意思不变,如果这时说"窗前的桌子",那"桌子"一定在屋外了。

二　参照与基准的对立性特征

参照	基准
原初的	非原初的
重方向	重位置
固定的	变化的
隐蔽的	外显的
针对外部空间	针对表面、内部空间

"东西南北上下前后左右"方位的最早参照是原初的,不能改变;而基准是非原初的,可以变化,"N·上"方位短语里,可以充当基准 N 的名词,数量很多。主体是参照物时,指示的是客体的方向或大致的方位,如"窗户外边的落叶","窗户外边"指示了"落叶"的方向,具体位置并不清楚;主体是基准物时,位置是比较明确的,如"汽车上的行李","行李"的位置在汽车的内部。我们关于基准与参照的看法割裂了"里"和"外",这是不足,但好处是可以从一个深层的角度解释了为什么"N·里"很常见,而"N·外"不多见:"N·里"的 N 是基准,能提供位置,而"N·外"的 N 是参照,只能指示大致的方位,在表述空间时不如前者具体实在(储泽祥等1999)。

"东西南北"的参照是太阳,这是固定的,所示方向也是固定的;人体投射参照所形成的事物的方位也是固定的;"前后左右"对于人体本身来说是固定的,只是以说话人为参照时,才带有临时性("旁边"、"外"等参照,也随主体不同而不同)。但基准总是变化的。

太阳、人体投射等参照,在空间表述时是隐蔽的,如"桂林以北",深层参照太阳没有出现,只有表层参照"桂林"出现了。基准总是外显的,如"箱子里面"的"箱子",不过句法语义以及语境许可时,基准也可以省略。

充当基准的实体,提供了本身的表面空间或内部空间;而充当参照的事物,并不提供本身的表面空间和内部空间,它只是一个供对照参考的空间"点",起指示方位的作用。

我们初步尝试把参考系分为参照和基准两类,要想更为全面和科学,还需要进一步的研究。

第二章 汉语空间短语的类型和共性

第一节 汉语空间短语的结构类型

汉语空间短语的类型学研究,虽然侧重个性,但必须以了解共性为前提。要了解共性,必然要观察尽可能多的语言,看它们是如何表述空间的(Becker & Carroll 1997,崔希亮 2002)。

一 汉语空间短语的类型

讨论语言的类型,必须忽略一些差别,或在较高的层面上(如功能层面)进行。

空间表述方面,许多语言都要利用介词,但有些语言(如柯尔克孜语、缅甸语)是"没有介词"的,不过它们有格助词或格标记。它们的语序与使用后置介词的语言有很多的共性,而且格标记可以看作是介词虚化后的结果,因此,我们把功能与介词接近或一致的空间格标记或空间格助词也看作介词(参见刘丹青 2003:64—65)。

汉语、英语等语言里,表示终点(或目的地)的介词短语,通常不必明确地标示出位置的变化,而是靠导致位移发生的动词来表达。但汉语的"到"和"在"、英语的 to 和 on 表示终点存在细微的差异。比较:

(1) ＊把书放到在桌上。(＋位置变化,＋终点)

＊Put the book onto the table.

(2) 把书放到桌上。(＋位置变化,±终点)

　　? Put the book to the table.

(3) 把书放在桌上。(＋位置变化,＋终点)

　　Put the book on the table.

汉语的"到"可以表示终点,也可以表示位移,"在"只能表示终点。现代汉语没有"到在"的复合介词形式,英语的 onto 虽然可以复合使用表示"到…之上"的意义,既标示位置的变化,又标示位移的终点,但没有被广泛接受,像 put the book 这样的时间短、幅度小的活动,与 onto 也不能匹配,除非是 We drove onto the beach(我们开上海滩)这样的说法,才是可以接受的。

不同语言的介词数量不一定一致,介词短语的表意细致程度也不同,在探讨语言类型时,不得不忽略这些差别。功能相似的成分,就看作同一类成分。

我们以介词(包括功能近似的助词或格标记等)、名词、方位词、处所词相互配合表示空间意义,并在句中充当状语或补语为参照项,进行类型学考察。请见下表:

	介词,名词	名词,方位词	介词,名词,方位词	介词,处所词	处所词
现代汉语	－	＋	＋	＋	＋
藏语	－	＋	＋	＋	－
京语	－	－	＋	＋	－
布嫩语	＋	＋	＋	－	－
英语	＋	－	＋	－	－

如果粗略一点看,语言的空间表述形式有汉语和英语两种类型,汉语代表同时使用介词和方位词的类型,英语代表只使用前置或后置介词的类型。如果细致一点看,表中每一种语言都是一种类型,不同类型之间的差异是渐变性的,藏语靠近汉语,布嫩语靠近英语,京语介于藏语和布嫩语之间。有三点值得重视:

a. 有处所词的语言,介词一般不能表示具体的维向,往往介词数量较少,如汉语、阿昌语;而没有处所词的语言,介词一般都能表示具体的维向或位置,介词通常比较丰富,如英语和德语。

b. 方位短语能充当状语或补语的语言,其方位短语里的方位词更靠近介词或方位形态标记,如汉语里附在名词后边的方位词;而方位短语不能作状语或补语的语言,方位词更靠近名词,如英语的 south(南)。

c. 汉语的处所词,可以不依赖方位词,甚至可以不用介词的帮助而在句中表示空间意义,如"咱们北京见",是很值得注意的现象,阿昌语也是如此(戴庆厦、崔志超 1985:33)。本章第二节会专门讨论处所词这个空间表述因子。

除了上述几点之外,还有一点也值得重视。汉语前置介词可隐可现,也是一种类型表现。本书第四章第三、四节会做讨论。

汉语空间表述的类型,如果考虑汉语方言和历史变化,情况要复杂得多。拿处所词来说,现代汉语的处所词是从古代汉语的名词里分化出来的,古代汉语名词直接充当介词宾语的能力比现代汉语要强得多,这种情况可能在某些汉语方言里有所保留,如粤方言里,"报纸"可以作介词"喺"的宾语,可以说"会喺报纸登广告啦"(会在报纸上登广告)。如果考虑粤方言处所词的范围比汉语普通话要小这个因素,那么可以认为粤方言空间表述类型更靠近藏语。从后置方位词的使用情况看,益阳话(湘方言)比汉语普通话更典型。益阳话里,表示离散事物的内部空间或范围,用后置方位词"里"或"中",但表示非离散事物的内部空间或范围,有一个专门的后置方位词"巴里[·pa·li]",如表示自然现象或柴米油盐之类的名词后边,可以加上"巴里"表示空间意义,如"水巴里、风巴里、雾巴里、雪巴里、雨巴里、菜巴里、饭巴里、汤巴里、米巴里、太阳巴里",这些方位短语,都可以作介词"在"的宾语(徐慧 2001:75)。

汉语中(包括普通话和方言)存在着这样一个倾向强烈的蕴涵共性序列:

"周围"类＜"北京"类＜"湖心"类＜"图书馆"类＜一般事物名词

在这个序列里,如果右边的某项可以直接作介词的宾语,那么,该项左边的各项都可以作介词的宾语。

这个序列也可以适用许多语言,但条件不同:如果右边的某项可以直接作状语或补语,那么,该项左边的各项都可以充当状语或补语。汉语"北京"类、"周围"类可以直接充当状语,但英语只有"周围"类的词语可以充当动词的修饰成分,如 here, there, anywhere, everywhere, somewhere 等,它们在英语语法中一般被看作地点副词。

二 汉语空间短语动态进程中的共性表现

人类对空间位置和空间关系的认识是基本一致的,但语言学者关注的是空间表述方式的一致性程度。虽然在共时平面不同语言的空间短语可能表现出不同的类型,但在历时或动态的层面上,也可以观察到语言表述空间的某些共性。汉语的单音后置方位词趋向虚化,"湖心"、"山顶"、"桥头"类复合词里的"心、顶、头"等趋向标记化,"附近、周围"等表示处所的词语意义趋向专门化,这些动态进程中的现象,在汉语方言或别的语言里或多或少的都可以观察得到。

汉语的空间短语有三种功能互补的空间表述形式:一是方位短语"名+方",它里边的一般事物名词离不开单音后置方位词,二是处所词,典型的处所词如"北京"等排斥单音后置方位词,三是"桥头"、"湖心"类的复合词,充当介词的宾语,既可以后加方位词,也可以不用后置方位词。例如:

(4) 她要在桥头将那双半新的高跟鞋脱掉,换上平底布鞋。(夏天敏《牌坊村》,《中篇小说选刊》2003年第2期,189页)
(5) 那支烟在他的嘴角忽明忽灭的,闪烁不定。(梁静秋《和你在一起》,《人民文学》2004年第2期,86页)
(6) 祖母抱着枪坐在梁顶痛哭了一场,埋怨丈夫心狠,埋怨自己命苦。(叶广芩《猴子村长》,《中篇小说选刊》2003年第4期,111页)

"桥头"、"嘴角"、"梁顶"这些复合词表示空间的能力比典型的处所词弱,比一般的事物名词强,三者之间是相互补充的。"桥头"类的复合词有一个明显的特点:第二个语素跟人或事物的某个部分有关,如"头、角、心、面、顶、脚、根(跟)、沿、口、底、腰、背、边"等,具有一定的组合能力,是空间词汇标记,或空间表述的准形态标记。

跨语言或跨方言研究表明,表示部位、部件、空间位置的名词,很容易虚化为空间标记,汉语和壮语的情况比较典型(覃凤余2005)。汉语的"顶、口、背、腰"等,古代它们是一价名词,要求所支配的成分出现,如"头顶","顶"的支配对象是"头",从"顶"与"头"的关系看,"头顶"可以看作关系名词结构。从"头顶"到"屋顶、山顶",表示空间位置时"顶"已有些虚化,现代汉语里名词性的"顶"已逐渐失去独立成词的功能,而成为位置居后的构词语素,成为标示空间的准形态标记,但现代汉语里"顶"并未完全虚化,汉语某些方言里"顶"类的说法虚化程度更高,如江西永修话(赣方言)的"上顶",表示"上面"的意义,如"你得上顶签个字(你在上面签个字)";江西上犹话(客家方言)的"上脑",也表示"上面"的意义,如"你在上脑签个字(你在上面签个字)"(刘纶鑫1999:720)。这两个地方的方言里,"顶"、"脑"表示空间方位,近似汉语普通话后置性的"边、面",意义比较虚泛。厦门方言里,"顶、底、骹、头、尾"等的用法近似专门的方位词(周长楫、欧阳忆耘1998:357)。上海方言的"头"在表示顶端或边沿的基础上(如"田头、桥头、床头"),进一步虚化为后置标记,相当于"在…那儿"的意义,如"胸口头、角落头、地下头"等(徐烈炯、邵敬敏1998:159)。

汉语里,"附近、周围"是处所词,"地方、位置"等不是处所词,但主要用法是表示空间场所。有些语言里,介词就是由这些表示空间意义的词虚化来的。如泰语的短语 thii baan,其中的 thii 原指"地方",是核心名词,baan 指"家",原为领属语,整个短语原来可以理解为定中短语,表示"家之地",thii 虚化为前置介词后,baan 成为介词 thii 支配的对象,表示"在家,家里"的意思。芬兰语的短语 talon kohdalla,其词义分别是"房子"(领格)和"地方",本义是"房子的地方",表示处所的名词 kohdalla(地方)虚化为介词后,意思为"在房子里"(刘丹青2003:87—88)。

汉语表示空间意义的"处"现在已经难以单说,意义已经专门化,是个处所标记。至少在近代汉语里,"处"就已经不像个名词了,后面一般不能再带方位词(刘丹青2003:133,王瑛2004)。汉语书面语里"你处"、"小王处"、"站立处"等说法里,"处"是表示空间场所的核心语素,至少可以看作词汇标记,上海方言相应的标记是"搭"和"海头"(徐烈炯、邵敬敏1998:159—160)。仡佬语里也有一个类似的附加成分,可以帮助表示地名(贺嘉善1983:19)。傈僳语里类似的情形更为丰富复杂,在地点名词后边,经常加mu^{31}、lo^{44}、di^{44}、mi^{33}等表示地方的大小平陡,如no^{55} mu^{31}(怒江地区)、la^{31} ku^{31} di^{44}(拉古地)等(徐琳等1986:37)。

表示空间意义的词语正逐渐虚化,在突厥语族哈萨克语、土耳其语里有集中的表现。以哈萨克语为例,哈萨克语表示空间意义的词语有三类很突出。第一类是方位词,如 yst(上),ast(下),ald(前),art(后),iscc(内、里)等;第二类是用身体或物体部位名词来表示空间意义,如 bas(头),arqa(背部),arka(背后),qas(眉毛,旁边),typ(根,脚下)等;第三类是表示地方、场所、位置、地位、路径、方向等空间意义的词语。这三类词语常出现的句法环境是"主格或领格形式的名词(代词)＋X＋领属人称附加成分＋表空间的方位格、方向格、从格的附加成分"。它们与一般名词相对的地方是像个空间标记,并处在虚化的进程之中,按"表示空间的名词→辅助名词→后置词"的方向虚化或语法化,意义也由空间义向非空间义变化(王远新 2003,张定京 2003)。

即使在共时平面,空间短语类型不同的语言,也有一些共性。如汉语和 Ewe 语里典型的处所词是表示地点的词,后置方位词不能附加在它的后边 (Ameka 1995),仡佬语情况类似,表示地点的词语,前边不能加方位词(张济民 1993)。英语是没有处所词的语言,英语的地点名词与普通名词都可以充当介词的宾语,但在介词选择范围上还是不同,可以说 inside the house,一般不说 inside New York,地点名词 New York 因其处所意义与普通名词 house 还是有所不同。这表明不同类型的语言,在表示处所的词语方面,仍然存在着一些共性。

三 汉语"介＋名＋方"的语序类型

汉语"介＋名＋方"的语序和结构层次,中国汉语语法学界公认的是 [介＋(名＋方)],本无需赘述,这里的讨论基于两个原因:一是在类型学背景下审视汉语的"介＋名＋方"结构;二是 Zhang(2002)相关的探讨忽略了一个重要的方面。

Zhang(2002)在印度尼西亚语、德语、英语、汉语、日语的基础上总结出三种基本的语序,并通过移位操作把这三种不同的语序有机地联系起来。但是,Zhang(2002)的研究并不是有意识地从类型学角度展开的,这一方面的忽略,为我们的讨论留下了余地。

如果用介词、名词、方位成分(包括方位词、位格标记和方位附缀)构成一个空间短语,理论上可以有 6 种语序:

第一种语序:介＋名＋方。如汉语、白语、苗语、Ewe 语。

第二种语序:介＋方＋名。如壮语、仡佬语、京语、克木语、布依语、黎语、炯奈语、村语、印度尼西亚语、英语、德语。

第三种语序:名＋方＋介。如日语、傈僳语、基诺语、哈尼语、毕苏语。

第四种语序:名＋介＋方。

第五种语序:方＋名＋介。

第六种语序:方＋介＋名。

第一、二、三种语序,是基本的常见的语序,Zhang(2002)讨论的正是这三种语序。在我们涉及到的介词、名词、方位词都能独立成词的语言里,没有发现第四、五、六种语序。一方面说明我们观察的语言有限,另一方面也说明第四、五、六种语序是弱势语序甚至是受排斥的语序。仔细观察第一、二、三种基本语序,不难发现一个倾向:名、方总是相邻的(它们是直接成分)。从汉语的角度很好理解,"名+方"首先构成方位短语,整个方位短语再作"介"的宾语。从这里我们可以推测:方、名相邻的第五种语序应该存在,这类语言可能是使用后置介词而且中心词居前。遗憾的是,第五种语序实际上是否存在,我们目前还无法下断言。

如果方位成分是附缀形式的空间标记,那就另当别论。芬兰语里似乎有第四种语序(参看 Zhang 2002:62)。芬兰语的后置介词空间短语的语序是:名词·属格标记+介词·位格标记。严格来说,介词和位格标记已合并成一个整体,整个空间短语相当于"宾语+介词"两个部分构成的介词短语,不能算是介词、名词、方位词三个部分构成的空间短语。

这又引出另一个问题:像芬兰语这样的语言里,为什么是介词和方位成分合并为一个整体,而不是名词与方位成分合并成一个整体?我们还发现一个紧密相连的现象:像藏语、属于阿尔泰语系的撒拉语这些语言里,方位词可以独立成词,而代替介词的是一种附缀性的空间标记,这种起介词作用的空间标记也是与方位词合并成一个整体,而不是与名词合并为一个整体,这又是为什么?其实不难解释。在空间短语里,名词是变量,方位成分和介词是常量,作为常量的两个成分,不仅共现率高,而且"方、介合并"比"名、方合并"、"介、名合并"要经济得多。因此,我们见到的总是方、介合并。这也可以为我们理解英语里常用的"介+名"短语提供一个思路:inside the house 里的介词"inside"是介、方合并,而 in the house 里的介词"in"是在思维里就合并了,没有在语言形式上表现出来。这种思路不仅能把语言的类型和共性有机地联系起来,而且可以不必顾忌方位成分或介词不能独立成词的情况。从 in the front of the house 到 inside the house 再到 in the house 代表三个类型:a. 介、名、方形式上分立;b. 介、方合并;c. 方位成分被完全吞并。汉语主体上属于 a 种类型,芬兰语主体上属于 b 种类型,英语主体上属于 c 种类型。三种类型的共性是"合并程度",从分立到合并再到吞并,是有机的联系在一起的,这比单纯地说"表达空间,汉语分两步走,英语一步到位"前进了一大步。

第二节 汉语处所词的词类地位及其类型学意义

汉语处所词要不要单独立类，一直存在分歧。本节主要从汉语历时变化和类型学角度，说明处所词单独立类的必要性。汉语的处所词是先秦汉语名词分化的结果，从西汉开始，普通名词逐渐抛开表示处所的词而自成一类，处所词自然也就成为另一类，这个过程是与方位短语的丰富发展相伴随的。如果把处所词作为类型学参项看待，那么，世界上的语言可以分为有处所词的语言（如汉语、Ewe 语）和无处所词的语言（如英语、Ika 语）两大类。本节还强调，汉语历时语法研究应当重视与名词相关的发展变化情况。

一 跨语言的方所表述比较所带来的启示

首先应该说明的是，方所表述是综合性的，它不仅仅与处所词、介词、名词、方位词等有关，还可能与表示存在、出现或消失的空间动词等其他因素有关(Rijkhoff 2002：173)。下面分别是英语、Ewe 语、汉语表示猫卧在席子上的说法：

(1) 英语：The cat lies on the mat.
　　Ewe 语：Dadi lá　　mló anyĭ　dé　　aba　dzi（Ameka1995：142）
　　　　　 猫 定冠词 躺 下   在/到 席子   上
　　汉语：猫卧在席子上。

这里的空间动词是表示"躺"义的动词。空间动词以及猫与席子的承置性空间关系决定了英语句子选用介词 on 而不会是 in，决定了 Ewe 语、汉语句子里的后置介词（或方位词）是"dzi（上）"、"上"而不会是"me（里）"、"里"。但为了集中讨论问题，我们暂时撇开其他因素，只在介词短语范围内看问题。请对比下面汉语、英语的空间介词短语：

汉语：介词＋N＋方位词，如"在桌子上"
　　　介词＋N，如"在纽约"
　　　*介词＋N，*在桌子
英语：介词＋N，如 on the table
　　　介词＋N，如 in New York

这种比较至少会带来两种看法,可能会导致两种研究取向:

(一)英语的介词与汉语的介词不同,如英语的 on 相当于汉语的"在……上",in 相当于"在……里",即英语空间介词从表意功能上说是前置介词与方位词(或后置介词)的联合。这种看法很有代表性,如 Heine(1991:144)、Ameka(1995:172)把这种介词差别视为印欧语与汉语、Ewe 语等的类型差别。但这种看法有很大的局限,略举几条如下:

首先,忽视了汉语内部的不一致问题。"在桌子上"要同时使用前置介词"在"与后置介词(或方位词)"上","在纽约"却只能使用前置介词"在",不能后加"上"。难道是"在桌子上"的"在"与"在纽约"的"在"不相同吗?恐怕还是承认"桌子"与"纽约"不同更合适,即"桌子"是普通名词,"纽约"是处所词,它们所属的语法类别不同。

其次,汉语内部的不一致性,直接影响了汉英对比的结论。对比"在桌子上"与 on the table,似乎可以说英语的 on 相当于汉语的"在……上",但对比"在纽约"与 in New York 就得不出英语 in 相当于汉语"在……里"这样的结论。

再次,如果认可英语的 on 相当于汉语的"在……上",会面临一个问题:古代汉语的"於(于)"用为空间介词构成介词短语时,如"吾尝见一子於路(《史记·赵世家》)"、"围孔子於野(《史记·孔子世家》)","路"、"野"后边没有使用方位词,是否也认为古代汉语的"於(于)"基本等同于英语的空间介词,而相当于现代汉语的"在……上"?如果答案是肯定的,那又必须回答:为什么古今汉语的空间介词发生了这样明显的句法上的变化?如果单纯从介词着眼,恐怕很难回答这个问题。从策略上讲,倒不如认可古今汉语的空间介词在句法上没有实质性的变化,而是古今汉语的体词(N)不同,它们充当空间介词宾语的能力发生了变化。这种变化的根本是:处所词与普通名词相互分离,普通名词逐渐失去了直接充当空间介词宾语的能力,抛开处所词而另成一类,处所词也就形成了一个聚合。这种变化的进程,是完全可以观察得到的(李崇兴 1992:243—263,储泽祥 1997b:326—335)。本节第三部分将进一步探讨这个问题。

(二)英语的名词不同于汉语的体词(包括普通名词、处所词等)。当然,这种差别是两种语言句法上的差异,集中表现在充当空间介词宾语的能力方面。这是本节的看法。我们强调处所词与普通名词的对立,把处所词作为一个语言类型参项来看待(详见本节第五部分)。从词类看,汉语的"纽约"、"桌子"分属处所词与普通名词两类,而英语的 New York 与 table 都是名词,没有汉语这样的处所词。如果把汉语的处所词作为名词的一个小类来处理,就不利于汉英之间的对比研究,在一定程度上掩盖了它们之间的类型上的差异。因此,从彰显汉语的类型角度考虑,处所词另立一类是合适的。换个角度看,处所词单独立类,也有利于充分地显示汉语的普通名词与非汉语普通名词的明显差别。

二 从共时平面区分典型处所词和典型普通名词的句法标准

处所词能否单独立类,学者们的意见存在分歧。造成分歧的主要原因是划分处所词与普通名词的标准问题,对词类之间界限的认识也是导致分歧的一个不可忽视的因素。

朱德熙(1982/1997:41—45)把处所词、时间词、方位词都处理为独立的词类,与普通名词平起平坐,袁毓林(2000:4—6)也是这样处理的。处所词、时间词、方位词有不同于普通名词的语法功能,如处所词可以直接作介词"在、到、往"的宾语,可以用"这儿/那儿""这里/那里"指代,可以用"哪儿/哪里"提问。陆俭明(2004:43)不同意这种处理办法,并提出一些理由:(1)它们各自包含的词数量太少;(2)它们在句法语义上的特殊性可以用其他方式来显示(如把它们归入名词,但单独提出来,看作是名词里的特殊的三小类词)。对于处所词来说,还可以加一条理由,(3)表示机构名的处所词大多兼属名词(朱德熙 1982/1997:43)。史有为(1992:40)也反对把普通名词和处所词单独立类,认为处所词不过是普通名词从人类活动空间坐标点的角度认识并使用的产物。

汉语词类划分的主要标准是句法功能。词类所包含成员数量的多少不能成为划分词类的标准,介词数量不多,却是自成一类的。我们也不能因为不少处所词(如机构名、建筑名)兼属普通名词,就不让处所词单独立类,不少介词都兼属动词,介词仍能自成一类。相关的两类词之间的界限并不是可以"一刀切"的。认知功能语法的研究成果告诉我们,两个相关的词类,其成员之间的界限是连绵性的,词类功能的游移正是连绵性的一种表现(张伯江、方梅 1996:203—208)。但是,不同词类的典型成员之间的差别是明显的。因此,用句法标准划分词类,首先是针对典型成员,换句话说,立类的基础是典型成员。典型的处所词主要是地名和"上面/前边/北边"等通常所说的复合方位词的一部分(参见朱德熙 1982/1997:41—45),它们都不能后加"上/里"等单音方位词,"出版社/书店/商厦/凤凰山/东海"等建筑机构名、山水名是不太典型的处所词,它们可以后加"上"或"里",介于处所词与普通名词之间的位置。典型的处所词与典型的普通名词(如"桌子/学生"等)在句法功能上的差异,完全可以成为把二者划分开来的句法标准。比较:

	典型的处所词	典型的普通名词
充当介词"在、到"的宾语	＋	－
受数量词的修饰	－	＋
直接充当状语	＋	－

区分处所词与普通名词,我们强调两个方面:一是典型性问题;二是在已有研究基础上寻找新的句法标准。能否充当介词"在、到"的宾语,是处所词与普通名词句法上的明显差别,这是众所周知的,但处所词和普通名词还有其他的值得重视的不同句法表现。典型的处所词如"北京/武汉/前边/西边"等,不能受数量词的修饰,但可以直接充当状语,如"咱们北京见!""我前边走,他后边跟着。"即使是"里屋/县城"这样不太典型的处所词,也可以直接作状语,如"咱们里屋说去。""午饭县城吃过了,晚饭不急,咱们一起吃。"典型的普通名词可以受数量词的修饰,但一般不能直接作状语("电话"等少数名词可以充当方式状语,如"咱们电话联系")。

汉语的处所词可以直接作状语,这是区分处所词与普通名词的重要标准之一,无独有偶,阿昌语的处所词与普通名词也有这种差别。阿昌语的处所词、普通名词都可以作主语、宾语(包括动词的宾语和介词的宾语)、定语,但处所词还能直接作状语,普通名词不能这样(戴庆厦、崔志超 1985:32)。例如地名"muŋ³¹mau⁵⁵瑞丽"直接作状语:

(2) n̠aŋ³¹   muŋ³¹mau⁵⁵   zə³⁵   (他从瑞丽来。)
     他   瑞丽   来

应该说,句法上,汉语的处所词和普通名词是可以区分开来的,处所词的单独立类,有句法上的依据。为了进一步凸显汉语处所词的价值,下文我们将从汉语体词历时发展变化和类型学这两个角度来讨论处所词在汉语词类中应该处于一个什么样的地位,单独立类有没有必要。

为了叙述方便,我们把普通名词记为 Nt,把处所词记为 Nc,把包括普通名词和处所词在内的体词记为 N。

三 汉语普通名词、处所词、方位短语的历时互动过程

汉语处所词是汉语从古至今发展变化的结果,处所词的单独立类,有历时的内在依据。

较早研究处所词形成过程的是李崇兴(1992)、储泽祥(1997b)。在先秦时期,普通名词表示处所和表示具体实体时形式上是没有明显区别的,普通名词表示处所时要么位于带处所宾语的动词之后,要么位于介词"於(于)"等之后,这与处所词没有根本的不同,说明先秦时期普通名词与处所词并没有分开。而西汉时(如《史记》中)普通名词大多要加上方位词后才能表示处所。可以这么说,从西汉开始,普通名词表处所和表实体逐渐有了形式上的区分。这就意味着普通名词开始抛开处所词而另成一类。李崇兴(1992:249)指出,从西汉开始,"人们逐渐感觉到了带方位词的名词同不带方位词的名词在语义性质上的对立,把它们加以区别。"李文还为此举出了三条证据:一是《史记》里普通名词表示处所通常要带方位词,如《左传·哀公十一年》的说法"树吾墓槚",到《史记·伍子胥列传》里就说成"树吾墓上以梓","吾墓"后用上了方位词"上";二是《史记》里大量的"N+方"作补语不用"於(于)"字介接(我们统计的数字是 569 例);三是《史记》里人名和表人名词已不大能直接表示处所,而常用"(某人)所"来表示。比较:

(3) a. 出朝则抱以适赵氏。(《左传·文公七年》)(李崇兴 1992:250用例)

b. 出朝,则抱以适赵盾所。(《史记·晋世家》)(同上)

人名及表人名词是普通名词的核心成员,《左传》里可以放在"适"等动词后作处所宾语,到《史记》中已逐渐失去这种功能。这的确能从句法角度说明普通名词已开始自成一类。不仅如此,普通名词与处所词充当状语能力的变化情况,也能从另一个侧面反映出普通名词与处所词分道扬镳的过程。据何乐士(1997,2000)的研究,体词(N)作状语在先秦时期是比较常见的现象,状语的类别主要是表比喻、表态度、表时间、表处所或工具等几类,西汉以后逐渐减少,但表示处所、方位和时间的词语一直到现代汉语都能作状语。大致说来,西汉以后,普通名词逐渐失去了充当状语的能力,撇开处所词、时间词而另成一类。

先秦以后汉语体词(N)的分野(分化成普通名词(Nt)和处所词(Nc)

等),与方位短语的丰富发展是互动互促的。方位词,尤其是单音方位词,古已有之。但方位短语先秦汉语里并不多见,主要是语义表达上的需要,往往是需要指出具体的位置和维向时,才在名词后边用上方位词构成方位短语。例如:

(4) 有杕之杜,生于道左。(《诗经·有杕之杜》)
(5) 东出于陶丘北。(《尚书·虞夏书·禹贡》)

例中的"道"、"陶丘"都是基准物,起指示空间的作用,具体的位置和维向由方位词"左"、"北"来表示,绝对不能省去。

我们考察了从西汉到当代"介+N"、"介+N+方"、"N+方"表示方所的历时变化情况,并做了相关的手工统计工作,考察和统计的文献依时代顺序分别是:《史记》(中华书局,1999年版)、《世说新语》(刘孝标注、余嘉锡笺疏、周祖谟等整理,上海古籍出版社,1996年版)、《近代汉语语法资料汇编》(刘坚、蒋绍愚主编,分唐五代卷、宋代卷、元代明代卷三卷,商务印书馆,1995)、《红楼梦》卷四十一至卷六十(中华书局1998年版)、《编辑部的故事》(王朔等著,中国工人出版社,1992)。这比储泽祥(1997b)的考察范围要广泛、深入一些。统计数字如下:

	介+N	介+N+方	N+方(非介宾)
《史记》	1507(**87.3%**)	219(**12.7%**)(*16.2%*)	1126(**83.8%**)
《世说新语》	199(**63.6%**)	114(**36.4%**)(*30.4%*)	261(**69.6%**)
《唐五代卷》	265(**41.6%**)	310(**53.9%**)(*36.2%*)	546(**63.8%**)
《宋代卷》	244(**34.4%**)	465(**65.6%**)(*41.1%*)	666(**58.9%**)
《元代明代卷》	166(**34.8%**)	311(**65.2%**)(*40.6%*)	456(**59.4%**)
《红楼梦》41—60卷	58(**14.3%**)	348(**85.7%**)(*39.7%*)	528(**60.3%**)
《编辑部的故事》	83(**12.3%**)	227(**87.7%**)(*38.2%*)	367(**61.8%**)

表中有两组数字的比较。一组是N与"N+方"充当介词宾语历时变化情况的比较(百分比用黑体表示)。总体上看,从古至今N充当介词宾语的百分比逐渐减小,而"N+方"充当介词宾语的百分比逐渐增多。统计数字表明:N充当介词宾语能力的逐渐减弱与"N+方"充当介词宾语的数量增多密切相关,宋代以后,基本上只有处所词才能充当空间介词的宾语。另一组是"N+方"充当介词宾语与充当其他句法成分(主语、动词宾语、定语、状语、补语)历时变化情况的比较(百分比用斜体表示)。总体上看,"N+方"

充当介词宾语的百分比逐渐加大,而充当其他句法成分的百分比在逐渐减小。统计数字显示这样一个事实:方位短语是相对独立的,至少在西汉、魏晋时期,N 后加方位词构成方位短语主要不是为了使 N 能充当介词的宾语,而是使 N 与"N+方"实现分工,前者表示实体事物,后者表示方所,方位词使"N+方"的范畴方所化了。在方位短语里,方位词造就了一个实体空间,并把它的具体维向表现出来。但这个空间是受限定的、有基准或参照的,它或者是某个事物的一部分(表面或内在的),或者是某个事物附近的空间。方位词是区分不同具体方位的一个机制(参见 Ameka 1995:151,储泽祥 2004a:115)。

　　普通名词抛开处所词而自成一类,导致处所词也形成一个新的聚合,这个过程是渐进的。也就是说,普通名词是逐渐失去直接充当介词宾语能力的,处所词是逐渐形成的,介词与方位短语的结合也是逐渐地增多的,因此,在历时文献中必然会出现不同方所表述形式相互交替运用的现象。比较下面的各组例子:

(6) a. 祥尝在别床眠。(《世说新语·德行第一》)
　　　b. 唯有一郎,在床上坦腹卧,如不闻。(《世说新语·雅量第六》)
(7) a. 生在戏房里唱。(《近代汉语语法资料汇编·宋代卷·张协状元》,589 页)
　　　b. 生在戏房唱。(同上,589 页)
　　　c. 净戏房内喝:"放轿子。"(同上,616 页)

　　例(6)、(7)都是方所成分作状语的例子。用现在的眼光看,"床"是普通名词,"戏房"可以看作处所词。但在历时变化过程中,普通名词与处所词并不是泾渭分明的。例(6)"在别床"与"在床上"都可以说,表明《世说新语》里虽然普通名词通常要加上方位词后才能作介词的宾语,但名词直接充当介词宾语的用法还没有完全消失。例(7a)与(7b)只有一"里"之差,"在戏房里"与"在戏房"都可以说,表明"戏房"既可以用为处所词,也可以用为普通名词,这种情形一直延续到现代汉语中。例(7c)与(7b)方所表述上的主要差别是介词"在"出没出现,宋代"戏房内"可以没有"在"而直接作状语,现代的说法介词"在"通常必须出现。这正如统计数字所显示的,介词与方位短语的结合是逐渐增多的,也是逐渐紧密起来的,从西汉到宋代,甚至是明清时期,状语位置上的方位短语前边,用不用"在"并不是强制性的。

四 处所词与普通名词的分化在汉语历时语法中的地位

王力(1989：2—3)在论述汉语历时语法的发展变化时,强调了6个方面：

1. 汉语双音词的发展,是汉语语法发展的一大特点。双音词的发展,是构词法的问题。

2. 汉语动词的情貌(aspect)的产生,是汉语语法的一大发展。"了"表示完成貌,"着"表示进行貌。

3. 汉语处置式的产生。这是与介词"把"等的形成相伴随的。

4. 补语的发展,也是汉语语法的一大发展。石毓智、李讷(2001)有专门的研究。

5. 量词的发展,主要是个体量词的发展,是汉语语法的突出特点之一。

6. 名词词尾"子/儿/头"的产生,复数词尾"们"的产生等,表现了汉语语法的严密化。

除王力先生强调的6个方面外,还有以下几个方面也值得重视：

7. Sun(1996)认为,"前置介词＋宾语"由动词后到动词前是两千年来汉语仅有的重要语序演变。张赪(2002)对此做了系统而又专门的研究。

8. 介词、连词等虚词的语法化研究。

9. 处所词、普通名词分化的研究(李崇兴1992,储泽祥1997b);方位短语发展情况的研究(储泽祥1996a)。刘丹青(2003)高度重视汉语方位短语发展的研究,他认为方位短语到现代汉语里已经发展成为后置介词短语。

相比较而言,汉语学界对第9个方面重视不够,基本上可以说是对与名词有关的历时变化情况重视不够。我们认为,至少有以下几点值得注意。

a. 先秦汉语里,时间词、方位词就是独立的类,与普通名词有相当清楚的界线。如时间词可以直接作状语,这不同于普通名词,在世界语言里都有相当大的普遍性;方位词除充当主语、宾语、定语外,还可以比较自由地充当处所状语和处所补语,这是普通名词所难以完全具备的句法语义功能。但先秦汉语里处所词与普通名词倒是难以分清,西汉以后才逐渐分化开来。这种分化,不仅意味着处所词的形成,也标示着现代意义上的普通名词的正式形成。普通名词是任何语言的最基本的词类,普通名词的形成和变化情况,无疑是值得重视的。

b. 与上述分化相伴随的是个体量词的发展,它为汉语普通名词带来了类型上的变化。个体量词的丰富,逐渐使"数+N"成为不合法结构,也使汉语名词由"集合名词(set nouns)"向"类别名词(sort noun)"转化。跨语言研究表明,名词有三种类型:单体名词(singular object nouns),典型组配格式是"数+N+复数标记";集合名词,典型组配格式是"数+N";类别名词,典型组配格式是"数+量+N"。汉语历时发展中正包含了从"数+N"到"数+量+N"的变化过程(参见 Rijkhoff 2002:29—50)。

c. 方位词从古到今有两个明显的变化:一是单音/单纯方位词的虚化,朝后置介词的方向发展;二是合成方位词的丰富发展。从本节考察的文献看,"单音方位词+'方'"式的合成方位词(如"东方")比"单音方位词+'边/头'"式的合成方位词(如"前边")要更早使用。《现代汉语》教材里(如胡裕树主编,上海教育出版社,1987年版,325页)"合成方位词"的叫法过分偏重于构词法,作为词类的名称是不合适的,因为"北方、东边、前面、上头、底下、中间"等是处所词,"以前、以后"等是时间词,而"以东、之中、之间、之前"等才是方位词。

五 类型学视野下的处所词

如果把处所词作为一个语言类型参项来看待,我们就会发现汉语处所词单独立类是有价值的。

崔希亮(2002)进行了空间关系的类型学研究,他通过跨语言的对比,把空间关系的表达分为 5 类:(1)用介词标引空间方位,如英语;(2)用介词、方位词标引空间方位,如汉语;(3)用格助词来标引空间方位,如日语;(4)用介词、名词的曲折变化(词尾)来标引空间方位,如俄语;(5)用名词、方位词尾来标引空间方位,如芬兰语。这 5 种类别,没有涉及到处所词(Nc)。如果进一步细究,就会发现:(2)—(5)类不少语言里都有不同于普通名词(Nt)的处所词,表示方所,a. 或者不需用方位词(如汉语、藏语、Ewe 语、壮语),b. 或者不用方所格标记(如东乡语),c. 或者连介词都不用而直接作状语(如阿昌语、汉语)。最后一种情形本节第二部分已经讨论过,前两种情形举例如下:

Ewe 语　非洲的一种语言,与汉语表示方所的情形十分相近,常见的结构式是"前置介词+NP+后置介词",后置介词近似汉语后置的单音方位词,都有一定的附着性,但 Ewe 语表示东西南北的词是名词性的,不是后置介词。当 NP 是普通名词时,后置介词一定要出现;当 NP 是表地名词时,表示"上下前后里内中"的后置介词不能出现;当 NP 是机构场所名时,后置介词可隐可现(Ameka 1995)。比较:

(8) le　Leiden　　（在 Leiden）　　＊le　Leiden　me（＊在 Leiden 里）
　　 在　（地名）　　　　　　　　　　在　（地名）　里
(9) le　agble　　（在农场）　　　　le　agble　me　（在农场里）
　　 在　农场　　　　　　　　　　　在　农场　　里
(10) le　dzo -a　me　（在火里）　＊le　dzo-a　（＊在火）
　　 在　火-冠词　里　　　　　　　 在　火-冠词

Ewe 语的"dzo 火"是普通事物名词,而地名如 Leiden、机构场所名如"agble 农场"都可以看作与普通事物名词不同的处所词。

东乡语　Tiersma(1982:843)的研究表明:在用格标记来标示方所的语言里,地名有时可以不用格标记。东乡语是格标记丰富的语言,与/位格标记-də 就是用来表示方所的,但表示地名的词能以主格形式直接充当动词的修饰成分,不一定要用格标记-də(刘照雄 1981:36)。例如:

(11) bi　bədʑin　saodʐuwo　（我住在北京）
　　 我　北京　　住

与地名具有同样功能的还有方位词,它们的主格形式即可表示方所。普通事物名词不具备这种功能。

壮语　壮语也有处所词,主要是地名(张元生、覃晓航 1993:16,覃凤余 2005:42—44)。比较:

(12) youq laj gofaex　（在树下）　　　＊youq gofaex（＊在树）
　　 在　下　树　　　　　　　　　　　　在　树
(13) youq ndaw gyausiz（在教室里）　youq　gyausiz　（在教室）
　　 在　里　教室　　　　　　　　　　在　　教室
(14) ＊youq ndaw Baekging（＊在北京里）　youq　Baekging（在北京）
　　 在　里　北京　　　　　　　　　　　　在　　北京

壮语的普通事物名词如"gofaex 树",一般需要方位词的配合才能作介词"youq 在"的宾语,但"Baekging 北京"、"Namzningz 南宁"、"Vujmingz 武鸣"、"gizgyae 远处"等表示地点的处所词,直接作介词"youq 在"的宾语,不能带方位词,"gyausiz 教室"一类表示场所的词语,作介词"youq 在"的宾语,方位词可用可不用,也可以看作处所词。

藏语 藏语的处所词带上标记 la^{13} 作处所状语或处所宾语,表示自身的空间范围,不需要方位词的帮助,如例(15),而普通名词需要方位词的帮助,如例(16)。比较"$pe^{53} tɕiŋ^{55}$ 北京"与"$tʂok^{11} tseː^{55}$ 桌子"(王志敬 1994:104):

(15) $pe^{53} tɕiŋ^{55}$-la $tɕor^{13}$(到达北京)
　　　北京　　　到达
(16) $tʂok^{11}$ $tseː^{55}$ $kaŋ^{13}$-la $juʔ^{51}$(扔到桌子上)
　　　桌　子　上　　扔

如果忽视自由和附着等方面的差别,只以处所词的有无为类型学参项,那么,可以把世界语言分成两大类:

有处所词的语言:汉语,藏语,壮语,Ewe 语,东乡语,京语,阿昌语,纳西语,仡佬语
……
没有处所词的语言:英语,德语,荷兰语,Ika 语,Yup'ik 语,塔吉克语,蒙古语,撒拉语,克木语
……

跨语言比较显示:a.同时使用介词、方位词或同时使用前置介词、后置介词表示方所的语言,如汉语、Ewe 语、壮语这样的孤立语,最容易产生处所词。b.最典型的处所词是表示地名的词语。c.汉语处所词的单独立类,有利于跨语言的对比研究,具有类型学价值。

六　余论

本节提出了区分处所词和普通名词的句法标准,并从汉语历时发展变化和类型学角度论证了汉语处所词单独立类的必要性。概括起来,是三句话:处所词与普通名词句法上可以区分开;体词历时的发展变化为处所词

单独立类提供了内在的依据;语言对比研究表明汉语处所词单独立类具有类型学意义。

以下两个问题与处所词相关,但前文未曾论及,这里做一点简单的阐述。

(一)虽然处所词的形成发展与方位短语互动互促,但处所词的形成并不是方位短语越来越丰富的根本原因。我们认为,造成方位短语逐渐丰富的原因是:a. 跨语言研究表明(刘丹青 2003:309),空间关系是题元关系的基础,表示空间关系的介词或格标记总是数量最多的,但先秦至西汉时汉语空间介词数量很少,主要是"於(于)",还有"自"(参见张赪 2002),不足以区别不同的位置和维向,这是不利于方所意义表达的。要想使方所表达精密化,有两种办法:一是增加前置介词的数量以区别不同的位置和维向,二是用标记区分 N 的位置和维向意义。无疑,汉语选择了第二种办法,让方位词附在 N 的后边构成方位短语,来区分具体的不同的位置和维向,这是方位短语丰富的主要的内在原因。b. 前置介词不断兴替,没有稳定的发展环境。这就为方位短语的发展让出了广阔的空间。先秦两汉时期,"於(于)"是最主要的空间介词,从魏晋开始,"在"用得越来越多,到宋代时,"在"已成为最常用的空间介词(张赪 2002:215)。c. 先秦两汉的"於(于)"是比较纯粹的介词,近代的空间介词数量虽然有所增加,但"在/到/往"等主要空间介词仍然可以用为动词,没有完全虚化,这在一定程度上影响了它们在表示位置和维向方面的标记作用,这就使方位词的标记作用得以充分展示。

(二)像汉语、Ewe 语这样的有处所词的语言,处所词的典型成员——地名后边一般不能带"上/下/前/后"这样的表示方位的成分构成方位短语或后置介词短语,如何解释这种现象?如果说地名所指对象是没有上下前后之分的有界区域(Ameka 1995:163),那是不能完全说明问题的,英语的地名有 at,in,on 等不同组合,说明地名所指对象还是有不同方位侧面的。我们认为:在汉语、Ewe 语这样有处所词的语言里,地名是处所词的典型成员,本身就是表示地方、方位,可以直接充当前置介词的宾语,不需要方位成分的帮助,而普通名词表示事物,需要方位成分的帮助,才能表示方所。这是地名后不能带"上/下/前/后"这类方位成分的主要原因。

第三节　从空间性看指示代词的类型和共性

指示代词的类型，一般认为包括二分和多分两类，但是，这里有个指示代词多分或二分的内部一致性问题，即：如果指别方所、人或物的指示代词是多分的，那么，指别时间、性状程度或方式的指示代词是否同样也是多分的？本节主要从共性入手，探讨不同语言指示代词的类型问题。我们以多分与二分为变异因素，考察指别方所、人或物、时间、性状程度或方式等指示代词的共性变异限度，限度的两极是全部多分（如哈尼语、黎语）与全部二分（如壮语、佤语），中间是不典型的多分或二分现象（部分多分、部分二分，如白语、基诺语）。这样做，就把共性与类型研究有机地联系在一起。本节还给出了倾向性明显的蕴涵共性序列：性状程度或方式＞时间＞人或物＞方所。本节重视序列的连续性、空间性，并借助认知语言学的理论方法，分析了多分指示代词的象似性表现情况。

一　多分与二分

1.1　专家学者们的研究表明，语言里指示代词的类型大致可以分为两种：一种是二分的，如汉语普通话、英语、蒙语、满语、壮语、佤语、京语、阿昌语、村语、鄂伦春语等，另一种是多分的，如日语、拉丁语、暹罗语、越南语、喀西语、崩龙语、朝鲜语、柯尔克孜语、普米语、错那门巴语、哈尼语、基诺语、黎语、高山族布嫩语、扎话等。（参见小川环树1981，彭楚南1957，张元生等1993，周植志等1984，欧阳觉亚等1984，戴庆厦等1985，欧阳觉亚1998，胡增益1986，宣德五等1985，胡振华1986，陆绍尊1986，陆绍尊1983，李永燧等1986，盖兴之1986，苑中树1994，何汝芬等1986，李大勤等2001）

汉语方言里的指示代词，有二分的，也有三分的，但没有见到三分以上的报道。20世纪80年代，汉语学界就指示代词的二分与三分问题进行过激烈的讨论，吕叔湘（1990）已有综述，洪波（1991，1999）、伍云姬（2000）、张惠英（2001）等又进一步讨论了这个问题。这些研究，都还有值得认真思考的地方，但对于我们深入认识语言里指示代词的类型和共性问题，无疑是十分有益的。

1.2　语言里指示代词多分的现象，常见的报道是三分的，但也有三分以上的，如柯尔克孜语就是四分的（胡振华1986）：

bul 这，uʃul 这个　（所指物就在眼前）
oʃol 那，tigil 那个　（所指物离得较远）
tetigi 那个　　　　　（所指物离得更远）
tee tetigil 那个　　　（所指物在最远处）

据彭楚南(1957)的介绍，爱努语的指示代词也是四分的。因此，从类型学角度看，指示代词的类型包括二分与多分(而不叫三分)两种情况是更符合语言实际的说法。

问题是，二分和多分的依据是什么呢？目前常见的依据有两个：一是代词内部相互对立的类别数量。如果是 X、Y 相对立，那就是二分的，如果是 X、Y、Z……相对立，那就是多分的。例如汉语山西洪洞话(参乔全生1983，转引自张惠英 2001:147 页)：

这$_1$[tʂe^{42}]　兀$_1$[uo^{42}]　均可单用，也可与某些量词连用
这$_2$[tʂa^{42}]　兀$_2$[ua^{42}]　均主要指人，很少指东西
这$_3$[tʂan^{24}]　兀$_3$[uan^{24}]　与"这么"、"那么"对应
这$_4$[tʂa^{24}]　兀$_4$[uan^{24}]　一般均和"个"连用

虽然洪洞话有四对"这/兀"，因两两相互对立，仍然看作是二分的。二是看指别人、物的代词或通用指示代词[①]的类别情况。我们认为这第二个依据是有局限的，1.4 节会专门讨论这个问题。

1.3　关于多分或二分的意义内涵，还需要进一步的研究。如三分的，可能有三种不同的内涵(参吕叔湘，1990)：a. 近指、中指、远指；b. 近指、远指、更远指；c. 近指、远指、非近非远指(与远近无关)。二分的，一般是近指、远指两类。人们对近指、远指的理解并不完全一致，或采取的做法不尽相同，因此，像 b 类那样的情况，既可以认为是多分的，也可看作是二分的，即近指与远指相对立，而远指包括"远、更远"等，如徐世璇(1998)就是这样看待毕苏语的指示代词的，李锦芳(2001)就是这样看待茶洞语的指示代词的。更重要的是，不同语言的实际情况可能不一样，如宣德五等(1985)根据

[①]　通用指示代词，根据我们的观察，并不通用，它往往只是构成复合性的指示代词的基础，如汉语的"这/那"，并不能指代性状程度或方式，它只是构成"这么/那么"、"这样/那样"的词根。毕苏语的 ni^{55}"这"、bi^{55} 或 thi^{55}"那"等也是如此(参见徐世璇 1998)。所谓的通用指示代词，大多还是来指别人或物的，指别对象不明时，有泛指作用。

朝鲜语的情况,把指示代词分成近指(距说者近)、中指(距说者远,距听者近)和远指(距说听双方都远)三类;而戴庆厦(1992)根据景颇语的情况,把指示代词分为近指、远指两类,近指包括 ndai³³("这",距说者近)、dai³³("那",距听者近)两个指示代词。从这里我们可以知道,指示代词的多分与二分类型,是人们对语言进行研究的结果,不同的语言,不同的着眼点和研究取向,都会对研究结果产生影响,因此,在我们见到的研究报告里,指示代词的二分与多分并不是绝对的。

1.4 比上述问题更为突出的是,指示代词多分或二分的内部一致性问题。

指示代词有指称、区别、替代三种作用,其中指称是根本(吕叔湘,1990)。从指别作用看,指示代词大致可以分为以下五种情况:指别方所的,指别人或物的(包括人或物的数量),指别时间的,指别性状或程度的,指别动作方式的。我们说一种语言的指示代词是二分的或多分的,是不是这五种情况都是二分或多分的? 根据我们的观察,情况如下:

全部二分	全部多分	举 例
+	-	汉语普通话、京语、佤语、壮语
-	+	哈尼语、黎语、汉语湘方言湖南隆回话
-	-	白语、基诺语、珞巴族崩尼—博嘎尔语
+	+	(未见报道)

我们感兴趣的是表中第三种现象:一部分指示代词多分,一部分指示代词二分。因为它可以启发我们思考下面的问题:同一种语言里的指示代词,哪些是多分的? 哪些是二分的? 多分与二分之间有什么内在的联系或机制? 多分类型的语言与二分类型的语言之间有什么共同之处(共性)? 下文将对此进行一些粗浅的讨论。

二 蕴涵共性

2.1 通过观察,我们发现,指示代词的二分与多分之间存在着一个等级序列,表示如下:

性状程度、动作方式＞时间＞人或物＞方所

这是一个蕴涵共性的序列,序列有四项,"性状程度"与"动作方式"合成一项。它的意思是:如果一种语言里指别性状程度或方式的代词是多分的,那么,指别时间、人或物、方所的代词都是多分的;如果一种语言里指别方所的代词是二分的,那么,指别人或物、时间、性状程度或方式的代词都是二分的。概括地说,如果一种语言里指别 X 的代词是多分的,那么,序列中 X 右边的各项都是多分的;如果一种语言里指别 X 的代词是二分的,那么,序列中 X 左边的各项都是二分的。从这里可以看出,如果一种语言的指示代词,一部分是多分的,一部分是二分的,那么,指别方所的多分可能性最大,而指别性状程度或方式的二分可能性最大。

2.2 证明蕴涵共性成立的语言举例:

a. 哈尼语(李永燧等 1986):全部多分

性状程度	时间	人或物	方所
$ɕi^{55}me^{55}$	$ɕi^{55}tha^{31}$	$ɕi^{55}$	$ɕi^{55}ge^{33}$
$thø^{55}me^{55}$	$thø^{55}tha^{31}$	$thø^{55}$	$thø^{55}ge^{33}$
$ø^{55}me^{55}$	$ø^{55}tha^{31}$	$ø^{55}$	$ø^{55}ge^{33}$

b. 基诺语(盖兴之 1986):两项多分,两项二分

性状程度	时间	人或物	方所
$ɕe^{33}lo^{33},ɕe^{33}pu^{33}$	$ɕe^{33}jɔ^{42}m^{42}$	$ɕe^{33}$	$ɕe^{33}ɕe^{33}$
$khə^{42}lo^{33},khə^{42}pu^{33}$	$khə^{35}jɔ^{42}m^{42}$	$khə^{42}$	$khə^{35}khə^{35}$
		kha^{55}	$kha^{55}khə^{42}$

c. 珞巴族崩尼—博嘎尔语(欧阳觉亚 1985):一项多分

性状程度	时间	人或物	方所
ɕi:pa	(缺记)	ɕi:	ɕo:lo
a:pa		a:	a:lo
			a:to

d. 壮语(张元生等 1993):全部二分

性状程度或方式	时间	人或物	方所
baenzneix	yaepneix	neix	gizneix
baenzde	yaepde	de,haenx	gizhaenx,gizde

壮语指别性状程度或方式的代词有四对八个,这里只列出了两个。

为了看起来更简明一些,上述例子可概括如下:

	性状程度或方式 >	时间 >	人或物 >	方所
a. 哈尼语	多分	多分	多分	多分
b. 基诺语	二分	二分	多分	多分
c. 崩尼—博嘎尔语	二分	(缺记)	二分	多分
d. 壮语	二分	二分	二分	二分

这个蕴涵共性序列在汉语方言里也是基本成立的,我们以伍云姬(2000)所描写的湖南方言的指示代词为例:

	性状程度或方式 >	时间 >	人或物 >	方所
a. 隆回话	多分	多分	多分	多分
b. 新化话	二分	多分	多分	多分
c. 怀化话	二分	二分	二分	多分
d. 辰溪话	二分	二分	二分	二分

如果把多分与二分看作变异因素的话,那么,上述例子的分析展示了不同语言或方言指示代词的变异限度,a、d 两极分别是典型的多分与二分,b、c 居于中间状态。

2.3 应当指出的是,这个蕴涵共性序列是相对的、倾向性的。这是因为:

第一,个别语言或方言的情形,与序列有些出入。如湖南浏阳焦溪话(汉语方言),指别方所、人或物、动作方式的代词是多分的,而指别时间、性状程度的代词是二分的。这里,时间不能蕴涵动作方式。

第二,有的语言或方言里指别 X 的代词只有一个,不存在多分与二分的问题。如毕苏语指别时间,只有 xi^{55} $mγ^{33}$ "那时",没有相应的"这时",指别人或物的复数,只有 ni^{33} lo^{31} $pγn^{33}$ "这些(个)",没有相应的"那些(个)"(参见徐世璇,1998);汉语方言湖南涟源桥头河话里,指别性状程度,只有一个"古古"ku^{55}·ku(参见伍云姬,2000)。

第三,语言或方言之间,指示代词的意义类别并不完全一致。如毕苏语指别人或物的单个体,有专门的一套代词 $niŋ^{55}$、$biŋ^{55}$、$xiŋ^{55}$、$iŋ^{55}$,而汉语用"这/那+量词"的指量短语来表达,没有专门的一套代词。有的语言的指示代词,还牵涉到其他因素,如赛德克语(陈康 2000),近指和远指与所指事物的长、短形状联系在一起。这些都会使蕴涵共性的探讨只能是相对的。

但是,总体上看,指别方所、人或物的代词,多分的可能性比较大。我们没有看到这样的报道:指别方所的代词是二分的,而指别时间、性状程度或方式的代词是多分的。这就表明,本节给出的倾向性的蕴涵共性是可以成立的。

三 指示代词的空间性

3.1 不少学者指出,指示代词往往与人称代词有渊源关系,如吕叔湘(1985)引用了 Bang 的观点,并加以肯定,伍云姬(2000)、张惠英(2001)、高永奇(2001)等有进一步的论证或说明。我们在这方面缺乏专门的研究,不敢妄发议论,但我们可以从我们观察到的语言现象出发,换个角度来讨论指示代词的空间性问题。

吕叔湘(1985:188)指出:"近指和远指的分别,基本上是空间的。"许多语言的指示代词,往往都有共同的语素,如鄂伦春语(胡增益,1986)近指以/ə-/为词根,远指以/tə-/为词根,哈尼语(李永燧等 1986)以 $ɕi^{55}$、$thø^{55}$、$ø^{55}$ 为复合指示代词的词根。这些共同的语素,都是以表达空间义为基础的。指别方所的代词,本身就是表示空间的;而指别人或物的代词,表面上看与空间无关,实际上人或物都要占据空间,实体的人或物有空间形体,它们数量的多少,也是占据空间数量多少的一种表现。有些语言里,如京语(欧阳觉亚等 1984)表示"这里/这个"用同一个指示代词 $dəi^{33}$,表示"那里/那个"用同一个指示代词 $dəi^{45}$,这表明指别方所与指别人或物(数量)的代词都是有空间性的。指别时间、性状程度、动作方式的代词,往往是空间关系的一种隐喻或泛化(从空间域透射到非空间域)。因此,从空间性强弱看,存在下面的具有连续性的级差序列("<"表示左边的空间性弱于右边的):

性状程度或方式<时间<人或物<方所

可以这样认为:指示代词的内部联系因素是空间性,联系机制是隐喻或泛化。

3.2 指示代词的空间性可以从以下方面进行描述:

a. 所指对象与说话人的空间距离、位置、方向;
b. 说话人与听话人的空间位置关系;
c. 所指对象的数量。

这三个方面里,a、b 是根本的,a 通常是划分近指、远指、更远指(或中指)的依据,b 是指示代词内部对立的依据。不少语言或方言里,人称代词与指示代词有渊源关系,也是由 b 这种基本空间位置关系决定的。c 对多分还是二分有直接的影响,如果所指对象是两个,指示代词就可以二分,所指对象是多个的,指示代词可以多分,也可以二分。

3.3 从认知上看,可以占据的空间是二维或三维的,在二维平面上,多个所指对象与说话者形成不同的空间距离,这是指示代词多分的空间基础。在已经报道的语言里,指别人或物的代词似乎是基本的、常用的,这一现象在一定程度上掩盖了指示代词的空间性特点。① 只有指别方所的代词多分而其他指示代词二分的语言,才能把指示代词的空间性凸显出来。例如:珞巴族崩尼—博嘎尔语(欧阳觉亚 1985)指别人或物的代词是二分的:ɕi 这,a 那,但唯有指别方所的代词是多分的:ɕo:lo 这里,a:lo 那里,a:to 那里(更远)。白语(徐琳等 1984)也是如此,指别人或物的代词也是二分的:lɯ^{31} 这,mɯ^{31} 那,唯有指别方所的代词是多分的:a^{55} ta^{44} 这儿,mɯ^{55} ta^{44} 那儿,ta^{35} ta^{44} 那儿(更远)。

人或物数量巨大,指别它们的代词成为常用的、基本的指示代词是不足为怪的,这类指示代词的形式往往比较简单,这既是常用的结果(符合语言的经济性原则),也是易于组合的需要(易于与表人或物的名词组合)。

一个明显的事实是,指别方所的代词,总是一种语言里最复杂的指示代词,其次是指别人或物的代词,毕苏语就是一个代表(徐世璇 1998)。我们可以给出这样一条规则:

指示代词空间性越强,情况越复杂,多分的可能性也越大。

这条规则是对前文 2.1 节的蕴涵共性序列的印证和说明。

3.4 生活于高山或河谷地带的民族,由于地形的关系,指示代词似乎更为复杂。这些民族注重所指对象与说话人的位置和方向,形成复杂的指示代词系统。例如:景颇语(戴庆厦 1992)表示距说话双方都远的基本指示代词有三个,一个是 wo^{55}ra^{31},表示事物的位置与说话人平行,一个是 hto^{55}ra^{31},表示事物的位置比说话人高,另一个是 le^{55}ra^{31},表示事物的位置比说话人低。傈僳语(徐琳等 1986)的指示代词,有横直方向、上下方向之别,横

---

① 值得注意的是戴庆厦(1992)对景颇语指示代词的研究,戴先生把景颇语的指示代词分为三类:方位代词,指代事物性状的代词,以及指代动作的方式、状态的代词。其中方位代词是基本的指示代词,是构成表示复数、方所、时间的复合代词的基础。

直指别包括一般指、直指、横指、隔指,上下指别包括上边和这边、稍上边、下边和那边、更下边和那边等,它们相互交叉起来,形成复杂的指别系统。毕苏语(徐世璇 1998)、爱斯基摩语(彭楚南 1957)也有类似的情况。这种精密的空间指别,也可能在性状上体现出来,如景颇语 hto^{55} de^{51} 表示"(上面)那么大"的意思,"上面"的意思也包含在指别性状的代词性语素 hto^{55} 里边。

四　多分指示代词的象似性

4.1　认知语言学认为:相对简单的概念普遍由相对简单的形式表达,而相对复杂的概念则普遍由相对复杂的语言形式表达,这种趋势正反映了语言的形式和它表示的外部世界和概念世界的结构的平行性,是一种象似性或临摹性的表现(参见张敏 1998)。生活于高山或河谷地带的民族,其语言的指示代词重视所指对像与说话人的位置、方向,正是象似性的一种表现。我们这里关注的是多分指示代词的象似性表现,当然,这种象似性并不是在每一种语言里都能表现出来。

多分的指示代词里,与近指、中指相对的远指,或与近指、远指相对的更远指,或与近指、远指、更远指相对的最远指,更能体现象似性。因为它们在概念上更为复杂:a. 与说话人距离最远;b. 用在指别多个事物的场合,因而使用频率不高;c. 所指对象最后一个被说出;d. 凸显的是指示代词的区别作用(与指别多个事物的场合有关)。

与复杂概念相应的语言形式也就复杂一些。语言形式的复杂性,也是多种多样的。举例说明如下:

a. 音节更复杂,或结构更复杂。例如:普米语(陆绍尊 1983)的近指代词用 ti^{12},远指用 di^{12},更远指的音节复杂一些,是 sthie^{12},而且 sthie^{12} 使用不多;撒拉语(林莲云 1985)用 bu 表示"这个",用 u 表示"那个",而用音节更复杂的 diuɣu 表示较远的"那个";柯尔克孜语(胡振华 1986),指别眼前的事物用 bul 或 uʃul,指别较远的事物用 oʃol 或 tigil,指别更远的事物用 tetigi(比 tigil 复杂),指别最远的事物用更为复杂的结构式 tee tetigil。英语的情形可以作为旁证:here 是表示"这里"的副词,there 是表示"那里"的副词,而 over there 是可表示比 there 更远的副词性固定结构(结构复杂)。

b. 用拉长声音的形式表示距离远。如景颇语远指代词 wo^{55} ra^{31}、hto^{55} ra^{31}、le^{55} ra^{31} 的第一个音节,音拉得越长所指事物越远(戴庆厦 1992);景颇族载瓦语里,远指代词 xje^{51}、xu^{51}、mo^{51} 的音拉得越长,所指事物也越远(徐傈僳语表示更远指的代词 ko:[55]，元音 o 拉得越长，所指事物就越远(徐琳等 1986)。

4.2 与象似性相对的是经济性。相对而言，二分的经济性要强一些，多分的象似性要强一些。任何一种语言的指示代词，都是经济性与象似性共同作用的结果。象似性使指示代词不会太简单，而经济性使指示代词的多分不会无边无际。但无论经济性、象似性哪一个占优势，都适用于每种语言各自的使用者。

经济性与抽象密切相关，追求形式与意义的"一对多"；象似性与具体密切相关，追求形式与意义的"一一对应"。指示代词的空间性越弱，就越抽象，因此，指别性状程度或方式的代词，相对指别方所的代词来说，要抽象得多，相对来说，经济性强一些，多分的可能性小一些。

五 结语

5.1 指示代词的类型与共性研究的关系问题。研究不同语言指示代词的共性，目的是确定不同语言指示代词变异的限度，这种限度是连续性的序列，但有明确的中心(全部多分或全部二分)。因此，指示代词的类型和共性研究是并行不悖的，且是有机地联系在一起的。

指示代词非二分既多分的做法，忽视了变异限度的连续性，有时会使是多分还是二分的确定陷于两难的境地。本节正是抓住这一点，从共性角度重新审视类型问题。从人类语言看，指示代词有典型的多分或二分情况，也有不典型的多分或二分情况，本节重视连续性，反对非多分即二分的绝对做法。(参 Comrie 1981，沈家煊 1989)

5.2 我们的观察表明，空间性是贯穿在指示代词内部的重要因素，它是联系不同指别作用的代词的"语义纽带"。空间性的强弱，也与多分还是二分的类型密切相关。有些语言的多分指示代词，概念复杂的，形式也相应的复杂一些，这是一种象似性的表现。

5.3 无论指示代词的类型如何，都没有优劣之分，各自适用于各自的使用者(洪波 1999)。但是，如果母语与外语指示代词的类型不同，方言与共同语的类型不同，会给外语或共同语的学习带来一定的影响。例如下面一段话：

今公等思量这一件道理，思量到半间不界便掉了。少间，又看那一件。那件看不得，又掉了，又看那一件。如此，没世不济事。(朱子语类

辑略,转引自吕叔湘1985:193)

　　第二个"又看那一件"里,"那一件"指别的是第三个对象,如果读者家乡话或母语是指示代词三分,读起这段话来可能会有哪儿不对劲的感觉。这也能启发我们思考:第二个"又看那一件"的"那",读音上与前边的"那"完全一样吗？这虽是个小问题,但也有探讨的价值。我们留待以后再讨论。

第三章 空间短语里后置方位词的选择及其作用机制

第一节 空间实体的可居点与后置方位词的选择

本节主要从体现空间关系的实体可居点出发,讨论后置方位词的选择问题。实体的可居点可以分为物理可居点和功能可居点两类。物理可居点影响着后置方位词的选择范围,而功能可居点决定了后置方位词的选择倾向。显著的功能可居点通常只有一个,但也可能有两个。本节强调三个问题:a. 容器底面与一般的平面不同;b. 认知语法研究的结论不能绝对化;c. 认知语法研究的结论需要材料的充分验证和数据的有力支撑。

○ 研究现状及本节要研究的问题

从认知角度研究空间问题的成果很多,Talmy(1983/2000),Svorou(1993)是其中的代表作。就汉语来说,比较受关注的空间问题是方位词及其与名词的组配情况或方位词的选择问题。刘宁生(1994:174—175)讨论了语言的图解功能与方位词的选择问题,认为方位词的选择性归根到底是人们怎样看待名词所代表的物体的几何性质,而语言表述物体的几何性质是一个过滤的过程,在这个过程中,物体的某一部分及其特征被强化了、突出了,被看成是整个物体的特征。如"箱子里"关注的是箱子的内部空间,而

"箱子上"关注的是箱子外部上方表面的空间。Tai(1993)和张敏(1998：284—285)强调把方位词的选择性放在人与事物互动行为的背景下加以考察,认为有必要区分物体的客观物理属性和在互动中有意义的显著功能属性,如椅子的显著功能属性是支撑臀部的座板的二维平面属性,而不是整个椅子的三维立体属性,因此我们说"椅子上",不说"椅子里"。储泽祥(1997b,2004a)强调在空间位置关系的背景下研究方位词的选择性问题,并较为细致地讨论了名词与方位词的组配情况。刘丹青(2003：129—136)以类型学为背景,从历时角度研究了汉语方位词向后置介词演变的情况,方经民(2004)以及李晋霞、刘云(2006)进一步研究了方位词的语法化问题,认为方位词的语法化情况是有层次的,虚化的程度不一样。白丽芳(2006)详细地分析了"上"、"下"的意象图式,认为"上"的意象图式有4种,而"下"只有3种,因此"上"与"下"在语义结构上有对称的地方,也有不对称的地方。值得一提的是邹韶华(2001)的研究,他认为词语及句式在语用中出现次数的多寡会对语言的意义、结构等产生影响,并称之为"语用频率效应",如方位词"里"的使用频率比"外"高,会对"N·里"、"N·外"的使用产生影响,前者要比后者常见。

无疑,上述研究是富有成效的,尤其是从认知角度研究方位词的选择性,强调物体的功能属性,强调人与物体的互动,是很有启发性的。但是,也存在不少问题。

a. 飞机、汽车、火车、轮船的几何性质在汉语中被图解为一个平面(刘宁生 1994：174—175),桌子、床、椅子最有意义、最显著的功能属性也是平面(Tai 1993,张敏 1998：284—285),因此选择方位词"上"而不选择"里",果真如此吗?汽车的底面与桌面有没有什么不同?

b. 如果区分实体的物理属性和功能属性,那么,在方位词选择上,物理属性与功能属性是如何起影响作用的?实体如果不处在空间关系之中,实体的属性与方位词是难以联系在一起的,实体属性与方位词选择之间是不是缺少了某个环节?一个实体与不同的事物发生不同的空间关系,这个实体的功能属性始终不变吗?这个实体永远都只有一种图解吗?

c. 无论是 Talmy(1983/2000)对英语空间介词、方位词的研究,还是刘宁生(1994)、Tai(1993)、张敏(1998)对汉语后置方位词选择问题的研究,都是举例性质的,缺乏更加广泛、更加细致深入的研究。

d. 已有的结论,大多靠语感或有限的形式去验证,缺乏充分的材料验证或有力的数据支撑。这牵涉到一个重大的理论问题:怎样让认知语法研究的结论更为可信?

e. 认知不可避免的有民族、文化甚至地域差异(Lakoff 2004),适合英语空间问题的认知研究不一定适合汉语(如刘宁生(1994)关于方位词参考系的研究)。

本节试图在已有成果的基础上着重从认知角度把实体的可居点与后置方位词的选择问题结合起来进行研究,并希望对上述几个问题的解决做一点努力。为讨论的顺利进行,我们首先必须对讨论的对象、范围、方法等做出必要的说明。

我们所说的"空间实体"是指具有几何特征、可以看得见的、占据了现实空间的物体,如椅子、桌子、山、水、云等,不包括思想、话语、感情等没有形体的事物。一个空间实体与别的事物发生空间关系,这个实体能提供给别的事物的各种空间位置就是该实体的"可居点"(Jackendoff 1991)。汉语空间实体的可居点通常用方位词表现出来,但也可以用别的形式来表现,如"钻进草丛"、"爬上天台","草丛"、"天台"的可居点主要是靠空间动词"进"、"上"表现出来的,我们这里关注的是用后置方位词来表示空间实体可居点的情况。

我们这里涉及到的后置方位词,主要包括"上、下、里、内、中、外、前、后"以及"东、西、南、北"等出现在名词性成分后边的单音方位词,不包括"旁边"、"附近"、"周围"、"上面"、"里边"等处所词,也不包括后置能力较弱的方位词"左"、"右"。

我们认可张敏(1998)对实体物理属性与功能属性的区分,但我们的基本思路与张敏(1998)以及刘宁生(1994)有所不同,我们在实体的属性与方位词选择之间加上"可居点"这个重要的环节,让它们有机地联系起来,即构成"实体的属性→实体的可居点→后置方位词的选择"这样一条逻辑链。可居点是以空间关系为基础的体现,没有空间关系,实体的属性就是静止的、孤立的,也就无所谓方位词的选择。

为了验证认知分析的结果,我们从《现代汉语八百词》(吕叔湘主编,商务印书馆,1984)所附的"名词、量词配合表"里选取213个表示实体的名词,作为基本的调查对象,并以北京大学汉语语言学研究中心的现代汉语语料库网络版(约1.15亿字)为调查范围,调查表示空间的"上下里内中外前后"等单音后置方位词的选择情况(查寻时间:2006年)。所得的数据,小于

500的都做过粗略的甄别（如"前/后"表示时间的条目，以及"N·外"表示"除了N之外"的条目都被剔除），但500以上的，由于技术及时间限制，没有经过筛选。另外，调查时忽略了"里/内/中"之间的差别，把它们做一项来处理，显示数据时以"里"为代表。

一 实体的物理可居点、方位词的参考系与后置方位词的选择范围

1.1 物理可居点与功能可居点

一个空间实体，具有一系列的物理属性，包括大小、结构（主要是复杂程度和对称情况）、维度、边界、长度、距离、角度、质地、材料、性质等，都能在不同程度上影响着实体可居点的性质和数量。由实体的物理属性造成的可居点，我们称之为实体的物理可居点。

一个空间实体，总有一种或几种跟该实体提供空间紧密相关的功能属性，我们称之为"空间功能属性"，在不影响理解的情况下，行文时就直接称作"功能属性"。如水有浮力，具有托起物体的功能，水也能淹没物体，又具有容纳的功能，水要实现这两种功能，都必须提供空间给别的物体，这就是我们所说的空间功能属性，但水还可以饮用，这种功能没有提供空间，就不属于我们所说的空间功能属性。许多实体，都有一个甚至两个标准的、公认的可居点，这往往与该实体的空间功能属性有关。由实体的空间功能属性造成的可居点，就是该实体的功能可居点。功能可居点一般是物理可居点里突出、显著的一种或两种。如桌子至少有五个物理可居点，可以用"上/里/前/下/后"等后置方位词表现出来，最显著的可居点是桌面，最常见的说法是"桌子上"，这是由桌面的承置功能所决定的。功能可居点显著的实体在局部上往往是不对称的，如桌子的桌面与桌子的其他部分就是不对称的，但更为重要的是，桌面是专门或易于与人或事物发生互动的地方。从一定程度上讲，实体的功能就是为了互动，而互动又凸显了人们对功能可居点的认知，从而淡化了实体的其他的物理属性，表现在汉语编码上，就是表示功能可居点的后置方位词使用频率较高，而表示非功能可居点的后置方位词使用频率较低。如在我们考察的语料库里，"桌子上"的用例有586条，"桌子里"只有6条，"桌子前"有36条，"桌子下"有12条，"桌子后"只有1条。在这里，我们对桌子功能可居点的认知，可以用数据来验证。

对后置方位词的选择来说，实体的物理可居点与功能可居点各有各的作用。物理可居点的多少决定后置方位词选择范围的大小，功能可居点的

凸显决定后置方位词的选择倾向(即哪个或哪些后置方位词出现频率最高)。

1.2 实体的物理可居点与后置方位词的选择范围

不同实体的物理可居点的数量不一样,指称该实体的名词选择方位词的范围大小也不一样。储泽祥(1997a:95—133,380—390)对名词与方位词的配合情况做了较为细致的考察,但存在两个问题:一是没有系统地分析实体的物理属性,二是对"左"、"右"的后置能力弱强调得不够充分。这里在举例说明的基础上,着重讨论第一个问题。先看下面的比较:

	上	里	前	下	后	外	东
山	+	+	+	+	+	+	+
楼	+	+	+	+	+	+	+
门	+	+	+	+	+	+	−
车	+	+	+	+	+	+	−
嘴	+	+	+	+	+	+	
花	+	+	+	+	+		
火	+	+	+	+			
猫	−	+	+				
雾	−	+					
张三	−	−	−	−	−	−	−

不难看出,不同的实体名词,选择方位词的范围大小可能不一样。也就是说,不同的实体,其物理可居点的数量可能不同,例中"山"、"楼"的可居点最多,"门"、"车"其次,"嘴"、"花"、"火"再次,"猫"、"雾"更次,指人的专有名词"张三"的可居点最少。实体可居点的多少,受到实体物理属性的影响。影响可居点的物理属性,可以概括为七个方面:a. 体积或面积的大小(主要看空间能否供人体活动);b. 是否固定;c. 边界情况(是离散的还是非离散的,参见沈家煊1995);d. 生命度(生命度高、生命度低);e. 结构复杂程度(如碗柜比砧板的结构要复杂);f. 数量多少(是独体还是群体,会影响方位词的选择,如一只猫,不能说"猫里",但一群猫,就可以说"猫里");g. 空间维度(一维、二维还是三维)。我们认为,影响实体可居点的数量进而影响汉语后置方位词选择范围的因素主要有四个:是否固定、是不是离散物体、空间能否供人体活动和生命度高低情况。比较:

	固定	离散物体	可供人体活动	生命度低
山	＋	＋	＋	＋
楼	＋	＋	＋	＋
门	＋	＋	±	＋
车	－	＋	＋	＋
嘴	－	＋	－	＋
花	－	＋	－	＋
火	－	－	－	＋
猫	－	＋	－	－
雾	－	－	＋	＋
张三	－	＋	－	－

  例中"门"的体积有大有小，体积大的门如城门，可供人体活动，而体积较小的门如碗柜的门，就不能供人体活动，因此我们用"±"来表示。

  生命度高低情况影响着与名词有关的许多范畴，如数范畴、性范畴以及我们这里关注的空间范畴。不少语言，如巴斯克语、朝鲜语、苏丹境内的 Krongo 语里，实体可居点的表述形式都跟名词所指事物的生命度有关。Krongo 语里，有两种方位标记，一种用于表人名词，一种用于无生名词。动物名词两种都可以用，选用哪一种依据人们在说及动物时的影响程度而定（Rijkhoff 2002：70—71）。汉语里，生命度低的植物和无生物名词可以直接用后置方位词表示可居点，如"树上、碗里、街前"，但生命度高的指人名词或动物名词，直接用后置方位词表示可居点的情况很少见（表示马背上的"马上"似乎可以算一个），一般要依托"身"把生命度高的实体的可居点显示出来，如"小王身上/身前/身下/身后"。英语在这方面与汉语明显不同。英语用前置介词来显示体词所指对象的可居点，如 the book on the table（桌子上的书），介词 on 显示了桌面这个可居点，但 on 也可以用在指人体词上，如 Have you a pen on you？翻译成汉语，"on you"要用"你身上"来表达："你身上带钢笔了吗?"可以这么认为，汉语里，生命度高的人和动物，其空间可居点体现在"身体"上，不仅认知上如此，汉语编码上也要体现出"身（体）"来。

  1.3 参考系的不同对后置方位词选择范围的影响

  在具体语境中，表示可居点的后置方位词是用来给事物定位的，但是，没有参考系的方位词是无法用来定位的（廖秋忠 1983：258）。廖秋忠

(1989)和刘宁生(1994)都讨论过方位表述的参考系问题,廖秋忠(1989:9)意识到"方向参考点"与"位置参考点"的不同,但没有真正分开考察,而是合称"方位参考点",刘宁生(1994)则没有把二者分开的意思。我们认为,方位表述的参考系应该分为两大类:一类是基准,近似于廖秋忠(1989)的"位置参考点"或"语境参考点",一类是参照(包括原初的、投射的和临时的),近似于廖秋忠(1989)的"方向参考点"。如"树上","树"是基准,确定"上"这个空间方位的标准就是参照。显然,基准主要是具有可居点的实体,它提供空间,是给别的物体定位时的"立足点"。对于任何语言来说,由实体充当的基准是基本一致的,是随需要而定、随语境而变化的,但原初参照可能受先民认知的影响,不同的民族不同的语言不一定是完全一致的。原初参照一旦形成,就是固定不变的。有些原初参照,由于年代久远,已经不得而知了。

英语的 north 和 south、east 和 west 是以地球为参照区分出来的(Talmy 1983/2000:201—202),汉语的情形有所不同,汉语的"东西南北"以太阳为原初参照,然后对大地进行区域划分、区域定位。因此,只有比较大的、固定的、可供人体活动的实体,如"山"、"楼"、"河"、"街"等才能选择"东西南北",体积小的、移动的、不能供人体活动的实体,如"桌子"、"椅子"、"碗"、"刀子"等不能选择"东西南北"。

汉语的"前后左右"以人体为原初参照,"上下"、"里外"的原初参照已经不得而知了,但应该离不开身体经验。人体头上脚下的结构、直立的姿势有助于认知"上下",人类进食和排泄的体验有助于认知"里外"。

人体的"前后左右"以及"上下里外"方位,可以投射到其他事物之上,这叫做"投射参照"。投射参照分两种。

一种投射参照明显带有以人类为中心的性质,是把人体方位投射到某个非人类的实体之上,我们称之为"单体投射参照"。如动物、玩具娃娃、相机、望远镜等具有或被赋予知觉器官,动物脸部朝向为"前",楼大门的朝向为"前",车子的头部、车子的常规运动方向(即按使用者意愿移动的方向)为"前"。通过投射,这些实体也获得了比较稳定的方位。但是,单体投射参照并不均衡。楼通过投射参照可以获得稳定的上下左右前后方位,树通过投射参照却只能获得稳定的上下方位,不能获得稳定的前后左右方位,还有些事物,如石子儿、砧板、筷子、篮球等无法通过投射参照获得稳定的上下左右前后方位,它们只能临时被定位。

另一种投射参照是把"上下"方位投射到两个有空间关系的事物之上,如"烟缸下的字条","烟缸"和"字条"有上下关系,这种定位是临时性的。我们把这种投射参照叫做"双体投射参照"。

对于石子儿这类事物的"前后"方位,可以把说话人或观察者作为临时参照,进行临时定位。说话人或观察者面对的方向就是"前",如"那颗石子儿前","树前","树后"。这种方位有四点要注意:一是依据说话人或观察者定位时,首先确定"前",主要也是"前",不太管"后"(廖秋忠 1989:11)。二是方位的临时性,可以随着说话人或观察者的视点变化而变化。三是需要的时候,这种临时参照可以针对任何实体,如当观察者分不清远处的大楼或汽车的稳定方位时,可以把面对的那一边临时定为"前"。四是以说话人或观察者为参照的实体一般都是已知的,对语境有依赖,脱离语境可接受度不高。如"那只蝴蝶在窗口那一缕阳光前停了一会儿,就飞出了窗外",如果没有"那一缕"来表示已知,"阳光前"是难以接受的。

显然,一个实体适用的参考系越多,可居点就越多,方位词的选择范围就越广泛。确定实体可居点的数量以及后置方位词选择范围的大小,主要依据太阳参照、人体参照和单体投射参照造成的稳定方位,而双体投射参照、以说话人或观察者为参照造成的临时方位,因为依赖语境,只能作为次要依据。如各种参照都适用"城","城"的可居点就比较多,可以选择的后置方位词范围也比较大,包括"上下前后里外东西南北"等 10 个,太阳参照不适用"坟","坟"可以选择的后置方位词就只是"上下前后里外","碗"表面上看与"坟"一样也可以选择"上下前后里外",但"碗下"、"碗前/后"都是临时的,可接受度不高,因此,可以认为"坟"选择后置方位词的范围比"碗"大。值得注意的是地名,它们适用太阳参照,可以选择"东西南北",如表示车站名或高速公路出口标志的"北京西"、"武汉南",但它们不适用投射参照和说话人、观察者参照,一般不会选择"上下里外前后"。地名和人名,都是方位词选择范围很小的实体名词。

1.4 汉语"东西南北"与"前后左右"在表示可居点上的分工

东西南北表示四方,前后左右也是表示四方,从理论上说,这两套方位词可以只用一套,事实上也有这种情况。不少语言以前后左右为主,没有东西南北或东西南北不全,如土家语没有东西南北,哈尼语、普米语只有东西,没有南北(戴庆厦1990);仡佬语、基诺语、水语、康家语、羌语、炯奈语等都没有固有词汇的东西南北(斯钦朝克图2002,黄布凡2002,毛宗武、李云兵2002)。也有语言选择东西南北为主,如蒙古语以东西南北为主,表示东西南北的词分别与左右前后同形,表示前的词单独有一个,但同时也能表示南(道布 1983:31—33)。

蒙古语的东西南北与左右前后是一一对应的,汉语却不是这样。汉语的"东西南北"与"前后左右"是并存的,没有稳定的对应关系。"东西南北"的方位恒定,"前后左右"的方位易变(廖秋忠1989:9)。如观察者无论面对山的哪一边,"山南"的方位都是恒定不变的,但"山前"会随观察者位置的变化而变化,只有观察者面对山的南边时,"山南"与"山前"才是基本对应的。

汉语的"东西南北"与"前后左右"在表示实体可居点方面也有分工。"东西南北"倾向表示空间较大、距离较远的可居点,"前后左右"倾向表示空间较小、距离较近的可居点。如"街南"与"街前"比,前者的空间要大一些,"街南"可能包含"街前","街前"却不能包含"街南"。有趣的是,"东西南北"与"前后左右"的使用,在中国存在地域上的差异,北方人喜欢用"东西南北",而南方人更喜欢"前后左右"。

既然"东西南北"与"前后左右"在原初参照、对实体的要求、表意分工等方面都有不同,又没有稳定的一一对应关系,我们就有理由相信,能选择这两套方位词的实体比只能选择其中一套方位词的实体其可居点的数量要多一些。

二 主体、客体的选择倾向与后置方位词的选择值

2.1 空间关系中的主体、客体选择倾向

像"箱子里的衣服"这样一个空间表述,至少有三种功能:一是表明在"箱子里"这个方位短语里,"箱子"是方位参考系的基准或定位的立足点;二是给"衣服"安排了一个位置;三是在"箱子"和"衣服"之间建立起空间联系。"箱子"提供空间,"衣服"占据这个空间,"打扰"了"箱子","箱子"和"衣服"的关系,有点像主人与客人的关系,我们把"箱子"叫做主体(host substance),把"衣服"叫做客体(guest substance)。同一个实体,如例中的"箱子",可以具有不同的空间角色身份,对方位参考系来说,它是基准,对两个物体的空间关系来说,它是主体。在表述两个实体的空间关系时,人们选择什么为主体、什么为客体,有明显的倾向性,使主、客体具有了一系列基本对立的语义特征,Talmy(1983/2000:183)把它概括为9个方面:空间特性已知还是未知、是否移动、形体大小、结构复杂程度、现场性强不强、关注程度、直接理解的多少、背景还是凸显、独立还是依赖。刘宁生(1994:171)结合汉语情况把它们综合为5个方面:形体大小、固定还是移动、暂时还是持久、结构简单还是复杂、已知还是未知。在汉语中,形体相对较大、空间上相对固定、时间上相对持久、结构相对复杂、空间特性已知的实体,倾向充当主

体,反之倾向充当客体。如说"大楼前的小树",不说"小树前的大楼",因为"大楼"比"小树"大;通常说"头上的帽子",一般不说"帽子下的头",因为"头"比"帽子"固定,而且更为说话人熟知。这里有三点值得注意:一是主体与客体的选择倾向是相比较而言的,必须处在空间关系之中才是有效的;二是主体、客体的基本对立的语义特征虽然与它们的物理属性有关,但从根本上看这些特征是人们在看待物体时赋予它们的特征,语用色彩明显;三是虽然主体、客体的选择并不能决定可居点的多少、选择后置方位词的范围大小,但也有一定的影响作用,在实际运用中,至少从数值上看,倾向于充当客体的实体可居点不会很多,客体是"被定位"而不是提供空间为别的物体定位,往往不选择或很少选择后置方位词,呈现出较低的选择值。

2.2 后置方位词的选择值

后置方位词的选择值,可以从两个方面去考察。第一个方面是从实体名词的角度去考察,看不同的实体名词选择后置方位词的数值差别如何;第二个方面是从后置方位词出发去考察,看后置方位词之间的数值差别如何。

先看第一个方面。我们考察语料库的数据显示,有些名词经常充当主体,它们所表示的实体可居点多,与人互动频繁,在语料库中出现几率高,它们选择后置方位词的数值也比较高。例如:

	上	里	前	下	后	外
车	3130	1368	471	83	262	83
楼	1527	761	309	934	21	104
山	2426	1626	126	1241	69	188

但是,有些名词经常充当客体,它们选择后置方位词的数值很低,六个数据有五个是0,偶尔有一个数据不是0,也非常小(在1—4范围内),举例如下:

	上	里	前	下	后	外
鞭炮	0	0	0	0	0	0
饼干	0	2	0	0	0	0
铲子	0	0	0	0	0	0
汗珠	0	1	0	0	0	0
珠子	1	0	0	0	0	0

这些实体名词,除上述例子外,主要有五个类别:a. 人(如"学生")与

动物(如"苍蝇");b.形体较小的非离散物,如"鼻涕、汗珠、唾沫";c.对称的较小的物体,如"篮球、乒乓球";d.食物,如"花生、烙饼、藕、蒜、西瓜、香蕉、月饼";e.用具,如"机枪、磨子、碾子、扫帚、刷子、牙刷、锥子"。"铲子"和"伞"同样是用具,但"伞"选择后置方位词的数值就要高出许多:"伞上"的用例21条,"伞里"3条,"伞前"1条,"伞下"65条,"伞后"1条。是什么原因导致这些实体名词选择后置方位词的数值如此之低呢?首先,这些名词所表示的实体的可居点较少,选择后置方位词的范围也比较小,如生命度高的人或动物,可居点就很少。其次,这些实体在现实生活中与人的互动不频繁,指称它们的词语在语料库中出现的概率也不高,如人们用伞比用铲子要频繁,在我们调查的语料库中,"伞"有2042条,而"铲子"只有44条。再次,这些实体没有一个引人关注的事物经常占据它们的表面或内部空间,人们较少关注它们能否给别的事物定位,而是较多地关注它们所在的位置。这些实体在人们眼里是"优先被定位"的,人们首先想到的是它们在哪里,而不是有什么东西在它们上面。

再看第二个方面的情况。我们考察了213个实体名词,总体上看,选择后置方位词的情况如下:

	上	里(含"内/中")	前	下	后	外
条目	58014	61890	4320	14612	877	4103
百分比	40.34%	43.04%	3.00%	10.16%	0.61%	2.85%

很明显,"上"、"里"的数值最高,合起来超过80%,"后"的数值最低,只占0.61%。这六个后置方位词按数值高低可以构成如下序列:

上、里＞下＞前、外＞后

以前的研究(如储泽祥1997a)只知道"上/里"最常见,不知道"下/前/外/后"的情况如何,这里的数据可以提供一个答案。

当然,这些数据只能体现后置方位词相互间整体上的差别,如果结合实体名词,就会发现不平衡情况,不同的实体名词选择后置方位词可能表现出明显不同的倾向性,下文会进一步讨论这方面的问题。

2.3 主体的三类功能可居点

一个实体的可居点,包含在实体的三类空间之中,这三类空间是:实体的表面空间、内部空间和延展空间。延展空间是指实体附近的空间,我们把它看作是实体本身空间的延伸。相应的,该实体在空间关系上分别有三种功能:承置某物体、容纳某物体和指示某物体的位置(廖秋忠1989,储泽祥2004a)。那么,根据这三种功能,可以把功能可居点分成相应的三类:承置功能的可居点、容纳功能的可居点和指示功能的可居点。这里有一个问题值得注意:容器内部的底面也具有承置功能。后置方位词表现这三类功能可居点,也有个大致的分工。情况如下:

实体的功能:	承置	容纳	指示
功能可居点:	表面/底面	内部空间	延展空间
常选的后置方位词:	上	里	前/下/后/外

"上/里"使用的数值很高告诉我们,实体功能可居点主要是在实体的表面或内部,功能可居点在实体的延展空间是少数情况。因此,我们把考察的重点放在"上"、"里"的选择上。虽然表示功能可居点的后置方位词在语料库里应该体现出最高的数值,但如果因实体的形态发生变化而增加了新的功能属性,就另当别论。

三 承置或容纳的功能可居点与"上"、"里"的选择倾向

3.1 容器底面或内部的显著功能与"上"、"里"的选择倾向

"上"主要表示接触外表但高于外表的位置,通常针对"面";"里"主要表示内部空间或范围,既可以针对"体",也可以针对"面"(廖秋忠1989)。研究"上"与"里"的选择倾向,理想的对象是表示容器的名词。典型的容器有两个要素:一个是三维的内部空间,一个是底面。有的容器底面的承置功能显著,有的容器却是内部的容纳功能突出。先看三组例子和数据:

第一组		第二组		第三组	
上	里	上	里	上	里
飞机 395	43	篮子 0	95	旅馆 0	191
火车 258	21	书橱 3	28	商店 0	325
轮船 87	9	隧道 5	61	银行 0	207
汽车 326	219	嗓子 2	58	学校 0	952
囚车 0	6	心 1358	21157	工厂 0	188

第一组里"飞机、火车、轮船、汽车"底面显著,选择"上"的倾向十分明

显。刘宁生(1994:174—175)认为汽车、飞机、火车、轮船的几何性质在汉语中被图解为一个平面,因此选择方位词"上"而不选择"里",这种看法是值得商榷的。"飞机、火车、轮船、汽车"选择"上"是倾向性的,也可以选择"里",只不过数值要小一些。应该强调的是,飞机、火车、轮船、汽车的底面是"容器内部的平面",与桌面的平面空间还是有所不同,"飞机上的人"与"飞机里的人"所指对象一般是一致的,但"桌子上的蛀虫"跟"桌子里的蛀虫"所指对象通常都是不一样的。表示车子底面的"上"可以与"外"相对立,但表示桌子平面的"上"不能与"外"对立,如可以说"从车上向外开枪",但不能说"从桌子上向外扫饭粒"。底面必须以容器为依托,平面不必依托容器。

第一组里,同样是交通工具,"飞机、火车、轮船、汽车"倾向选择"上",但"囚车"却是内部空间突出,倾向选择"里"。为什么存在这种差别?我们认为囚车除了运载功能外,还有限制犯人自由的功能,因此容纳、封闭显得很重要。另外,形状像竖立的箱子、高度通常超过底面边长的交通工具如轿子、电梯等,底面并不显著,内部空间显得比较突出,也倾向选择"里"("轿子上"3条,"轿子里"24条;"电梯上"17条,"电梯里"57条)。

第二组"篮子、书橱"也是内部空间突出,同书架比,书橱隔板的承置功能被淡化,而书架隔板的承置功能非常显著("书架上"261条,"书架里"13条)。"隧道、嗓子"是管道型容器,倾向选择"里"。有趣的是,"心上"、"心里"都常说,在语料库里的出现频率也比较高,但"心"的内部容纳功能在人们看来更为重要,选择"里"的倾向十分明显。

第三组"旅馆、商店、银行、学校、工厂"一般不跟"上"组配,它们的底面不突出,与其说是容器,不如说是封闭的区域或特定的范围,内部空间突出,通常只选择"里"。跟它们相比,"宫殿"更像容器,"宫殿"虽然倾向选择"里",但也可以选择"上","宫殿上"表示宫殿内的地面。

这里有一个相关的"椅子问题"值得我们注意。"椅子"是认知语言学家研究空间问题时常举的例子。人们究竟如何看待椅子、沙发?它们是底面、靠背(有些还有扶手)构成的容器吗?Tai(1993)、张敏(1998:284—285)认为椅子最有意义、最显著的功能属性是二维平面,因此选择方位词"上"而不选择"里",果真如此吗?还是先看数据。

	上	里		上	里		上	里
椅子	679	105	沙发	919	20	凳子	168	0

这些数据告诉我们:a."椅子"、"沙发"倾向选择"上",但不是不能选

择"里"。b. 跟凳子比,椅子和沙发更像容器一些。c. "椅子"选择"里"的数值比"沙发"大一些,比例也高一些,说明有没有扶手不是选"里"的关键,沙发一般都是有扶手的,选"里"的可能性反而小一些。我们认为,人与椅子、沙发的互动情况如何才是选"里"的关键。看下面的例子:

(1) 在他老伴的追悼会上,他站不起来,只是瘫坐在一张椅子里,不停地流泪。(引自北京大学汉语语言学研究中心现代汉语语料库,以下简称北大语料库)
(2) 安妮倒在一张椅子里,她双手抱住头,"为什么会有这种事?"(同上)
(3) 林先生气愤愤地又加了这几句,就颓然坐在床边的一张椅子里。(同上)
(4) 她有气无力地仰靠在一张沙发里,手中握着一杯酒。(同上)

从例中的"瘫坐"、"倒"、"颓然"、"仰靠"这些词语可以看出,人体不仅由椅子或沙发的底面支撑,靠背也有依托作用。这就是说,如果身体大面积接触椅子或沙发(主要是臀部和背部),就会使椅子、沙发的容器性能凸显出来,体现出容纳性,以容纳人体。无论从物理属性看,还是从功能属性看,椅子、沙发与凳子的区别都是有没有靠背。我们认为,凳子不是容器,但椅子、沙发都是容器,只不过是不太典型的容器,它们的内部空间不突出,靠背的依托功能不如底面的支撑功能显著,因此倾向选择"上"。椅面是"容器内部的平面",跟凳子的平面不同,"坐在一张椅子上"跟"坐在一张椅子里"意思接近,但"坐在一张凳子上"可以说,"坐在一张凳子里"却不能说。

3.2 容器表面与内部的双功能可居点与"上"、"里"的选择
比较下面的例子("−底面"指不是容器的底面,而是容器的表面):

(5) a. 他坐在车上。(+容器,+底面)
　　b. 车上画着脑白金的广告。(+容器,−底面)
(6) a. 他坐在箱子上。(+容器,−底面)
　　b. 箱子上有个虫子在爬。(+容器,−底面)

这些例子促使我们思考三个问题。第一个问题:"车上"可以表示容器的底面与表面,哪个更显著?第二个问题:车和箱子都是容器,为什么"箱子上"一般只能是表面而不能是底面?第三个问题:一个实体,比如容器,它的功能可居点是不是只有一个?即有没有容器的表面和内部都比较突

出,选择"上"、"里"没有明显倾向的情况存在?

我们首先来看第一个问题。表示交通工具的"汽车、火车、飞机、轮船",选择后置方位词"上"时,表示底面的数值远远大于表示表面的数值。对比如下:

	汽车上	火车上	飞机上	轮船上
表示底面	326	258	395	87
表示表面	17	2	4	0

作为交通工具,其显著的功能是运载人或货物,起承置作用的底面是突出的功能可居点,因此,"汽车上"等表示底面的倾向是明显的。

再来看第二个问题。我们知道,人是认知的主体,而从空间关系看,人是通过自己的身体与物体发生互动的,也就是说,人体是互动的中心。根据认知语法的观念,对物体的认知是人跟此物体的互动行为模式以及人认识此物体的特定认知路径紧密联系的,因此,相同的某个属性依附在不同的物体之上,由于互动情况或认知路径不同,往往使得这个属性在不同物体上产生认知差异,这种差异,可以在语言编码上表现出来(张敏1998:284)。如墙是平面物,镜子也是平面物,"墙"倾向选择"上"表示墙面,"镜子"却倾向选"里"表示映射造成的内部空间。人与墙的互动主要发生在墙面,而人与镜子的互动行为,主要是照镜子,镜子通过映射为人像提供了内部空间。车子和箱子也是同样的道理,它们都是三维空间的容器,都有底面,但人经常乘坐车子,车子的底面与人体互动频繁,而箱子的底面一般不与人体发生互动,在人们眼里,车子的底面功能显著,而箱子的底面功能就不显著,因此,"箱子上"一般不会表示箱子的底面。

顺便提及的是,底面功能不显著的容器,内部功能往往就比较突出,如"水桶、碗、杯子、瓶子、缸、锅、口袋、沟、坑"等,都明显倾向选"里"。这些容器的底面是不是平面的,人们并不十分在意。

我们要强调的是第三个问题,即实体的功能可居点是不是只有一个的问题。一个物体的功能属性可能不止一种(如沙发床,既有沙发的功能,又有床的功能),几种功能里可能有最突出的一种,也可能有两种比较突出,那么,功能可居点也可能不止一个,而几个功能可居点里,可能只有一个最突出,也可能有两个比较突出。在我们考察的实体里,有些容器就有两个比较突出的功能可居点,我们称之为"双功能可居点"。举例说明如下:

	上	里	前	下	后	外
手套	6	5	0	0	0	0
锁	6	7	0	0	0	0
塔	122	100	29	85	3	3
鼻子	137	130	4	11	0	0

例中"手套、锁、塔、鼻子"选择"上"、"里"比较突出，"上"、"里"的选择数值差别也比较小，倾向不明显。这里，"上"表示容器的表面空间，而"里"表示容器的内部空间。我们知道，物体的功能，不只是专门提供给人，也可以提供给其他物体。现实世界里，人体参与的互动并不是唯一的，物体与物体之间也可以通过互动而产生空间位置关系，如塔的内部，主要与人发生互动，而塔的表面，主要的互动对象就不是人了，可能是动物或其他的东西。另外，不少容器的内部都有较为复杂的零部件（如锁），容器对这些零部件来说也具有容纳作用。既然有些实体的表面、内部都易于与别的物体发生位置关系，都受到人们的关注，那么它就可能有两个比较突出的功能可居点，在选择"上"和"里"时，表现出比较均衡的态势。

从语言的图解功能看（刘宁生 1994），双功能可居点也是可以接受的。同一个实体，因为所处的空间关系不同，可能有不同的图解结果，这一点Talmy(1983/2000)已经做过论述，如"楼前的自行车"里，"楼"就被图解为一个整体性的"点"，"楼上的住户"里，"楼"就被图解为一个"面"。既然如此，"手套、锁、塔、鼻子"在不同的空间关系中就可能有两种不同的图解：一种是"面"，一种是"体"。它们选择"上"和"里"时，就可能出现均衡态势。

3.3 非离散物的功能可居点与"上"、"里"的选择倾向

非离散物被认知为一个独特的概念，具有"沉浸"特征（Talmy 1983/2000：195），也可以看作容纳功能突出，选择"里"的倾向明显。例如：

	上	里	前	下	后	外
风	0	1062	5	1	0	0
灰	3	40	0	1	0	0
泥	39	154	0	2	0	1
水	889	3162	0	399	0	0
血	1	81	0	0	0	0
烟雾	1	53	0	2	0	1
云	17	235	0	33	4	77

非离散物表面的承置功能并不显著,选择"上"的数值比"里"要小很多。值得注意的是江、河,它们有两岸,具有离散性,但它们的核心部分是水,又具有非离散性。江面、河面与江水里、河水里都是互动较多、受人关注的地方,因此,选择"上"还是选择"里",倾向不是太大,语料库检索的结果是:"江上"430条,"江里"338条;"河上"604条,"河里"972条。"江"选择"上"略多于"里","河"选择"里"略多于"上"。

3.4 由实体形态变化造成的新功能可居点与"上"、"里"的选择

实体的形态变化会对后置方位词的选择产生影响。我们注意到两种情况。第一种情况是同一类实体的不同成员形状不一样。如"锅",既有凹形锅,也有平底锅,凹形的"锅"倾向选择"里",平底的"锅"倾向选择"上"。第二种情况是有的实体形态可以发生变化,常见的是二维平面变成三维立体。如"报纸"既指称薄而软的平面形报纸(常规形态),也可以指称弯曲、揉皱或折叠起来的报纸(变化形态)。我们这里关注的是第二种情况。对比下面的例子:

第一组		第二组		第三组	
上	里	上	里	上	里
黑板 168	0	报纸 918	33	翅膀 37	4
石碑 56	0	床单 23	2	胳膊 129	3
纸板 6	0	席子 17	1	肩膀 138	2

从数值看,这三组实体名词都倾向选择"上"。这很好理解,因为常规状态下它们都不是容器,所以表面空间是突出的功能可居点。但是,从物理属性看,第一组"黑板、石碑、纸板"都是硬度较好的平面性实体,不能或不易改变形态,而第二组的"报纸、床单、席子"都是柔软的平面性实体,可以因折叠等外力作用而改变形态,第三组"翅膀、胳膊、肩膀"是动物或人身体的一部分,可以通过伸缩或弯曲来改变形态。这些形态变化的方向是从非容器向容器变化,变化的结果体现在语言表达上,就是选择"里"来表示形态变化造成的内部空间,虽然选"里"的数值很小,但因为形态变化新增加了实体的功能属性,所以也值得我们关注。

语言表述变化状态下的新功能可居点时,常常需要特定词语把导致形态变化的因素交代出来。例如:

(7) 把玻璃碴轻轻地扫作一堆,又一点点包到报纸里,然后倒进垃圾桶。(北大语料库)

(8) 她一下子推开了门,走到床前,把她的脸埋在床单里。(同上)

(9) 从卷着的席子里露出一根小辫。(同上)

(10) 弯曲着脖子,把头夹在翅膀里,随水漂流而眠。(同上)

(11) 走来一个列车员,急匆匆的,胳脯里夹只铁皮饭盒。(同上)

(12) 小脑袋像只鸡蛋,斜斜地压在一高一低的肩膀里。(同上)

例中"包"、"埋"、"卷"、"夹"等动作都是实体形态发生变化的成因,动词"压"提示脑袋很像陷进肩膀里一样,表示"肩膀"之所以增加了容纳功能,是因为脑袋"压"着的缘故。

四 指示的功能可居点与"下/外/前"的选择倾向

4.1 罩置功能与"下"的选择

在我们考察的语料库里,"下"出现的数值仅小于"上、里",比"前、外、后"要大得多。实体选择"下"主要是指示实体下方的位置,常见的如"脚下"(1691条)、"楼下"(934条)、"树下"(922条)等较为固定的说法。但是下面的情形值得注意:

	上	里	前	下	后	外
笔	30	10	0	681	0	0
灯	67	41	47	603	1	1
阳光	2	204	1	524	0	0
月光	0	61	0	222	0	0
灯光	0	48	0	256	0	1
太阳	16	20	0	66	0	0

仔细观察这些例子和数据,不难看出: a. 这些实体最显著的可居点不是由"上"或"里"表示的承置或容纳功能的可居点,而是由"下"表示的指示功能的可居点,"下"的选择数值最高。b. 这些实体充当主体时,与客体大致上是"上下"关系,如笔在上而笔写出的词句在下,灯、阳光、月光、灯光、太阳在上而人在下。c. 这些实体在指示客体位置的基础上,还有另外的一种功能,即"罩置功能"("罩置"指笼罩、安置或处置),这些实体以"上下"关系为依托,通过延伸空间(光线本身就是可以延伸的)使客体处在被罩置的背

景下,从而限制一个范围、构成一种情境或说明一个条件。例如:

(13) 在宋玉笔下,风是有性别的,所谓"雄风"、"雌风"。(北大语料库)
(14) 妻子便坐在灯下织毛衣等他,有时一等等到凌晨一两点。(同上)
(15) 为了不影响家人休息和节省电费,她常在月光下构思写作。(同上)

例中的"笔下"、"灯下"、"月光下"不仅指示了客体的位置,还具有"罩置功能"。例(13)里"笔下"指出了作品的空间来源,从而限制了作品的观点和措辞所属的范围;例(14)中"灯下"指示了"妻子"的位置,从而构成了孤单一人深夜守候的感人情境;例(15)里"月光下"通过指示"她"的位置,说明了实现"不影响家人休息和节省电费"这个目标的条件。总体上看,这些实体名词后边的"下",在表示功能可居点的基础上,意义有所引申,带有"罩置"意味。现代汉语里,"在……条件/情况下"、"在……领导/指引/关怀/干预/劝说下"这些说法,都是依托"上下"关系或"优势地位—劣势地位"的关系,衍生出"罩置"意义。

4.2 出口、边界与"外"的选择

"外"指示的主要是容器或特定范围附近的空间,邹韶华(2001:99)认为"门外"一类说法里的"外"带有"接近"、"挨着"的意义。从认知上看,人们十分关注容器出口、范围边界,因为出口或边界是内部空间、表面空间与延展空间的分界点,而出口或边界附近的空间,也是互动行为较多的地方。与人互动较多的出口是"门"和"窗户",与人互动较多的边界是"墙"和"篱笆"。

	上	里	前	下	后	外
门	1107	582	2129	465	345	2641
窗户	118	43	7	7	0	10
墙	2055	195	31	102	13	237
篱笆	20	3	3	3	1	7

观察这些数据,可以得出以下几点结论:a. 表示出口和边界的名词,实际使用中它们选择后置方位词的范围都比较广泛,"上/里/前/下/后/外"几乎都在它们的选择范围之内。b. "门外"是最显著的功能可居点,在"门"所选择的后置方位词里,"外"的数值最大。"窗户外"的组配受到

音节的制约,常用的是"窗外",有1676条,无疑也是十分突出的。邹韶华(2001:99)的统计数据也表明,"门"和"窗"是加"外"最多的两个词语。c.相比较而言,"门外"、"窗(户)外"的出现几率比"墙外"、"篱笆外"要高,这与它们的功能不同有关。门和窗户主要起连通作用,用来"出入","门外"、"窗外"是出入频繁的地方,而墙和篱笆主要起封闭、阻隔作用,防止随意"出入","墙外"、"篱笆外"在出入方面不及"门外"、"窗外"频繁,显著度自然也要低一些。

4.3 互动常规位置与"前"的选择

在我们考察的实体名词里,选择"前"最突出的是"坟":

	上	里	前	下	后	外
坟	97	35	122	1	3	1

"坟"选择"前"的数值比选择"上"、"里"的数值都要大。另外,"门"选择"前"的数值也比较大,仅次于"外"("门前"2129条,"门外"2641条)。

为什么"坟前"最显著?这与互动的常规位置有关。互动的位置有常规与非常规之分。常规位置是主体和客体互动频繁的地方,主体与客体形成比较稳固的空间位置关系,如吃饭时人与饭桌的位置关系、睡觉时人与床的位置关系、书与书橱的位置关系、针与线的位置关系等,在人们心目中都有一个比较一致的空间结构。非常规位置是主体与客体互动较少的地方,如在床底下睡觉、把书放在书橱的顶部,给人以异常的感觉。活着的人与坟的互动行为主要是到坟的附近祭祀坟里已经过世的人,常规的位置是坟安放石碑的那一面,即"坟前",因此,从互动角度看,"坟前"是最显著的功能可居点。

我们考察的数据表明,"前"比"后"出现的频率高。在"上/里/前/下/后/外"里,"后"被选择的数值最低,主要是因为"后"表示的可居点一般不是互动的常规位置,如相对于"床前、车前、楼前、门前、灯前、桌子前"来说,人在"床后、车后、楼后、门后、灯后、桌子后"的活动要少得多,这些实体名词选择"后"的数值也很小。有些实体,"后"所表示的可居点在日常生活中几乎是无价值的,如"鼻子后、眼睛后、眉毛后、书架后、台阶后",人们通常不会拿它们来给别的物体定位,因此,这些说法也很少见。依据说话人或观察者的视点临时定方位的实体,一般只确定"前",不怎么管"后",如一般没有与"井前、碾子前、钞票前"相对的"井后、碾子后、钞票后"的说法。但是,如果实体有"阻挡"作用,可以用来隐蔽,选择"后"的数值也可能大于"前","树"就是如此,我们考察的语料库里,"树前"有39条,"树后"却有68条。

五 结语

通过对实体的可居点与后置方位词选择情况的研究,我们认为有必要强调以下几个方面。

a. 语法研究尤其是空间问题研究,需要认知视角。人的身体经验,有助于我们理解方位表述的参考系;互动行为和认知路径使实体物理属性中的一种或两种凸显出来,形成功能属性,直接影响着实际言语中方位词的选择倾向;关注度是低还是高,影响着主体的选择倾向。物体间的互动位置关系是我们理解后置方位词选择的背景和依据,如孤立地看"泥外"难以接受,但在"半露在泥外的田螺"这个包含空间关系的表述里,"泥外"就是可以接受的说法。

b. 要防止认知语法研究结论的绝对化。形式语法和中国二十世纪八十年代以来的语法研究都强调规律的穷尽性,不太重视规律的倾向性,但认知语法重视规律的倾向性。从认知角度研究语法得出的结论主要也是倾向性的。在穷尽性的基础上指出倾向性是最理想的,但不能把倾向性的规律看作穷尽性的规律。椅子突出的功能属性是二维平面,"上"可以表示平面空间,这只能解释"椅子"在选择"上"和"里"时倾向选择"上"的原因,并不能否认存在"椅子里"这样的说法。量词"张"可以表示平面属性,这只能说明"一张椅子上"比"一张椅子里"更常见,并不能否认"一张椅子里"也可以说(如例(1)、例(2)、例(3)都是"一张椅子里"的实际用例)。

c. 从认知角度研究语法,需要充分的材料验证或数据的有力支撑。认知分析强调人的认知主体作用,这是它的优点,同时也是它的弱点。且不说认知的民族、地域差异,即使是同一民族同一地域的人,文化功底深度不同、生活经历不同,也会导致认知存在或大或小的差异。即使再抛开这些因素,仍然还存在问题,如汉语社会如何认知"心"的几何特征?"心上"、"心里"都很常用,怎么才能给它们分个高低?定量定性分析是个好办法,数据可以提供依据,可以验证认知分析的结果。刘宁生(1994:174)认为"汽车"的几何性质在汉语中被图解为一个平面,但是事实上"坐进汽车里、钻进汽车里"的说法不可能把汽车图解为一个平面,方位词的使用也只能是"里"而不能是"上"。刘宁生(1994:175)又认为"车厢(车箱)"等在汉语中只表示内部空间,唯一可能搭配的是"里",我们考察语料库的结果表明,"车厢"倾向选择

"里"(376条),但不是不能选择"上"(12条)。其实,"车厢"和"汽车"、"汽车里"和"汽车上"的认知差别,不是非容器与容器的差别,也不是立体和平面的差别,而是关注"容器内部"和关注"容器底面"的差别。认知分析(尤其是图式分析、语言图解功能分析)很容易因认识不同而发生偏差,但材料和数据可以起纠偏作用,也可以克服认知方法的不足。从认知角度研究汉语的空间问题是可取的,但需要材料和数据的支撑。

附录:后置方位词选择情况调查表

我们从《现代汉语八百词》(吕叔湘主编,商务印书馆,1984)所附的"名词、量词配合表"里选取两百多个表示实体的名词,作为基本的调查对象,并以北京大学汉语语言学研究中心的现代汉语语料库(约 1.15 亿字)为调查范围,调查表示空间的"上下里内中外前后"等单音后置方位词的选择情况(查寻时间:2006 年)。表中的数据,小于 500 的都做过粗略的甄别(如"前/后"表示时间的条目,以及"N·外"表示"除了 N 之外"的条目都被剔除),但 500 以上的,由于技术及时间限制,没有经过筛选。表中"里/内/中"作为一栏,忽略了它们之间的差别。

名词	上	里/内/中	前	下	后	外
沙发	919	20	1	0	0	0
椅子	679	105	2	2	1	0
屋子	1	782	3	0	0	0
瓶子	6	64	0	0	0	0
黑板	168	0	20	1	0	0
报社	0	10	0	0	0	0
报纸	918	33	0	0	1	0
石碑	56	0	2	1	0	0
被子	29	59	0	2	0	0
杯子	6	52	0	0	0	1
鼻涕	0	0	0	0	0	0
鼻子	137	130	4	11	0	0
笔	30	10	0	681	0	0

名词	上	里/内/中	前	下	后	外
鞭炮	0	0	0	0	0	0
扁担	7	0	0	1	0	0
标语	10	1	0	2	0	0
表格	19	13	0	0	0	0
冰	282	20	0	12	0	0
饼干	0	2	0	0	0	0
玻璃	182	19	3	1	0	4
菜	19	141	0	0	0	0
苍蝇	0	2	0	0	0	0
草	102	103	1	5	0	0
草丛	1	215	0	1	0	0
草堆	24	14	0	0	0	0
铲子	0	0	0	0	0	0
肠子	2	16	0	0	0	0
钞票	20	5	1	0	0	0
车	3130	1368	471	83	262	83
车厢	12	376	2	2	2	4
车站	149	35	30	0	1	12
城	30	3542	0	178	0	540
秤	49	3	5	0	0	2
翅膀	37	4	0	8	0	0
船	1279	163	3	4	15	5
窗户	118	43	7	7	0	10
窗帘	24	2	0	2	8	1
床	3783	36	519	142	2	5
床单	23	2	0	3	0	0
岛	1220	451	3	1	1	14
灯	67	41	47	603	1	1
地毯	173	5	0	3	0	1
凳子	168	0	0	0	0	0
地	8752	1945	0	4639	0	0
地球	904	2	0	0	0	2

第三章　空间短语里后置方位词的选择及其作用机制

名词	上	里/内/中	前	下	后	外
电线	27	2	0	0	0	0
豆腐	2	10	0	0	0	0
队伍	16	624	5	0	0	0
耳朵	84	218	0	1	2	0
饭	11	44	0	0	0	0
房子	25	554	12	0	0	2
飞机	398	43	2	3	1	1
肥皂	2	2	0	0	0	0
坟	97	35	122	1	3	1
风	0	1062	5	1	0	0
缸	29	287	10	0	1	2
胳膊	129	3	0	4	0	0
工厂	0	188	1	0	0	1
宫殿	2	31	5	0	0	0
沟	22	683	2	7	1	7
骨头	30	14	0	0	0	0
鼓	28	104	0	0	0	0
瓜	11	16	0	0	0	0
锅	82	444	5	5	0	3
汗珠	0	1	0	0	0	0
河	604	972	0	15	0	1
河堤	36	0	2	3	0	0
胡子	20	5	1	1	0	0
眉毛	25	0	0	10	0	0
头发	128	57	0	3	0	0
阳光	2	204	1	524	0	0
月光	0	61	0	222	0	0
灯光	0	48	0	256	0	1
太阳	16	20	0	66	0	0
炮火	0	34	0	14	0	0
棉花	16	16	0	0	0	0
花生	0	1	0	0	0	0

名词	上	里/内/中	前	下	后	外
画	382	496	43	1	1	52
灰	3	40	0	1	0	0
火	163	287	6	0	0	0
火车	260	21	0	0	0	0
机枪	1	0	0	0	0	0
鸡	2	7	0	0	0	0
肩膀	138	2	0	0	0	0
江	430	338	1	0	0	0
教室	136	9	2	0	0	14
脚	540	3	47	1691	5	0
轿子	3	24	1	0	0	0
街	3816	60	1	0	0	0
井	29	239	2	260	0	2
镜子	14	164	57	0	0	0
照片	348	143	9	8	0	0
军舰	41	1	0	0	0	0
炕	453	13	20	11	1	0
坑	19	304	7	4	0	2
口袋	19	897	0	1	0	0
裤子	51	26	0	3	0	2
筐	5	107	1	0	0	3
蜡烛	5	2	4	0	0	0
篮子	0	95	0	0	0	0
篮球	0	0	0	0	0	0
乒乓球	2	0	0	0	0	0
烙饼	0	0	0	0	0	0
篱笆	20	3	3	3	1	7
礼堂	2	119	12	0	4	3
帘子	2	6	0	0	0	0
楼	1527	761	309	934	21	104
路	6724	25	0	0	0	0
轮船	87	9	0	0	0	0

名词	上	里/内/中	前	下	后	外
旅馆	0	191	6	0	0	2
麻袋	8	15	0	0	0	0
码头	165	1	1	1	0	1
帽子	54	27	1	1	1	0
门	1107	582	2129	465	345	2641
米	3	30	0	0	0	0
磨子	0	0	0	0	0	0
泥	39	154	0	2	0	1
山	2426	1626	126	1241	69	188
碾子	3	0	0	0	0	0
藕	0	2	0	0	0	0
炮	8	6	3	2	0	0
皮	255	102	0	160	0	0
票	313	85	0	0	0	12
旗子	4	1	0	2	0	0
汽车	343	219	4	0	1	0
自行车	52	2	2	0	5	0
板车	21	2	1	0	0	0
囚车	0	6	1	0	0	1
地铁	5	29	0	0	0	0
墙	2055	195	31	102	13	237
桥	501	7	13	219	3	2
肉	47	171	0	1	0	0
伞	21	3	1	65	1	0
嗓子	2	58	0	0	0	0
扫帚	1	0	0	0	0	0
森林	1	454	0	1	0	5
树林	2	357	3	7	0	5
树	1191	56	39	922	68	0
树枝	166	6	0	2	0	0
扇子	10	1	0	0	0	0
伤疤	6	0	0	0	0	0

名词	上	里/内/中	前	下	后	外
商店	0	325	12	0	0	1
舌头	28	1	0	0	0	0
绳子	43	0	0	0	1	0
尸体	46	16	2	3	1	0
石头	218	22	0	4	1	0
屎	1	5	0	0	0	0
尿	0	39	0	0	0	0
收音机	9	78	0	0	0	0
手巾	3	3	0	0	0	0
手套	6	5	0	0	0	0
手镯	0	1	0	0	0	0
书	987	2418	11	2	15	4
书橱	3	28	2	0	0	0
书架	261	13	12	2	3	0
刷子	2	0	0	0	0	0
霜	1	3	0	0	0	0
水	889	3162	0	399	0	0
水桶	11	16	1	0	0	0
蒜	0	5	0	0	0	0
算盘	14	1	0	0	0	0
隧道	5	61	1	0	0	0
锁	6	7	0	0	0	0
塔	122	100	29	85	3	3
台阶	238	0	5	31	0	0
痰	1	8	0	0	0	0
毯子	7	2	0	0	0	0
梯子	33	1	0	2	0	0
电梯	17	57	0	0	0	0
田	15	843	0	0	0	0
沙土	6	12	0	1	0	0
腿	618	9	3	6	0	0
唾沫	0	0	0	0	0	0

第三章 空间短语里后置方位词的选择及其作用机制

名词	上	里/内/中	前	下	后	外
瓦	39	2	0	0	0	0
碗	27	318	1	0	0	0
尾巴	36	3	0	1	1	0
西瓜	2	4	0	0	0	0
晚霞	1	20	0	0	0	0
香蕉	1	0	0	0	0	0
香烟	2	9	0	0	0	0
箱子	27	181	0	0	0	0
鞋	95	69	0	1	0	0
心	1358	21157	2	298	0	13
信	374	2354	0	0	4	3
学校	0	952	2	0	0	0
血	1	81	0	0	0	0
雪	225	446	0	6	0	1
牙齿	14	4	0	0	0	0
牙刷	3	0	0	0	0	0
烟雾	1	53	0	2	0	1
席子	17	1	0	2	0	0
眼睛	58	756	5	6	0	0
眼泪	0	13	0	1	0	0
砚台	8	4	0	0	0	0
钥匙	6	3	0	0	0	0
叶子	37	6	0	1	0	0
衣服	217	58	0	2	0	0
影子	2	14	0	0	0	0
银行	0	207	0	0	0	0
渔网	3	3	0	0	0	0
雨	1	849	0	7	0	0
月饼	0	4	0	0	0	0
云	17	235	0	33	4	77
针	35	1	0	1	0	0
枕头	83	18	0	40	0	0

名词	上	里/内/中	前	下	后	外
纸	1230	35	0	2	0	2
珠子	1	0	0	0	0	0
竹子	9	1	0	0	0	0
柱子	54	1	0	2	1	0
砖	43	8	0	8	0	0
锥子	0	0	0	0	0	0
桌子	586	6	36	12	1	0
嘴	538	2209	13	11	1	8

第二节 汉语"在+方位短语"里方位词的隐现机制

本节试图揭示汉语"在+方位短语"里方位词的隐现机制。首先看什么NP的后边方位词可能隐去,其次看起什么作用的方位词可能隐去,再次看参照物与目的物是什么空间关系时方位词可能隐去,然后看位置的具体与维向的确定对方位词隐现的影响情况。我们认为:"形体即空间"是贯穿汉语方所始终的内在脉络;连绵性、常规空间关系的激活会对句法的强制性造成影响;语用的影响不是随意的,而是有限度的。

20世纪80年代以来,空间范畴一直是汉语语言学研究者关注的焦点。如廖秋忠(1989)、高桥弥守彦(1992)、刘宁生(1994)、周小兵(1997)、储泽祥(1997a)、齐沪扬(1998)、崔希亮(2000)、方经民(2002)都是讨论方所问题的文章或专著,在事实的挖掘、分析上已达到十分深入的地步,而且方法上大都讲究多角度、多侧面,都在不同程度上运用了认知的方法研究问题。有相当一部分研究者注意从类型学角度探讨汉语的方所问题,如 Tai(1989)、Hsieh(1989)认识到汉、英在表达空间方位关系时采用的认知策略不同,英语是一步到位,用"介+名"同时表达空间关系和维向(dimension)特性,而汉语分两步走,首先用介词标明空间关系,再用"名词+方位词"来表示维向特性。这种看法必然带来一个难题:为什么有些"介词+名词+方位词"里的方位词可以隐去不用?如果不能很好地回答这个问题,"汉语分两步走"的看法就有些立不住脚。Wang(1990)、Liu(1993)、周烈婷(1998)在指出 Tai(1989)、Hsieh(1989)看法不足的同时,侧重点都放在对方位词隐现的解释上边,而且主要是认知的解释。这些学者的研究,都是有贡献的,不少观点也是有启发性的。尤为值得注意的是刘丹青新近的研究。刘丹青(2002a);(2002b)从类型学角度探讨了汉语的"介词＋名词＋方位词"结构,认为这是一种"双层介词短语","在……上"类的形式被称为"框式介词",他的研究带来了观念上的更新。

　　汉语类型学的考察必须以充分的研究为基础。储泽祥(1997b)注意到作介词"在、到、往"的宾语时,一般事物名词与处所词不同,与"湖心"类名词也不一样,前者需要方位词的帮助,后两者并不需要方位词的帮助。一般事物名词与处所词在上古汉语时本是一家,中古以后开始分化。因此,跟英语的方所表达相比,现代汉语的一般事物名词是分两步走,而英语是一步到位,但英语没有词类意义上的处所词及"湖心"类的词。跟汉语有亲缘关系的藏缅语里,一般事物名词表示方所多数也是分两步走,这跟汉语基本一致,汉语只有处所词和"湖心"类的词能显出特色来。关于"湖心"类的词,廖秋忠(1989)已经认识到它们的重要地位,可惜没有进行充分的讨论,储泽祥(1997a)对此做了较为细致的描写和分析。

　　无论是汉语本体研究还是类型学的研究,汉语方位短语里方位词的隐现情况都有进一步探讨的必要。在方位词隐现方面,汉藏语言里似乎有一定的普遍性。刘丹青(2002a)认为,壮侗语的方位词只在语义需要时使用,如果语义不需要,前置词就足以介引处所题元。这启发我们思考一些个问题:汉语里的情况如何？"语义(不)需要"具体所指是什么？

　　如果把介词理解得宽泛一些,包括汉语的单音方位词,相当于附置词(adposition)的意义,那么,从类型学角度看,语言里的介词短语至少有三种情形:a. 用前置介词;b. 用后置介词;c. 同时使用前、后置介词。汉语里这三种情形都存在:a. 介词＋体词;b. 体词＋方位词;c. 介词＋体词＋方位词(即刘丹青所指的框式介词)。本节感兴趣的是 a 与 c,从抽象格式上看只有有无方位词的差别,即体词后边的方位词有个隐现问题。那么,汉语方位词在什么时候不能隐去呢？是句法的强制性在起作用,还是语义的限制性在起作用呢？

　　为了集中讨论问题,也因为不同的介词后边方位词隐去的情形不一样(如"对着、朝"的后边,可以是任何实体名词,可以说"对着大海唱歌","在"的后边就受到很大限制,不能说"在大海唱歌"),我们把论题封闭在"在＋方位短语"的范围内,而且"在＋方位短语"限于表示空间意义的,这里的方位短语也限于"NP(体词或体词性短语)＋方位词"的结构形式。

一　什么 NP 的后边方位词可能隐去不用

"在＋NP＋方位词"里,如果方位词可以隐去不用,那么,句法上必须同时满足两个条件:条件一是"NP＋方位词"可以成立。因为只有可以后加方位词的 NP,才有隐去方位词的可能。条件二是"在＋NP"也可以成立。也就是说,句法上既可以作"在"的宾语,又可以后加方位词的 NP,构成"在＋NP＋方位词"结构以后,方位词才有隐去不用的可能。这样的 NP 包括以下几类:

A 类:"X＋准方位标"式的名词,即上文提及的"湖心"类名词。储泽祥(1997a)把方所标记分成三类:一类是方位标,由方位词构成;一类是准方位标,包括"面、角、头、端、域、片、心、顶、脚、根(跟)、沿、尖、梢、口、底、腰、边"等;还有一类是命名标,那是一种词汇标记。"X＋准方位标"式的名词如:水面、墙角、船头、坝端、异域、中南片、湖心、山顶、山脚、皇城根、河沿、山尖、树梢、门口、湖底、半山腰、桌边。

B 类:某些"序数＋量词"式的数量短语。分两种情况(数词略去):
a. 可加"第"的:号、页、栋、层、期、排、所、册、卷;
b. 必加"第"的:级、辆、艘、间、处、家、桌、句、段、节、章、篇、本、部、套、摞、孔、行、首、列。(参见储泽祥 1997b)

C 类:多数"X＋命名标"形式的命名性处所词,包括专名与类名,兼作名词。命名标如"寺、庵、公园、书院、街、路、胡同、区、镇、乡、村、组、庄、寨、洋、江、湖、海、山、部、厅、局、处、系、所、家、店、馆、厂、铺、公司、城、楼、站、港"等,构成专名或类名,一般都能单独充当"在"的宾语,也可以后加方位词。

D 类:"X＋'位置'类"的处所词语。如"位置、领域、场合、拐角、边缘"等,它们具有"求伴性",可以后加方位标记。"求伴性"是指这些词语的前边必须有定语,才能作"在"的宾语。如"在位置"不能说,"在他所站立的位置"就可以说。

只能满足条件一的 NP,主要是一般事物名词。如"望远镜、船、手、田、天、电话、汽车、飞机、椅子、床、被窝、花朵、牛仔裤、路灯、光、雾、水、演员、墙、草地、地毯、沙、歌声、梦"等可以后加方位词,但不能一般不能作"在"的宾语。

只能满足条件二的 NP,常见的是:由"国、省、市、县"等命名标构成的处所词,以及没有命名标记的地名如"北京、上海、福建、桃源"等,可以作"在"的宾语,但都不能后加"上/里"这样常用的方位词。另外,"X+命名标"本原的意义石化或引申以后,如"什刹海、三十里铺、连云港(市)、石景山"等,现在只指地名,不再专指某个海、铺、港或某座山,后边也不能再带方位词"上/里"。专职表示方所的非命名性的处所词,如"周围、附近、中央、这儿、那里、跟前、面前、内部、现场、一起、四下里、当地、内地"等都不能后加方位词。

一般事物名词与上述A、B、C、D四类NP的差异,举例比较如下:

	NP后加方位词	NP后不加方位词
一般事物名词	在黑板上写字。	*在黑板写字。
A类:X+准方位标	他在床沿上发呆。	?他在床沿发呆。
B类:序数+量词	在第一页上打个记号。	在第一页打个记号。
C类:X+命名标	她在馒头庵里修行。	她在馒头庵修行。
D类:X+"位置"类	在这个位置上站了很久。	在这个位置站了很久。

一般事物名词通常情况下不能作"在"的宾语来表示方所。A类"X+准方位标"作"在"的宾语,后加方位词比不加方位词要自然一些、口语化一些。其他几类加不加方位词句法上都能成立。那么,"在+NP+方位词"里,方位词可能隐去不用的NP大致限于上述A、B、C、D四类。

二 方位词的语义功能、句法强制性及韵律配置作用

2.1 方位短语里方位词的语义功能

我们考察方位词语义功能的目的,是为了回答这样一个问题:起什么作用的方位词有可能隐去不用,而起什么作用的方位词不能随便隐去。

方位词的主要语义功能是"范畴方所化"。任何一个表示事物的NP,后加方位词之后,都能表示方位,如"椅子上、碗里、灯下、屋后、长江以北",它们都不再表示事物,而是表示方所(这里不讨论引申用法和表示时间的情形)。"省里、县里、部里、局里、市里、团里、队里"等在表示方位的同时,又可以反过来转指相应的机构或机构的首脑。

范畴方所化,有三个层面。

一是转化性的,如从"椅子"到"椅子上",是从事物到方所,"上"有转化作用,没有"上","椅子"就难以表示方所,也不能作"在"的宾语。

二是择定性的,如"外事处"既可指事物(表示行政机构的名词),又可指

方所(表示地点的处所词),而"外事处里"只能表示方所,"里"有择定作用。

三是指别性的,如"窗口上"与"窗口"比,方位词"上"有指别位置和维向的作用(关于方位词的指别作用,参见周烈婷(1998)的研究,本节第四部分也有进一步的讨论)。即使像"手里/中/上"、"心里/中/上"这样的意义很接近的方位结构,方位词不同,至少也能标明人们对"手"、"心"的认知角度不同(用"上"倾向于平面,用"里/中"倾向于容器空间)。方位词的语义功能,可以形成一个蕴含序列:

转化作用＞择定作用＞指别作用

"＞"表示左边的蕴含右边的,方位词起转化作用,一定也有择定、指别作用,但反过来不成立。只起择定或指别作用的方位词如果不出现,NP仍然可能表示方所。那么,我们的结论是:只起择定作用或只起指别作用的方位词是有可能隐去的,而起转化作用的方位词,是不能随意隐去不用的。

方位词的转化作用,有三个突出的表现:一是非离散体离散化,二是虚体实化,三是群体化。在这三种表现里,方位词绝对不能隐去不用。

有些非离散体事物名词,后加方位词以后,不仅范畴方所化了,而且有了离散体的意味,带有一定的几何性质。例如:水里、火里、风里、雨里、火光里、雾里、酒里、热油里、波涛上、阴影中、泥里、沙上。这些方位短语,都被容器化或平面化了。尤其是"阳光下、月光下"一类说法,更是把"阳光、月光"离散化,与目的物形成上下位置的空间关系,带有"俯罩性"的语义特征。(参见储泽祥1997a:227—228)

有些虚体事物名词,后加方位词之后,不仅范畴方所化了,而且被实体化了。例如:笑声中、心目中、心里/上/中、梦里、幻觉里、话里、生活中、社会上、视界里、记忆里、故事里、文学本体上。虚体实化,是人脑处理信息的一个机制。当然,实化不等于实体,方位词在与虚体名词组配的过程中,意义也会虚化。

有时候,名词(主要是表人名词)后边加上方位词"里/中",不仅有表示方所的作用,还有表示群体的作用,是间接的复数标记。例如"学生中、黑压压的人头中",都表示不只一个个体,而是群体性的。应该说明的是,个体性的表人名词不能作为容器看待,如不说"小王里/中、一个人里/中",表人名词只有表示群体时才能后加"里/中",如"教师中、十二个人里",通过群体营造出一个空间范围。

2.2 方位词的句法强制作用

从句法角度看,方位词是一种方所标记。方位词的句法强制作用表现在:NP后加方位词之后,才能充当"在"的宾语,表达方所的意义。句法与语义是相互验证的,请看下表:

NP类型	方位词的语义功能	句法作用	方位词能否隐去
一般事物名词	转化+择定+指别	强制性	不能
A类:X+准方位标	择定+指别	非强制性	可能
B类:序数+量词	择定+指别	非强制性	可能
C类:X+命名标	择定+指别	非强制性	可能
D类:X+"位置"类	指别	非强制性	可能

从表中不难看出,当NP是一般事物名词时,方位词在句法上有强制作用,与之相应的语义功能是转化作用,这种情况下的方位词是一般不能隐去的。方位词还有另一种句法功能,即使谓词体词化,如"前进、悲痛"是谓词,后加方位词"中"之后,就能充当"在"的宾语了。

2.3 方位词的韵律配置作用

"NP+方位词"里,如果NP与方位词是直接成分,且NP是两个或两个以上的音节,那么,韵律上一般不会对方位词的隐现产生强制性的影响,如"公司里、老王的办公室里","里"都可以隐去。但当"NP+方位词"的音节配置是"1+1"方式的时候,方位词一般不能隐去。这有两种情况:

一是NP在书面语里可以单用,但在口语里不能单用的,如"身上、地上、寺里、空中、府里、院里、城里、港外"等,方位词不能隐去,口语里"身上"等是双音节的合成词。

二是NP在书面语、口语里都可以单用的,如"村里、店里、海上、街上、师里、班里、岛上、脸上、嘴里、手上"等,方位词也不能隐去。它们有词化的倾向。

从这里可以看出,"单音NP+单音方位词"结构式,受到了汉语词汇双音化的影响,单音方位词客观上起到了韵律配置的作用。

比较特殊的是常用的"家"与"家里",韵律、语义、句法以及语用在共同起作用。先看例子:

(1) 在家享两天清福多好!(梁左等《我爱我家》,2页,华艺出版社,1993)

(2) 我还是安安稳稳,在家里享享天伦之乐吧!(同上,36页)

(3) 今天您不在家,局里来了好几个电话找您。(同上,32页)

(4) 在黄家吃头一顿饭时,黑娃就看见了黄老五舔碗的动作,一阵恶心,差点把吃下的饭吐出来。(陈忠实《白鹿原》[语])

(5) 大家就在陈然的家里,由刘胡子主持,商定了各项具体工作。(《语文》课本[语])

从例(1)、例(2)看,似乎"家"后有"里"无"里"都可以,但例(3)的否定说法一般是不用"里"的,除非对比着说:"他不在家里,在局里。"例(4)"黄家"是"姓氏+家"的结构形式,一定不能加"里","黄"是给"家"分类,而不会给"家里"分类,"黄家"是相对于"张家、李家、王家"等来说的,因此,不存在"黄家里"的说法。例(5)"在陈然的家里"的"里"不能隐去不用,"在陈然的家"韵律上是不稳定的。

北京口语里"屋"与上述"家"的情况有些相似,但没有"姓氏+屋"的说法。

三 参照物与目的物的三种空间关系

句子里的方所成分,总是与人或事物相关,是人或事物的方位或处所。对于"NP+方位词"来说,NP是"参照物",与NP有空间关系的人或事物是"目的物"。那么,参照物与目的物的空间关系可以分成哪些类别?不同类别的空间关系对方位词的隐现有没有影响?

参照物与目的物的空间关系,可以分成三类。(参见储泽祥1997a第二章)

第一类是接触性关系。参照物起承置作用,目的物附着或被承载在参照物的表面,相应的方位词,常见的是"上",其次是"下",以及"前、外、后",一般不能是"里、内、中、东、西、南、北"。例如:

(6) 到那一看,所谓管住,不过是在康乐部地板上铺个草垫子,放两床军毯。(邓友梅《那五》[语])

例中,"地板"与"草垫子"是接触性空间关系,地板承载着草垫子。但"地板"是一般事物名词,起转化作用的方位词"上"一般不能不用。如果参照物是A—D类词语,方位词就有隐去不用的可能。例如:

(7) 在九溪镇上碰见个卖冰糕的,买了一大把,进她的房间时腮帮子都冻木了。(王朔《空中小姐》[语])

(8) 我从杭州走的那天,在九溪镇等公共汽车时,碰见了清晨出来跑步的王眉。(同上)

例(7)用了"上",例(8)就没用"上"。

第二类是容入性关系。参照物起包容作用,目的物被包容在参照物的内部,相应的方位词,常见的是"里、内、中","上、前、后、东、南、西、北"也能用在这种场合。例如:

(9) 在剧场里,我遇到一个朋友,他正为一个人看舞剧要打瞌睡而忧心忡忡。(王朔《浮出海面》[语])

(10) 等到在剧场坐下听音乐会,他讲起贝多芬,我受不了啦,找茬溜掉。(同上)

例(9)里,目的物"我"、"一个朋友"都处在参照物"剧场"的内部,方位词"里"可以隐去不用,如例(10)的"在剧场"就是如此。

第三类是离析性关系。参照物起指示作用,为目的物在参照物以外的某处指示出一个方位,目的物处在参照物以外的某个空间。相应的方位词,常见的是"外、前、后"以及"东、南、西、北",还有合成方位词"外边、前边、旁边、以东、上边"等。例如:

(11) 可首场过后,黑市价跌得很惨,每天都可以看到一些票子砸在手里的"倒爷"焦急地在剧场前徘徊。(王朔《浮出海面》[语])

例中,目的物"倒爷"与参照物"剧场"没有空间上的直接接触,但"剧场前"标示了一个方所,即剧场正面外围的地面。这时的方位词标示着参照物本身之外的空间方位,绝对不能不用,如果不用,意思就变了。如例(11)略去"前","倒爷"就在剧场内了;"长沙在广州以北"如果省去"以北",就成了"长沙在广州"的违背常识的笑话了。

综上所述,可以归结如下:

参照物与目的物的空间关系	参照物的作用	表示的方所	方位词能否隐去
接触性关系	承置	参照物表面	可能
容入性关系	包容	参照物内部	可能
离析性关系	指示	参照物以外	不可能

总之,一句话,"NP+方位词"表示 NP 的表面或内部的空间时,方位词(常见的是"上"和"里")有隐去的可能,而"NP+方位词"表示 NP 本身之外的空间时,方位词不能隐去不用。

四 维向的确定与位置的具体化

前文的讨论表明,一个"NP+方位词",如果 NP 是 A、B、C、D 类词语,方位词不起转化作用,如果没有韵律的制约,参照物和目的物不是离析性空间关系,那么,句法上方位词没有强制作用,可隐可现。但是,什么时候隐去为好?什么时候出现为好?这是必须回答的问题。

方位词有指别位置和维向的作用,当"NP+方位词"表示 NP 的表面或内部空间时,方位词能使目的物在 NP 空间区域内的位置得以具体,维向得以确定。例如:

(12) 只要你的身影在胡同口出现,我就感到心潮激荡热血沸腾赛过那滚滚的油锅!(梁左等《我爱我家》,90 页,华艺出版社,1993)
(13) 对于车座儿,他绝对不客气。讲到哪里拉到哪里,一步也不多走。讲到胡同口"上",而教他拉到胡同口"里",没那个事!(《老舍文集》第三卷,197 页,人民文学出版社,1982)

例(12)的"胡同口"提供了一个空间区域,与例(13)的"胡同口上"、"胡同口里"

比起来,目的物"你"的位置不够具体,维向也不清楚。例(13)充分说明了方位词的指别作用,用不用方位词,用什么方位词,位置和维向情况确实不一样。

A、B、C、D 类的 NP,尤其是处所词,表示位置,只能提供空间区域而不能使位置更具体,也不能确定维向,这是它们与"NP+方位词"的不同之处。当说话人认为不必具体指明空间区域内的位置和维向时,方位词就可以隐去不用。这就是"语义不需要"(参周烈婷 1998,方经民 2002,刘丹青 2002a)。下面几种情况里,方位词的隐现是有倾向性的。

4.1 长期的工作单位与临时的活动场所

处所与活动的互动联系,有长期的常规联系与临时的非常规联系之分。一个人的单位与他的工作,就是长期的常规联系,表达一个人在什么单位工作时,位置与维向不必具体清楚,方位词倾向于隐去不用。如果某个活动与某个处所是临时的互动关系,用方位词比不用方位词要好。例如:

(14) 这五个农村青年两个是木匠,一个是油漆匠,还有两个曾在乡镇企业干过。(王友元《凶宅与吉屋》,《幽默与笑话》2002 年第 10 期,55 页)

(15a) 也是我在旅馆当服务员那会儿认识的,你不也见过吗?(梁左等《我爱我家》,140 页,华艺出版社,1993)

(15b) 你真是一年前在宾馆里为我叠被铺床被我呼来喝去的那位丽达小姐?(同上,126 页)

例(14)"乡镇企业"是两个农村青年曾经工作过的单位,倾向于不用方位词。例(15)的 a、b 可以形成对比:表示工作单位,用"旅馆";表示一年前的临时活动场所,用"宾馆里"。

4.2 自然地点与社会场所

储泽祥(1997b)认为,处所词有以下语义特征:常态为静止、固定的;形体较大;比较熟悉;供人类活动。在供人类活动方面,自然地点与社会场所有差别。社会场所是专供人类活动的,而自然地点并不是"专供性"的。因此,构成方所,自然地点名后边通常要用方位词,指明位置和维向。比较:

(16a)同学们正在太湖上划船。　(16b)?同学们正在太湖划船。

例(16a)用了"上",比例(16b)要自然、顺畅一些。社会场所名比自然地点名要自由一些,如"在饭店里开了两桌"与"在饭店开了两桌",说起来都比较顺畅。

自然事物名与社会事物名的差别,古代就有明显的表现。张文国(1997)研究了《左传》的名词,并对这种差别做了较为细致的论述。

4.3 活动的静态持续与动态过程

在某方所进行某个活动,活动是静态持续性的,还是动态过程性的,对方位词的隐现也有影响。比较:

(17a) 和我一起在公园里聊过天的女孩子含笑看着我:"他怕你是个老流氓。"(王朔《一半是火焰一半是海水》[语])

(17b) 我在公园等了一个小时后,心情慢慢沮丧了。(王朔《浮出海面》[语])

(18a) 由于水浅码头小,客轮在港湾里下了锚,旅客分批乘汽艇登陆。

(同(18a))

(18b) 客轮在港湾停留了很长时间。(同上)

例(17a)、例(18a)的活动"聊天"、"下锚"是动态过程性的,"公园"和"港湾"后边倾向于用方位词"里";而例(17b)、例(18b)的活动"等(候)"、"停留"是静态持续性的,用不用方位词比较自由。

"在"用为动词表示空间关系时,一定是静态持续的,因此,NP后常常隐去方位词不用,如"在学校(的表现)、在家(靠父母)"。"不"直接否定"在"时,如"不在家、不在房间、不在办公室"等,一般都隐去方位词不用。

总体看来,上述三种情况的影响都不是绝对的,没有句法上的强制性要求,方位词的隐现表现出一定的随意性,主要取决于说话人的意图:是否想指明位置和维向。

五 连绵性、常规关系及语用影响的限度

在本节收集的材料中,有79例是一般事物名词不带方位词而作"在"的宾语,表示方所的意义。先看两个例子:

(19) 外面阳光明媚,我们在街头绿地的石凳坐下,四周都是光着小膀子,扑着痱子粉,嫩声嫩气叫笑着的孩子。(王朔《浮出海面》[语])

(20) 就在那间破旧的土窑,就在那片花草果木中,就在那让她牵肠挂肚的故土上,走完了她80个寒冬酷暑。(兰草《走出家园》,《北京文学》1995年第6期,75页)

例中,如果"石凳"后加"上","土窑"后加"里",就成了通常的说法。我们可以从语用角度对这些现象加以说明,如例(19)、例(20)是书面色彩较浓的说法。我们甚至可以从说话人个体差异或笔误、口误等方面对上述现象加以解释。姑且不论这些语用解释能不能成立,我们首先必须正视这类现象的存在。那么,我们面临的问题是:它们存在的基础是什么?语用的影响有没有限度?

5.1 处所词与一般事物名词的连绵性

连绵性是指两个范畴的成员之间,界限是不明确的,不能一刀切开。处所词与一般事物名词之间就没有明确的界限。一般事物名词还可以进一步地细化,方位词句法强制作用的范围还可以进一步缩小。比较:

处所词 ·················· 一般事物名词

a组	b组	c组	d组	e组	f组
旁边	办公室	黄山	屋子	电梯	家具
前面	警察局	长江	土窑	抽屉	思想
东边	外贸公司	黄龙洞	阳台	甲板	洪水
西部	火车站	广济桥	走廊	石凳	大火

从左往右,各组作"在"的宾语的能力越来越弱。b组是典型的处所词,e组是典型的一般事物名词。a组与c组更靠近b组一些,朱德熙(1982)就把a组看作处所词,d组与f组更靠近e组一些。c组与d组介于典型的处所词与典型的一般事物名词之间,就是连绵性的一种表现。换句话说,d组是不典型的处所词,它具有处所词的一些语义特征:实体的;可供人体活动的;比较熟悉的;常态为静止、固定的。"屋子、土窑、走廊、过道、阳台、河川、草甸子"等都有这些特征,在我们收集的材料中,都有它们不带方位词作"在"的宾语的用例。d组作为不典型的处所词,对方位词的依赖就没有e组、f组那么强烈。

从a组到f组的连绵性,也表现在句法功能上(参储泽祥1996b)。比较:

	a组	b组	c组	d组	e组	f组
可以作"在"的宾语:	＋	＋	＋	（＋）	（－）	－
可以作"到"的宾语:	＋	＋	＋	±	±	－
可以前加"满":	－	＋	－	＋	＋	＋
可以构成"一NP的人":	－	＋	＋	－	＋	±
有个体量词:	－	＋	－	＋	＋	－

从所列的五种句法功能看,除了b组与f组完全对立外,其他各组两两之间并不能完全对立。d组作"在"的宾语并不是常态的,用（＋）表示;e组一般不能作"在"的宾语,用（－）表示。

5.2 常规空间关系的激活与句法单方面的要求

例(19)表明,e组的个别成员也可能不带方位词作"在"的宾语。这又是为什么呢?

如果一个成分句法上强制要求出现,语义上负载着新信息,那么,这个句法语义上起双重作用的成分,被隐去不用的可能性非常小。如果只有句法或语义上单方面的要求,那么,被隐去不用的可能性就大了一些。

对于某些作为参照物的实体事物来说,人们对它与特定目的物的空间关系已达成共识,即参照物与目的物是常规的空间关系,那么,这种空间关系很容易被激活,即使方位词不出现,它的维向和位置也是可以预见的。这就降低了方位词的信息量,从而降低了语义上的要求,减少了方位词出现的可能性。例如:

(21a) 此后我常常在电梯,在超级市场,在很多地方看到你,只要看你一眼,我这天会过得很快乐,很充实。(朱秀娟《内人在美国》,《海峡》1995年第1期,93页)

(21b) 初次在电梯相见时就想说,可总不能太冒昧。(卢浩林《好梦难留人睡》,《莽原》1995年第2期,29页)

电梯是用来载人的,电梯与人形成了常规的空间关系,成了人们进行上下活动的一个准场所。电梯是容器型的,与人的空间关系的类型是容入性的;凳子是供人坐的,其主体是平面型的。它们的维向和位置不言而喻,无需具体指明。因此,"电梯里"的"里","石凳上"的"上"都有了隐去的语义基础。

5.3 语用影响的限度

首先,某些一般事物名词作"在"的宾语是临时的,偶现的,不能类推,仍然以带上方位词作"在"的宾语为常。当然,从历时角度看,这种临时的变化是处所词形成的一个途径。

其次,这些事物名词,在人们的共识里仍然是事物,而不是处所。如"电梯"的句法功能可能被临时改变,但它作为工具的共识,短时间内改变不了。

再次,部分人的共识,会对言语个体产生影响,但不易推及到全民共识。如水兵与甲板是常规关系,水兵们把甲板看作一个场所,可能会说"在各层甲板走动着"(王朔《空中小姐》)这样的话,普通人还是会在"甲板"后边加个"上"。

最后,像5.1所列的f组名词,充当"在"的宾语,绝对离不开方位词的帮助。具体一点说,非离散性的名词(如"洪水、大火"),虚体的或抽象的名词(如"阳光、阴影、思想"),在认知上属于高层次范畴的名词(如"东西、工具、车辆"),高生命度名词(如"学生、教师"),以及处于离析性空间关系之中的任何NP,都依赖着方位词。受韵律制约的方位短语,方位词也不能隐去。

六　隐现机制的层级性及内在的脉络

6.1　隐现机制的层级性

本节从以下几个方面探讨了方位词的隐现机制：

Ⅰ．从 NP 看,除一般事物名词以及"中国、北京、湖北省、四周"等处所词以外,本节所列举的 A-D 四类 NP 后面的方位词都有可能隐去;

Ⅱ．从方位词看,除语义上起转化作用、句法上有强制作用的方位词之外,其他情况下的方位词都有可能隐去;

Ⅲ．从参照物与目的物的空间关系看,除离析性空间关系外,处于其他类型的空间关系之中的 NP,后边的方位词都有可能隐去;

Ⅳ．从韵律配置看,除 NP 是单音节的情况之外,NP 后边的方位词都可能隐去;

Ⅴ．从语义需要看,位置不必具体、维向不必确定的情况下,方位词可以隐去;

Ⅵ．从认知、语用看,带有处所词特征的一般事物名词,或可以预见位置与维向的介词短语,都有可能临时突破句法的限制而隐去方位词。

从Ⅰ到Ⅴ,层层推进,对方位词隐去的限定范围越来越小,表示如下：

Ⅰ→Ⅱ→Ⅲ→Ⅳ→Ⅴ

"→"右边的讨论,以"→"左边的为前提。因此,它们是有层级性的。Ⅵ实际上是对Ⅰ、Ⅱ所排除的情况的更进一步的观察,揭示了临时突破句法强制作用的原因和基础是什么：是认知的影响。句法形式与意义的匹配并不都是一一对应的,容易激活的意义,形式上不一定要出现,即句法上起强制作用的方位词,也有可能临时被隐去。

6.2　隐现机制的内在脉络

方位词隐现的内在脉络是：离散的实体事物的形体就是空间。实体事物的形体能提供一个自身的空间范围,在"在＋NP"这样的框架里,这种空间意义得以择定或凸显。形体即空间这条脉络贯穿汉语方所的始终。

历时表现：上古汉语的一般事物名词可以自由地充当空间介词的宾语,中古以后处所词形成,它们的基础都是"形体即空间"。汉语的空间动词和空间介词,能表示空间类型、空间范围而不表示具体的位置和维向,这与 NP 可表示空间范围是相互适应的。

共时表现:"NP+方位词"表示 NP 自身的表面或内部的空间时(包括临时突破句法强制作用的情形),方位词(常见的是"上"和"里")有隐去的可能,也是以"形体即空间"为基础。

形体即空间,并不是说实体事物就是空间。实体事物本身具有双重性,一是空间性,二是事物性,处所词把空间性加以固化,就形成一个新的类别,但双重性并未消失,因此,许多处所词都是兼职性的。实体事物的双重性,有时会带来很好的表达效果。看下面的例子:

(22)今年一过完小年,天灶就对母亲说:"今年洗澡该在天云的屋子里了。"天云当时正在叠纸花,她气得一梗脖子说,"为什么要在我的屋子?""那为什么年年都非要在我的屋子?"天灶同样气得一梗脖子说。"你是男孩子!"天云说,"不能弄脏女孩子的屋子!"天云振振有词地说,"而且你比我大好几岁,是哥哥,你还不让着我!"(迟子建《清水洗尘》,《北京文学》1999 年第 4 期,79 页)

例中,"在天云的屋子里"主要表达方位的意义,"屋子"后边用了方位词"里";但下文的两个"在我的屋子"都没有用"里"。用"里",使范畴方所化了,不用"里",虽然有"在"限制也能表示方所,但为事物性的表现留下了一点余地。也就是说,不用"里",既能表示空间性,也能表示事物性。例(22)的两个"在我的屋子"正是在表示空间的基础上强调事物性,表达了说话人自己的屋子不能被侵扰的强烈愿望。到下文"不能弄脏女孩子的屋子!"时,既无"里",也无"在","屋子"表达的完全就是事物的意义了。从"在屋子里"到"在屋子"到"弄脏屋子",反映了空间性与事物性的交替变化过程。

七 余论

汉英两种语言的方所表达,尤其是介词短语,有同有异。吕叔湘(1984)、沈家煊(2002)都有准确而有启发性的观察。我们的着眼点是观察的角度和可能带来的结果。

当比较"在车站、在旅馆"与 at the station, in the hotel 时,我们看不出它们的差别来。当比较"在桌子上、在草坪上"与 on the table, on the lawns 时,我们才发现汉语与英语的名词充当介词宾语的能力不同,汉语的名词对方位词有依赖性,而"车站、旅馆"等自成一类,是处所词,这与英语又不相同。当我们把 at the door, by the window 分别译成"在门口/在门上"与"在窗口/在窗户旁边"时,又会发现"门口、窗口"是汉语里有特色的"X+准方位标"结构。

这些差别,可以从不同角度去观察:如果着眼于介词,会以为英语的介词能够表示具体的位置和维向,而汉语的介词只能表示空间范围,不能表示具体的位置和维向;如果着眼于介词的宾语,会以为构成宾语的成分有别,汉语的 NP 类别不同,对方位词的依赖程度不一样;如果着眼于介词和方位词,会以为英语使用前置介词,汉语主要表现为"框式介词"。如果着眼于句式,会发现有时候汉语以不用介词为常,而英语非用介词不可:

(23) 房子里有一张桌子。   There is a table in the room.

汉语的存在句句首处所成分以不用介词为常,而英语由 there 引导的存在句句末介词短语里的介词必须出现。跨语言的研究必须考虑到不同角度或不同层面。如果不是这样的话,就会忽视下面的现象:in the front of the classroom 里的 in 与汉语"在教室的前部"的"在"表义功能是基本一致的。

无论哪一种语言,参照物和目的物的空间关系类型都只有接触、容入、离析三种。汉语表示接触或容入关系时,方位词有隐去的可能,此时英语大多只依赖前置介词;汉语表示离析关系时方位词不能隐去,英语在一定程度上也是如此,如表示东西南北方位时,英语仅靠前置介词是表达不了的,也就是说,英语的介词本身并不能表达东南西北的位置和维向。

说明:本节例句里带"[语]"标记的,均出自华中师大语言学语料库,在此谨向以吴振国教授为首的语料库建设者表示感谢。

第三节 套式方位短语"X·方+的+Y·方"里方位词的类别选择

本节根据表达空间的侧重点不同,把方位短语及单音方位词分成侧重空间位置和侧重空间关系两大基本的类别,然后在此基础上讨论套式结构"X·方+的+Y·方"里方位词的类别选择情况,并对相关问题做了解释、说明。

套式方位短语"X·方+的+Y·方"是指"书桌前的椅子上"一类的现象。"X·方"与"Y·方"都是空间方位短语。"方"指单音方位词,X、Y 表示参与构成方位短语的实体名词性成分。从层次角度看,汉语这种结构式

是高层的方位短语里包含着低层的方位短语,可以表示如下:

{[(X)・方]+的+Y}・方

我们姑且称之为套式方位短语。它与英语的相关表达方式有些不同。比较:

汉语	英语
芥末在碗柜里的最上一层隔板上。	The mustard is on the top shelf of the cupboard.
芥末在碗柜里,在最上一层隔板上。	The mustard is in the cupboard, on the top shelf.
他坐在树下的椅子上。	* He is sitting on the chair of the tree.
*他坐在树下,(在)椅子上。	He is sitting under the tree, on the chair.

上述汉语、英语的句子,除了汉语依赖方位短语、英语依赖前置介词短语这个显著差别外,还有一个差别:当 X 与 Y 没有领属关系时(如例中的"树"和"椅子"就没有领属关系),汉语通常不是连用两个介词短语(或方位短语),而是采用套式方位短语来表达空间,相反,英语是连用两个介词短语而不能用 of 连接 X 和 Y 来表达空间(参考:Langacker 1999:370)。从这里可以知道,汉语的套式方位短语颇有特色,值得关注。

"X・方"或"Y・方"里,X 或 Y 相对于后附的方位词来说,是基准物,通常的说法是参照物(储泽祥 1997a,刘宁生 1994)。方位短语总是表示某一事物所处的方向或位置,该事物我们称作主体物 W。

方位词的使用情况,吕叔湘(1965)早就做过细致的研究,但我们主要从 W 与 X、Y 的不同空间位置、关系角度来探讨套式方位短语"X・方+的+Y・方"里单音方位词的选择情况,这是吕叔湘(1965)未曾涉及的。

一 空间位置、关系与单音方位词的类别

1.1 空间位置和空间关系是紧密联系而又有所不同的两个概念。空间位置指事物具体所处的位置,而空间关系指事物之间具有相对的位置关系。任何一个实体事物都处在空间关系之中,并据此确立空间位置。空间

关系清楚,未必空间位置很具体;而空间位置很具体,空间关系则一定清楚。在语言表述中,有时侧重空间位置,有时侧重空间关系。方位短语就有这样的分别:

侧重空间位置:X(或 Y)·上/里/中/内
侧重空间关系:X(或 Y)·外/边/前/下/后/旁/东/南

对于主体物 W 来说,侧重空间位置,W 的位置大多可以在 X 身上得到落实,如"树上的鸟儿","鸟儿"的位置落实在"树"身上;侧重空间关系,W 的位置往往不能在 X 身上得到落实,如"树下的狗","狗"的位置不能落实在"树"身上,而只能在"树"的附近的某个地方,"树"只是为"狗"的位置提供了空间关系上的参照点,到底"狗"具体在什么位置,只能靠语境及人们的知识去判断。可以这么说,表示位置,"X·上/里"等精确一些,能够落实,"上/里"等有定位作用;而"X·外/前/边/东"等要粗略一些,难以落实,要靠语境或知识去理解、判断,但"外/前/边/东"等有定关系的作用。

上述讨论表明,依照方位短语表示空间的侧重点不同,典型用法的单音方位词可以分为两大类:

方$_1$:上/里/中/内
方$_2$:外/边/前/下/后/旁/东/南

这里,我们忽略了"里/中/内"的相同相近用法,邢福义(1996)对此做过专门的研究。

1.2 两个实体事物,可能有三种空间关系:接触、容纳和离析(储泽祥1997a)。W 与"X·上"里的 X 主要表现为接触关系,W 与"X·里/中/内"里的 X 主要表现为容纳关系,而 W 与"X·外/边/前/下/后/东"里的 X 主要表现为离析的关系。如果合并表示,则 W 与"X·方$_1$"里的 X 具有接纳性关系(接触或容纳),W 与"X·方$_2$"里的 X 具有非接纳性关系。也就是说,W 与 X 的空间关系与不同类别方位词的使用呈对应关系。简单表示如下:

接纳性关系、可以落实位置 ←→ 方$_1$
非接纳性关系、不能落实位置 ←→ 方$_2$

二 套式方位短语里方位词的选择

第一部分的分析表明,事物间的空间关系可以与方位词的类别大致对应,那么,"X·方+的+Y·方"里方位词的类别选择情况就基本明朗了。主要有四种情况。为直观起见,W、X、Y 用方块表示。方块连接,表示接纳性空间关系;方块不连接,表示非接纳性空间关系。

2.1 第一种情况:

格式一:"X·方$_2$+的+Y·方$_1$"

空间关系:W 与 X 是非接纳性的;W 与 Y 是接纳性的;X 与 Y 是非接纳性的。

方位词选择:方$_2$ 在前,方$_1$ 在后。

举例如下:

(1) 一到成熟季节,乡下人赤着膊划船穿梭般地在门前的小河里游荡。(陈国兴《百岁堂》,《朔方》1990 年第 5 期,51 页)

(2) 有人在沐浴着阳光的大玻璃窗前的沙发上昏昏欲睡。(《王朔文集》,434 页,华艺出版社,1997)

例(1)"门前的小河里","前"属方$_2$,"里"属方$_1$;例(2)"大玻璃窗前的沙发上","前"属方$_2$,"上"属方$_1$。第一种情况,是常见的现象。

2.2 第二种情况:

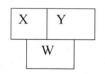

格式二:"X·方$_1$+的+Y·方$_1$"

空间关系:W、X、Y 三者之间都是接纳性的关系。

方位词选择:前、后均为方$_1$。

举例如下:

(3) 到了编辑部,老师们很随和,把我领到小楼上的一个房间里。(乔

典运《命运》,《中篇小说选刊》1998年第1期,141页)

(4) 我看见他看了瘦子一眼,把手里的柳条伸进接水盘里的水里搅动。(卢金地《鱼鳞》,《小说选刊》1998年第10期,31页)

(5) 姑娘一把攥住他的手,借势一拉,就把他按倒在案板上的一副猪肝上。(熊亚明《肉案子上的故事》,《微型小说选刊》1994年第1期,6页)

例中的套式方位短语,方位词都是方$_1$。例(3)是"…上…里",例(4)是"…里…里",例(5)是"…上…上"。它们所表示的空间关系形成蕴涵层级:

X＞Y＞W

小楼＞房间＞我

接水盘＞水＞柳条

案板＞猪肝＞他

"＞"左边的事物都能包容"＞"右边的事物(或该事物的一部分)。也就是说,"＞"左右任何两项之间都有接纳性的空间关系。

2.3 第三种情况:

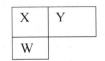

格式三:"X·方$_1$＋的＋Y·方$_2$"

空间关系:W与X是接纳性的;W与Y是非接纳性的;X与Y是接纳性的。

方位词选择:方$_1$在前,方$_2$在后。

举例如下:

(6) 钱康正在房间里的台灯下非常认真地看一本不知什么人的著作,翻过一页,脸也随之转个方向。(《王朔文集》,504页,华艺出版社,1997)

(7) 一群穿着崭新、没佩戴领章帽徽的陆海军制服的年轻人两眼发直、满脸通红地围坐在一个凌乱的房间内圆餐桌旁。(同上,324页)

例中,"房间里的台灯下"、"一个凌乱的房间内圆餐桌旁","里"、"内"属方$_1$,"下"、"旁"属方$_2$。

2.4 第四种情况:

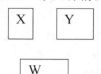

格式四:"X·方$_2$+的+Y·方$_2$"

空间关系:W、X、Y 相互之间都是非接纳性的空间关系。

方位词选择:前、后均为方$_2$。

举例如下:

(8) 他告辞了,颇为得体地告辞了,说他要去赶飞机,在餐厅外的路边叫了一辆计程车还回过头来向我们招手。(《王朔文集》,387 页,华艺出版社,1997)

(9) 那奇特的鱼钩就在马路边紧闭的房门前。(王庆利《闪光的鱼钩》,《当代小说》1998 年第 10 期,56 页)

例(8)是"…外…边",例(9)是"…边…前",都是方$_2$。

2.5 单音方位词的选择情况,明显是对立的:第一种情况与第三种情况对立,第二种情况与第四种情况相对立。造成对立的原因是:W、X、Y 的空间关系不同。

三 相关问题的几点解释

3.1 下面是两种可能存在的空间关系,前文并未列出。

A 种:

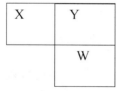

B 种:

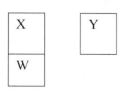

A 种空间关系,合适的例子是例(5)"把他按倒在案板上的一副猪肝上",W"他"与 Y"猪肝"是直接的接纳性空间关系,而 X"案板"与 Y"猪肝"也是直接的接纳性空间关系,但"他"与案板之间隔着猪肝,严格地说,没有接纳性空间关系。不过人们一般会忽略这种隔离物,如"桌上有一杯水",尽管水与桌子之间隔着杯子,人们仍然认为桌子与水有接纳性空间关系,可以说"桌子上有水"、"水在桌子上"等。因此,A 种空间关系可以并入第二种情况。

B 种空间关系,不好用"X·方+的+Y·方"的形式来表达。这要从"X·方+的+Y·方"的表意功能说起。对于主体物 W 来说,"X·方+的+Y·方"的主要表意功能是使 W 的空间位置、关系具体化、精确化。如果"X·方"或"Y·方"任何一个不能为 W 的空间具体化服务,就是不必要的。B 种空间关系里,"X·方"已经给 W 定位,如果要再精确,就必须比"X·方"所提供的范围还要小,那就要求 X 与 Y 是非接纳性关系,如同第三种情形。但 B 种空间关系里 X 与 Y 是非接纳性的关系,因此,"Y·方"对使 W 的空间具体化来说,是无意义的。事实上,我们也无法想出 B 种空间关系的"X·方+的+Y·方"式的说法。如"他坐在凳子上的河边",虽然符合 B 种空间关系,但它显然不是汉语的规范说法。

3.2 套式方位短语的格式一最常见,即"X·方$_2$+的+Y·方$_1$"是优势表达式。为什么呢?

a. 由方$_1$"上/里/中/内"构成的方位短语,有定位作用,而由方$_2$"外/边/前/下/旁/东"等构成的方位短语,有定关系的作用。相比较而言,定位对人们来说是更基本的。因为方$_1$常表示接纳性关系,所以,也可以说,接纳性关系是更基本的。E. Clark(1973,1974)指出,孩子对空间关系形成的三条基本原则分别涉及观念上的包含、承受和接触(转引自戴浩一 1990):

规则 1:如果 B 是容器,则 A 在它的里面。
规则 2:如果 B 有承受面,则 A 在它的上面。
规则 3:如果 A 和 B 在空间上相连,则两者是接触的。

以上三条基本规则所体现的空间关系,即我们这里所说的接纳性空间关系。这可以说明,接纳性空间关系是孩子空间认知的基础,是基本的空间关系。因此,要使主体物 W 的空间具体化,最好落实到"Y·方$_1$"上。

b. 由方$_1$"上/里/中/内"构成的方位短语数量最多。我们做过一个小统计。介绍如下:

统计对象:9 万多字的小说,包括张炜的《美妙雨夜》(约 1 万字),林希的《天津扁担》(约 2.8 万字),池莉的《小姐你早》(约 5.3 万字)。

统计结果:共有方位短语 373 个。后附"上"的有 142 个,占 38.06%;后附"里"的有 130 个,占 34.85%;后附"中"的有 31 个,占 8.31%;后附"内"的有 7 个,占 1.87%;其他的,如后附"外/边/前/下/后/东/南"等的方位短语,合起来只占 16.9%。由方$_1$"上/里/中/内"构成的方位短语占 83.1%,占大多数,仅由"上/里"构成的方位短语,就占 72.91%。单独看,"上"和"里"构成的方位短语最常见。

这种统计结果与"接纳性关系是基本空间关系"的看法是相吻合的。

c. "X·方$_2$+的+Y·方$_1$"里,"X·方$_2$"表示较大的空间范围,"Y·方$_1$"缩小范围,而且能定位,因此,要使主体物 W 的空间位置具体化、精确化,该表达式是最理想的。理想和现实是一致的,"X·方$_2$+的+Y·方$_1$"最常见。

3.3 表示事物的位置关系,"X·方+的+Y·方"比"X·方"或"Y·方"要具体、精确些。例如:

(10) 我连忙绕进柜台,在穿黑皮大衣人进门之前消逝在柜台后的门帘里。(《王朔文集》,358 页,华艺出版社,1997)

例中,如果单说"我……消逝在柜台后"或"我……消逝在门帘里",都不如说成"我……消逝在柜台后的门帘里"具体。

问题是,有的"Y·方"已经够具体了,为什么还要说成"X·方+的+Y·方"呢?这大致有以下几种原因:

a. 交代背景信息;
b. 表示说话人的位置;
c. 表明主体物的移动;
d. 限定空间范围。

各举一例如下:

(11) 我们四人挤站在被告席上的木笼子中,活像漫画里被人民的大手一把抓的年轻点的"四人帮"。(《王朔文集》,809 页,华艺出版社,1997)

(12) 窗外的电线上凝结着一排整齐晶莹的水珠,一只麻雀慌慌张张地飞来飞去,站在电线上。(苏童《群众来信》,《收获》1998 年第 5 期,32 页)

(13) 我从大烟筒上腾起身子,飞到空气里,一直飞到喷泉旁的一棵树丫上落下来。(卢金地《鱼鳞》,《小说选刊》1998年第10期,30页)

(14) 我醒来后,天已经亮了,阳光照在我脸旁的地上,室内雪白刺眼。(同例(11),30页)

　　套式方位短语"X·方＋的＋Y·方"里,"X·方"往往是背景信息,而"Y·方"是前景信息。例(11)如果没有背景信息"被告席上",会让人误解为站在别的什么木笼子里。例(12)"窗外的电线上","窗外"表示说话人所处的位置是在屋内。例(13)"喷泉旁的一棵树上","喷泉旁"表示主体物"我"移动后的大体方位。例(14)"脸旁的地上","地上"的范围可大可小,但有"脸旁"限制,"地上"的范围就很小了。总体说来,在"X·方＋的＋Y·方"里,虽然"Y·方"可能已相当具体,但"X·方"仍然有限制作用。

四　结语

　　4.1　方位短语表示事物的空间位置、空间关系,有一定的倾向性,据此可以把方位短语及单音方位词分成两大类:方$_1$"上/里/中/内"与"接纳性"对应,方$_2$"外/边/前/下/后/旁/东/南"等与"非接纳性"对应。

　　4.2　在"X·方＋的＋Y·方"里,主体物 W 与 X、Y 的空间位置、关系制约着方位词的类别选择。空间关系不同,方位词的选择也不一样。

　　4.3　关于"X·方＋的＋Y·方"的讨论有利于探讨更为复杂的"Z·方＋的＋X·方＋的＋Y·方"。例如:

(15) 他们在"中国照相馆"门前的树荫下的护路栏杆上坐成一排,一边吃雪糕一边盯着过路的姑娘。(《王朔文集》,203页,华艺出版社,1997)

(16) 他练气功练得十分着迷,有时上班时间也溜到河西的一条胡同里的古寺中采气。

　　例(15)的"'中国照相馆'门前的树荫下的护路栏杆上",可以看成是"Z·方$_2$＋的＋X·方$_2$＋的＋Y·方$_1$"的形式;例(17)"河西的一条胡同里的古寺中"可以看成"Z·方$_2$＋的＋X·方$_1$＋的＋Y·方$_1$"的形式。也就是说,把"Z·方$_1$"或"Z·方$_2$"加在"X·方＋的＋Y·方"的四种情形前边,就能大致反映出"Z·方＋的＋X·方＋的＋Y·方"里方位词的选择情况。

第四章 前置介词的形成、隐现及其类型和共性表现

第一节 "对着"的虚化过程及其语法地位

现代汉语的前置介词主要是从动词虚化来的,许多语言都有动源介词,这可以说是语言的一条共性原则。但是,汉语的"对着"如果被看作"介词带体标记"的现象,就是一种类型表现了。那么,"对着"到底是不是"介词带体标记"现象呢?本节通过历时考察,发现现代汉语里用为介词的"对着",是从动词"对"带"着/著"虚化而来的一个虚词。"对着"不是介词"对"带体标记"着",介词"对着"里的"着"是一个失去了原有功能的词内成分。因此,如果说"对着"具有类型特征,不是因为它是"介词带体标记",而是它是由"动词+体标记"一起虚化、凝结而成的。现代汉语的"对着",处在多层次并存的局面,有用为动词性的,有用为介词的,也有半动半介的,说明"对着"没有彻底语法化。

○ 研究现状及存在的问题

无论是某种语言的研究,还是语言类型学的研究,介词都是关注的焦点。但是,汉语介词的语法性质、介词的数量都还有进一步探讨的地方(金昌吉1996,张谊生2000,马贝加2001)。赵元任先生在《中国话的文法》里讨论介词时,认为介词最主要的特性是通常没有体貌,并且不作谓语的中

心,因此通常不能有尝试式重叠语,不用表始词尾"起来",不用表示过去式的词尾"过",很少用完成词尾"了",只在少数情形用进行式词尾"着"(见《赵元任传》,1996:623)。赵先生采用如下的方式列举跟"着、了"有关的介词:

冲(着)　朝(着)　对(着)　为(了)　为(着)　沿(着)　顺(着)
凭(着)　靠(着)　照(着)　按(着)　按照(着)　除(了)……(以外/之外)

这涉及到以下几个问题:

第一,用作介词的"冲着"类现象,处在一个什么样的语法地位?现在通行的做法是把体标记"了、着、过"看作助词,是虚词的重要小类,那么,"冲"是介词,"冲着"就是"介词+助词"了。"走着"是"动词+助词",不是"动词",那么,"冲着"也不是"介词"了?

第二,介词后能不能带体标记?赵元任先生似乎持肯定态度,但有所保留,他指出:"有的情形,词尾可以看成是介词本身意义的一部分,比方'为着'、'为了'的'着'跟'了'。"(见《赵元任传》,1996:623)石毓智(1995)也持肯定的态度。朱德熙(1982)未涉及含"着、了"的介词。邢福义(1997:215)认为"顺着、沿着、为了、为着"可以看作介词。俞士汶等(1998)把"本着、朝着、趁着、顺着、当着、为着、向着、照着、除了、为了"等列为介词词条,但把"就着、凭着、随着"里的"着"看成后照应词。张谊生(2000)认为介词后不能带体标记,他从构词角度把上述情形看成是带后缀"着、了"的派生式介词。

介词后边带体标记,理论上不是没有可能,事实上也可能存在。村语介词之后不能带表示时态的助词,但有个别介词,由于它来源于动词,当它用作介词时仍可以像动词一样,后面带着一个助词 tsa^{21}(着)。例如介词 vou^{13}(沿)后边带 tsa^{21}(着):

na^{21}　vou^{13}　tsa^{21}　ven^{13}　nam^{42}　foi^{35}.（他沿着河边走。）
他　沿　着　边　河　走

村语的介词后边可以带体标记(欧阳觉亚,1998:129),并不表示汉语也是如此。陈昌来(2002:91—92)认为,汉语"冲着"类介词内部的"着"不是体标记,并对已有的看法做了较为详尽的概述和评论。

第三，无论把"冲着"类看作介词，还是"介词＋助词"，都回避不了下面的问题：为什么主要带"着"，较少带"了"，而基本不带"过"？为什么其他一些介词不能带"着、了、过"？如"给"，不带"了"可以用为介词，而带了"了"就是动词。关于第二个"为什么"，马贝加（2003）做了一些说明："以、与、从、在"等介词后面不能出现动态助词，是因为它们成为介词远远早于动态助词的产生。这种看法的前提是：介词不能带体标记。

第四，由于对"冲着"类的语法地位的认识存在分歧或不足，在列举介词成员时就呈现出不同的取舍情形。赵元任先生列出了"对着"，而俞士汶等（1998）、张谊生（2000）均未列出"对着"。这意味着"对着"是否可用为介词看法不一。

我们选择"对着"作为考查对象，以期对上述某些问题做出一定程度上的回答，试图使人们对"对着"类现象重视起来。我们的讨论基于以下的假设："对着"是与"对"有联系但不相同的另一个介词，表义上各有分工，它们虚化的时间不同，来源也同中有异，介词"对着"里的"着"，是一个失去了原有功能的词内成分。这种假设将会在下文得到证实。

一 "对着"虚化的过程与机制

1.1 古、近代汉语里动词"对"的三种用法

无论是介词"对"，还是可用为介词的"对着"，都与动词"对"的虚化密切相关。但这种说法过于简单。因为动词"对"在古、近代汉语里至少有三种用法，词典里列为三个义项。三种用法我们分别用"对$_{v1}$"、"对$_{v2}$"、"对$_{v3}$"临时来加以区别。

先看"对$_{v1}$"，表示"回答"的意思，是动词"对"比较原始的用法，在古代汉语里，多用于对上的回答或对话。例如：

(1) 听言则对，诵言如醉。（《诗经》）
(2) 孔子对曰："政者，正也。子帅以正，孰敢不正？"（《论语》）
(3) 对上所问禽兽簿甚悉。（《史记·张释之传》）

其次看"对$_{v2}$"，表示"朝着、向着"的意思。这种用法近代比古代更常见。例如：

(4) 归，对其母泣。（《论衡·福虚》）
(5) 对酒当歌，人生几何？（曹操《短歌行》）

(6) 当窗理云鬓,对镜帖花黄。(《木兰诗》)
(7) 采桑逢五马,停车对两童。(北齐·王褒诗)
(8) 五月入五洲,碧山对青楼。(李白《楚江黄龙矶南宴杨执戟治楼》)
(9) 传闻织女对牵牛,相望重河隔浅流。(骆宾王《艳情代郭氏答卢照邻》)

再看"对$_{V3}$",是"对立,对付;对待"的意思。如:

(10) 对敌六奇举,临戎八阵张。(李世民《宴中山》)

动词"对"的三种用法是相互联系的。"对$_{V1}$"是"回答"的意思,这个动作的常规联系是:甲、乙双方面;对面。这包括两种关系:a. 角色关系。甲说话必须有一个对象(即乙方),甲回答乙是一种"对立"。b. 空间关系。说话双方是面对面的。依据角色关系引申出"对$_{V3}$"的用法,而依据空间关系引申出"对$_{V2}$"的用法。近、现代汉语里,"对"还有表示核对意义的动词用法,因与介词"对"、"对着"的形成没有明显的联系,这里不做讨论。

那么,介词"对"是从"对$_{V1}$"、"对$_{V2}$"、"对$_{V3}$"哪种或哪些用法里虚化来的呢?这个问题我们到第2部分再讨论。我们首先关注"对着"的直接来源。现代汉语里用为介词的"对着",表意上与"对$_{V2}$"最接近,更重要的是,近代汉语里,可以带体标记"着/著"的,一般只能是"对$_{V2}$",因此,我们有理由相信:用为介词的"对着"是从"对$_{V2}$＋着"虚化来的。"对$_{V2}$＋着"在虚化的过程中"词化"了,"着"成了介词"对着"内的一个后缀语素。(参董秀芳 2002)

1.2 形式与意义的依变

根据蒋冀骋、吴福祥(1997),石毓智(1995),马贝加(2003)的研究,汉语体标记在唐五代以后才得以定型,可以推测,"对着"的虚化应该在宋以后。因此,我们从宋元时期开始考察"对着"的虚化过程("着"近代有写作"著"的,下文不再说明)。事实上,《全唐诗》没有发现"对着",而《全宋词》也只有7例,如:

(11) 候馆天寒灯半灭,对着灯儿泪咽,此恨难分说。(《惜分飞·客怀》)
(12) 这些离恨,除非对著、说似明月。(《望春回》)
(13) 棋具对著明窗近。(《品令·咏棋》)

《清平山堂话本》里"对着"只有两例:

(14) 那杨员外对着杨三官人说不上数句,道是……

(15) 半日,闲对着圣像,潸然挥泪。

如果把例(11)至(15)里的"对"都看作动词的话,那么,它们是"对$_{v2}$"的意义。也就是说,例中可以带体标记"着/著"的动词"对",是"对$_{v2}$",而不是"对$_{v1}$"与"对$_{v3}$"。下面的例子更能证明这一点:

(16a) 何九道:"小人是何等人,敢对大官人一处坐的!"(《金瓶梅》)
(16b) "新来乍到,就恁少条失教的,大剌剌对着主子坐着!"(同上)
(17a) 接过孩子抱在怀里,与他两个嘴对嘴亲嘴儿。(《同上》)
(17b) 嘴对着嘴,恣意亲咂。(《二刻拍案惊奇》)
(18a) 背后害他当面好,有心人对没心人。(《喻世名言》)
(18b) 谁知道无心人对着有心人。(《初刻拍案惊奇》)

例中 a、b 的用法形成对照。a 用"对$_{v2}$",b 用"对$_{v2}$+着"的形式。

宋元时期,"对着"的使用频率低,虚化的可能性就不大。本节的观察表明,明代的文献里"对着"的用例大量增加,如《金瓶梅》里有 29 例,初、二刻《拍案惊奇》里有 44 例,《三言》里有 36 例。使用频率的升高,意味着虚化的可能性加大。因此,"对$_{v2}$+着"的虚化大约萌芽于宋元时期,但主要阶段应在明清时代。

在"对$_{v2}$+着"的虚化过程中,形式和意义是依变性的,即形式与意义的变化是相伴随的。大致情况如下:

	形式	意义及用法
阶段一	可以成句:N_1+对着+N_2。	动词,"朝着,向着"义
阶段二	不成句,可停顿:N1+对着+N2,+VP。	半动半介,"在…面前;面对"义
阶段三	不成句,不停顿:N1+对着+N2+VP。	介词,表示动作的方向

各阶段分别举例说明如下:

阶段	例句	语义成分说明
阶段一	篱门外正对著一个大湖。（《醒世恒言》)	无生命物对着无生命物
	好个灯花儿,正对着嫂嫂,可知喜也!（同上)	无生命物对着有生命物
	无心人对着有心人。（《初刻拍案惊奇》)	有生命物对着有生命物
阶段二	他对着家中大小,又骂爹和五娘。（《金瓶梅》)	有生命物对着有生命物
	定哥对着月色,叹了一口气。（《醒世恒言》)	有生命物对着无生命物
阶段三	他又在外边对着人骂小的蛮奴才。（《金瓶梅》)	有生命物对着有生命物
	(他)对着墙里叹了一口气。（《初刻拍案惊奇》)	有生命物对着无生命物

显然,阶段二是关键。在"N_1＋对着＋N_2,＋VP"格式里,"对着＋N_2"与 VP 共同陈述的对象都是 N_1,"N_1＋对着＋N_2"失去了成句的能力,"对着"不再是句子的核心,它后边的 VP 才是句子的核心,这为结构的"重新分析"提供了基础:把"对着＋N_2"从 N_1 那里剥离出来,靠向 VP,成为 VP 的一个连带成分。但是,这个阶段的"对着＋N_2"后边还可以停顿,《金瓶梅》有 6 例,《初刻拍案惊奇》、《二刻拍案惊奇》有 4 例,《三言》有 3 例,因此,这种停顿绝不是偶现的,而是一种过渡情形。到阶段三,这种停顿不复存在了,"重新分析"才可能完全实现。

与阶段二的停顿相应的是,"对着"处于半动半介之间,语义上,"对着＋N_2"直接表示 N_1 面对着什么,或在什么的面前,间接表示 VP 的方向。例如:

(19) 刘安住气倒在地多时,渐渐苏醒转来,对着父母的遗骸,放声大哭。(《初刻拍案惊奇》)

(20) (应伯爵与何官儿)对着来宝,当面只拿出九两用银来,二人分了。(《金瓶梅》)

例(19)里,刘安面对的是他父母的遗骸,例(20)里,应伯爵与何官儿二人是在来宝的面前分银子。只要"对着＋N_2"后边可以停顿,它所表示的意义都是直接指向 N_1,而不是直接指向 VP,"对着"也仍然处于半动半介之间,到现代仍是如此。例如:

（21）那黛玉对着镜子,只管呆呆的自看。(《红楼梦》)
（22）就是独自对着静静的流水,背靠着无人迹的城根,他也不敢抬头,仿佛有个鬼影老追随着他。(老舍《骆驼祥子》)

到阶段三,"对着＋N_2"后边不能停顿,它表示的意义直接指向 VP,表示动作的方向,"对着"已虚化为介词。如"对着亮处只管摇去"(《二刻拍案惊奇》),"对着亮处"直接表示的是"摇"的方向。

"对着"虚化成介词的句法表现是:"着"不能丢失或替换(词化表现);不能带"了、过"等体标记;不作谓语的中心;不能单独回答问题;不能省略宾语。动词性的"对着"宾语可以不出现,如"老尼出庵去了,就取出观玩,对着流泪"(《醒世恒言》),"对着"后承前文省略了宾语"那两只鞋子"。

"对着"的虚化,语义上也是有条件的。首先,"对着"是静态的、可延续的,可以伴随另一动作的始终,这样的动词性成分容易虚化(参石毓智1995)。其次,N_1 与 N_2 是空间关系,而不是角色关系,这能为把"对着＋N_2"理解成动作的方向提供方便。再次,"N_1＋对着＋N_2"的语义配置是"有生命物对着有生命物"或"有生命物对着无生命物"时,"N_1＋对着＋N_2"逐渐失去了成句的能力,"对着"才有虚化的可能。当语义配置是"无生命物对着无生命物"时,"N_1＋对着＋N_2"仍然能成句,"对着"是动词性成分,这种用法一直沿袭到当代,如"窗户对着花木扶疏的庭院地"(王朔《浮出海面》)、"龙头、宝珠正对着下面的宝座"(《语文》课本)。

二 "对"、"对着"的纠结与分工

2.1 "对"的虚化过程

要讨论"对"与"对着"的纠结与分工问题,首先需要简单介绍一下动词"对"的虚化过程。动词"对"大概在汉代以后虚化成介词。蒋冀骋、吴福祥(1997)举出的较早用例是在六朝时期:

（23）若对他人称之,皆云族人。(《颜氏家训·风操》)

例中的"对"引介动作的对象。据蒋冀骋、吴福祥(1997)的统计,这样的用法《敦煌变文集》里有4例,《祖堂集》里有10例。

动词"对"比较原始的意义是"回答"(即"对$_{v1}$"),用在表示答话的场合,前文说过,说话总是有甲乙两方(角色关系),即甲方回答乙方,乙方是言说的对象(更准确的说法是与事)。古代汉语里,动词"对"的后边以不出现言说对象为常,"对曰"常常连用,"曰"担负了言说的意义,使"对"的言说义被削弱。当"对"后出现言说对象时,"对"的意义开始虚化,最终成为介词。最典型的格式是"对+某人+曰/道/言道/说…",格式的中心是言说义动词,包括"称、骂、叫、喊"等。宋、元、明时期的文献里,"对"多数是这种用法。从意义联系上看,引介言说对象的介词"对",应直接源自"对$_{v1}$"。这种用法的介词"对",进一步泛化,就有了引介动作对象的作用,不再限于引介言说的对象,如"对海洋的幻想"、"对鱼类发声现象进行研究"。我们暂时把它记为"对 a"。

晚唐五代时,介词"对"还可以引介关涉的对象,例如:

(24) 对圣人不敢繁词,何者为道?(《祖堂集》)

例中的"对"有"对待"的意义,从意义联系上看,这种用法的介词"对",应直接源于"对$_{v3}$"。这种用法一直延续到现在,而且谓语中心不限于动词,可以是形容词,如"这妇人…到后边对众丫鬟媳妇词色之间未免轻露"(《金瓶梅》)、"他对球赛没兴趣"、"他对工作极端地负责任,对同志对人民极端地热忱"。我们暂时把它记为"对$_b$"。

至此,我们可以把介词"对"及"对着"的虚化过程做个比较:

介词	直接来源	虚化的大致时期	本源关系	句法语义作用
对 a	对$_{v1}$	汉代以后	角色关系	引介(言说)对象
对 b	对$_{v3}$	晚唐五代以后	角色关系	引介关涉的对象
对着	对$_{v2}$	宋元以后	空间关系	引介动作的方向

"对 a"与"对$_b$"在本源关系、虚化时期、虚化后的句法语义作用方面比较接近,现代汉语语法著作里,它们被看作同一个介词"对",是合适的。那么,"对"与"对着"最大的共同点是都与动词"对"有渊源关系,但其直接来源、虚化时期、本源关系、虚化后的句法语义作用都不相同,因此,从历时角度观察,把它们看作两个介词更为合适。

2.2 用为谓词的纠结与用为介词的分工

近代汉语里,"对"与"对着"用为谓词,表示"朝着、向着"的意义时,常常可以相互代替,如例(16)至例(18)的 a 与 b。当体标记"着/著"刚形成时,同样句法环境中的动词"对",有时带新兴的体标记,有时不带体标记,处于一种过渡状态,给人两种用法纠结在一起的感觉。这是历史变化过程中的正常现象(即:处在"A→A/B→B"过程中的"A/B"阶段)。

值得注意的是下面这些表达言说事件的句子:

(25a) 西门庆对吴月娘说:"韩伙计前日请我,一个唱的申二姐,生的人材有好,又会唱。"(《金瓶梅》)

(25b) 金莲对着月娘说:"大姐那日斗牌,赢了陈姐夫三钱银子。"(同上)

(26a) 于观扭脸对杨重说:"你要拐他们家孩子我可以跟她说说。"(王朔《顽主》)

(26b) 于观笑着转脸对着杨重说:"你们就在这儿耗了一上午?"(同上)

(27a) 于观瞪了他一眼,对话筒说:"跟她说尼采。"(同上)

(27b) 他回头飞快地对着听筒说了通话。(王朔《一点正经没有》)

这些例子中的 a 用介词"对",b 用介词"对着",而且句法环境十分接近,似乎用为介词的"对"与"对着"可以互换。这是一种假象。无论近代汉语,还是现代汉语,表达对什么人说话的常用格式都是"对+某人+言说动词",而很少用"对着+某人+言说动词"这种格式,很少用,并不是完全不用。选择哪一个介词,句法、语义、语用上都有不同:

第一,用"对"是引介言说的对象,用"对着"是引介言说的方向。也就是说,"对"和"对着"是两个不同的介词,句法语义上各有各的分工。

第二,从语用价值上看,用"对着"明显地强调了言说活动的空间侧面。

第三,表示言说事件时,用"对着"的句子里,中心动词的体表现通常是现时性的,一般不说"对着他说了"、"对着他说过",用"对"没有这个限制。

第四,表示言说事件时,因为"对"引介的是言说的对象,所以它后边的宾语一般都是指人的名词或代词(《金瓶梅》、三言、二拍里都是如此),而"对着"引介的是言说的方向,它后边的宾语既可以是指人的(如例(25b)、例(26b)),也可以是指物的,如"对着坟墓道:'我的儿!……'"(《二刻拍案惊奇》)。这里应该说明的是,例(27a)"对"后的宾语虽然是"话筒",但它是转喻用法,指通话的另一方,仍然是指人的。

在表示非言说事件的句子中,介词"对"与"对着"的分工也是不同的。比较:

(28) 他对小刘招了招手。→﹡他对小刘所在的方向招了招手。
(29) 他对着小刘招了招手。→他对着小刘所在的方向招了招手。

例(28)用"对"引介的是动作的对象,是招呼小刘的,不能转化成箭头后边的说法;例(29)用"对着"引介的是动作的方向,不一定是招呼小刘,可能是小刘后边或旁边的某个人,因此有可能转化为箭头后边的说法。如果确实是招呼小刘,那说话人关注的内容也不一样:用"对"关注的是动作的对象,用"对着"关注的是动作的方向。

"对着"形式上区别于"对"的地方就是"着"。"对着"与"对"的分工,从功能角度看,可以使"对着"词化得以维持,而最终成为一个词。

2.3 "对着"所带宾语的实体性

这里所说的实体,是指占据空间位置的有形体。介词"对着"的宾语,一般都是实体性的人或事物。除指人的名词或代词之外,多数是空间性很强的词语,例如"窗户、门、草棚、银子、镜子、灯、书、漳河、天都峰、日光灯、铜纽扣、壶嘴、死尸、坟墓、心窝儿、眼睛、圣像、亮处、上面、空中、云中、江面、船头、墙外"等,它们或者可以后加方位词,或者可以作"在、到、往"的宾语,都是空间性很强的实体事物名词。表示时间的名词、表示抽象事物的名词,一般不能充当介词"对着"的宾语。这与"对着"表示空间侧面、引介动作方向的功用是相协调的。

介词"对"表示角色关系,引介与中心动词或形容词相关的对象,宾语既可以是实体性的指人名词、指物名词或人称代词,也可以是虚体性的抽象事物名词、时间名词,甚至可以是表示某个活动的谓词性词语。例如:

比较抽象的体词性宾语:对这个消息,他说不上是应当喜欢,还是不喜欢 / 对这种行为持宽容态度 / 对他的病不重视 / 对这次胜利盼望很久 / 对电话铃无动于衷 / 他似乎对一切都有办法 / 对现实(事业、工作、生活、未来、前途)充满信心

谓词性宾语:祥子对挣钱不放松一步 / 对擅自外出的解释

上述各个"对"的宾语,都不能充当"对着"的宾语。也就是说,介词"对"宾语的范围比介词"对着"宾语的范围要大得多。这就表明,从宾语的构成看,"对"与"对着"也是两个不同的介词。

三 "对着"的语法地位

现代汉语里,"对着"呈现出多层次并存的局面。看下面的例子:

(30) 书房的窗户正面对着塞纳河。(《语文》课本)
(31) 她正对着镜子擦粉呢。(老舍《骆驼祥子》)
(32) 她俯身对着我的眼睛研究地看了半天。(王朔《过把瘾就死》)

例(30)的"对着"是动词"对"带体标记"着";例(32)的"对着"是介词,引介动作"看"的方向。例(31)的"对着镜子",直接表示"她"面对的事物,与"擦粉"的空间关系并不十分密切,"对着"处于半动半介之间。事实上,汉语从动词虚化来的介词,大多还带有动词性,这与介词的位置有关。"介+宾"通常的位置是主语之后、谓语中心动词之前,语义上相应地与主语有关,与中心动词也有联系。与主语的语义联系越弱,虚化的程度就越高。例(31)"对着镜子"与主语的语义联系比较明显,说明"对着"的虚化程度并不高。

"对着"开始虚化的时间离我们并不十分遥远,至今还有半动半介的过渡型用法。换句话说,"对着"并没有彻底语法化,有时还是虚实两重性的(参戴庆厦,1998)。对于这种多层次并存的现象,如果只注重某一层次的情况,必然形成看法不一的局面。至于"对着"不是动词性成分就是介词的看法,明显地忽略了它半动半介的用法。

"对着"多层次并存的局面,启发我们要重新审视"冲/冲着"、"顺/顺着"、"为/为了/为着"等语言现象。它们是形式不同功能相同的一个介词,还是两个或三个不同的介词?是动词带体标记一起虚化成一个介词,还是动词虚化成介词以后仍然可以带体标记?这要等一组一组地研究清楚以后,才能下断言。

根据张晓勤(1998)的研究,湖南宁远官话里,"对倒"、"帮倒"、"靠倒"、"拿倒"可以用为介词("倒"放在动词后是体标记,与普通话的"着"相当),这说明我们的观察是可以得倒旁证的。

值得重视的是,张晓勤(1998)两次强调指出,宁远官话的介词"拿倒"(相当于普通话的"把")是一个词,里面的"倒"不能丢失,即单独的"拿"不是介词而是动词,"拿倒"这个语表形式,包含两种情况:作为介词,是一个句法上不能分割的整体,作为动词性成分,是动词"拿"带助词"倒"的形式,"应注意区别二者,不可混为一谈"(见伍云姬1998:77,93)。这又为本节对"对着"的看法提供了一个有力的旁证。

第二节 "单音动词+往"里"往"的语法化

在现代汉语中,绝大部分介词结构都是位于动词的前面,但介引场所类论元的介词有一小部分处于动词的后面,如"在"、"于"、"向"、"往"等(参张赪2002,陈昌来2002)。吕叔湘(1984)认为,单音动词后的"往"是介词,表动作的方向,其后的宾语是处所词语。

"往"作介词后置,受到很大的限制。王小溪(2004)认为限制表现在两个方面:一是单音动词必须是表示位移的持续动词,一般限于"开、通、迁、送、寄、运、派、飞、逃、赶、涌、驶、押、带、发"等15个动词(前9个动词吕叔湘(1984)已列举);二是宾语必须是表示目的地的地点名词,不能是方位短语。

格式"V+往+O"是单音动词后"往"语法化的句法条件。本节拟结合"V+往+O"格式,对单音动词后"往"的语法化情况作一些考察。

一 动词"去"对实义动词"往"的替换

1.1 "往"的实义动词用法的显著减少

"往"在产生之初是一个纯粹的实义动词。《说文解字》:"往,之也",表示"到某地去"的意思。实义动词"往"可以独立充当谓语中心。如:

(1)今朕必往。(《书·汤誓》)
(2)宛若祠之其室,民多往祠。(《史记·孝武本纪》)

如果我们分解"往"的意义,则可以看出它具有两个相互关联的方面:一是"位移",二是"位移具有外向性"。

"往"的实义动词用法在唐代以前用例很多,后来逐渐减少。在现代汉语中,"往"的实义动词用法往往受到很大限制,一般只用于凝固结构(如"人来人往")、对举结构(如"一个往东,一个往西")或者是一些文言色彩比较浓的场合(如"一同前往")(例引《现代汉语八百词》1984:480)。

1.2 动词"去"对实义动词"往"的替换

"去"是汉语中表示动作趋向的主要动词。"去"在古代的常用义是"离开"(离义),在现代的常用义是"到……去"(往义)。离义从先秦一直沿用到近代书面语言里,往义则是后代逐渐产生和发展起来的。

"去"的"离"义常常只出现动作的起点(如"孔子去齐"中的"齐"),在东

晋汉文佛典中,"去"字句中已经有了动作的终点,"去"也就具有了"往"的意义。例如(引朱庆之1992例):

(3) 是时有一异比丘。于竹园去罗阅祇国。适在中间为蛇所啮。(东晋竺昙无兰译《佛说玄师颰陀所说神咒经》,T21:901c)

(4) 长寿,汝欲何处去?(东晋佛陀跋陀罗共法显译《摩诃僧祇律》6,T22:276b)

例(3)"去"的终点是"罗阅祇国"(所在之处);例(4)"去"前有表处所的词语,对"去"的方向也作了明确的限制,"何处去"就是去何处或到何处去,"何处"指示或询问"去"的终点。这些句子中的"去"都含有往义,说明"去"开始替换实义的"往"。

到了唐代,"去"常常带表示动作终点的处所宾语,表示"到……去"的意义已经开始成为"去"的主要功能之一。在敦煌变文中"去"有很多往义用法,如(引祝敏彻、尚春生1984例):

(5) 劝君速断贪嗔网,早觅高飞去净方。(《妙法莲华经讲经文》)
(6) 离家拟去论台,路见二牛相牴。(《难陀出家缘起》)

在一些诗歌中,我们也发现了"去"的很多往义用法,如:

(7) 一为迁客去长沙,西望长安不见家。(李白《与史郎中钦听黄鹤楼上吹笛》)

这就是说,唐代"去"的往义用法已经非常普遍了。唐代以后,"去"的往义用法就更加平常了,下面举一个宋代的例子:

(8) 师曰:"此去舒州,有投子和尚,汝往礼拜,问之,必为汝说。"(《五灯会元》卷4)

"去"产生往义以后替代实义动词"往",促使"往"寻找另外的表达功能。

1.3 实义动词"往"被"去"替换后的句法功能转化

一个实义动词用法的显著减少有两种可能动因:一是该词自身语法化,成为主要表示语法意义的虚词,因语法化后形成的虚词的常用性而导致实义动词用法的减少;二是该词所表达的实义被另外的词所替代,替代词比原词更合适表达这一实义,并且更常用。这两个过程可能同时发生,也可能在时间上有先后之分,互为因果。通过考察替换和语法化的时间先后关系,我们认为"往"的实义"到……去"被"去"替换是"往"的实义用法减少的直接原因。"往"自身的主要表达功能被别的词所取代,如果不消亡,就只能谋求另外的表达功能,语法化是动词转变功能的重要途径,"往"也选择了这一功能转变方式,使自身得以存在下去,这是语言经济性原则和语言系统整化原则的必然要求。实义动词"往"功能的转变主要在以下两种基本结构中:

a. 位于主要动词前介引方向论元。如:

(9) 不曾听他一声儿,"咕咚"往后便倒。(《儿女英雄传》7回)

b. 位于主要动词后介引目的地论元。如:

(10) 常氏将饭食送往田间。(《新编五代史平话·周史平话》)

"往"分别处于主要动词的前后,介引相关论元,成为一个主要表示语法意义的介词,成为主要动词的附带成分①。

二 "往"介引目的地论元与意象图式的转换

2.1 动词后的"往"主要是介引动作的目的地论元

《现代汉语八百词》、《现代汉语虚词例释》(1996)等词典以及马贝加(2001:81—85)、蒋冀骋 吴福祥(1997:469—471)等把动词后的"往"与动词前的"往"都归入"方向"类介词,这可能是为了达到语法规律的简明性而做的归纳。实际上,动词后"往"的主要功能不在表示方向,而在表示目的地。表示方向只是动词后"往"的一个副产品,"两点确定一条直线"可以解释这个问题:在动作的起点上,如果确定了动作的目的地,起点和目的地的连线就是动作的方向。我们可以在现代汉语中找到动词后"往"主要功能是介引目的地论元的证据:(1)"向"是一个典型的表示方向的介词,"V向"在有些情况下可以和"V往"换用,但很多情况下是不能换用的。那些对目的

---

① 蒋冀骋、吴福祥(1997)、冯春田(2000)等认为例(10)以及后面的例(17)"发往日本国"的"往"是介引方向,这与我们的观点并不矛盾。介引方向论元和介引目的地论元的区分并不是绝对的,可以通过介引目的地来间接表示方向。我们这样区分的目的是为了给"往"在动词前和动词后的功能作一个大致的概括,功能交叉的现象是存在的。动词后的"往"重在表目的地,比较"送往田间"和"往田间送"、"发往日本国"和"往日本国发"这两种表达,我们可以看出"往"的前置和后置的功能差异。

地的认知显著度较高的动词后一般带"往",如"派、押、寄、调、带、运、遣、贩、汇、发、送"等等,因为动作的表意重点不在位移的过程,而是结果——到达目的地。而那些一般只表示方向性动作而动作主体不位移的动词后一般只带"向",如"扔、伸、踢、扑、射、吹"等,因为这些动作的主体不位移,目的地在认知上不显著(参方绪军 2004)。(2)"V 往"常充当连续动作句(或句组)的前件,如"公司迁往北京后,开展了新的业务"中的"往"不能用表示方向的"向",因为一个动作的完成意味着到达了目的地。在晋、南北朝时期,表方向的介词"向"已发展成熟(马贝加 2002:68—74),但我们在搜索古汉语语料后发现,晋、南北朝以后还是少见"$V_1+X+O+V_2$"格式中的 X 是选用"向"的,都是选用"往"(V_2 是"来、去"的除外),如"驰往佛所而白佛言(《大悲莲华经》)",V_2 表示主体到达目的地后的行为,这正好和"往"介引目的地论元的基本意义暗合。(3)"V 往"所带的宾语仍然保留了目的地的特点。据王小溪(2004)、储泽祥(2004c)等人的考察,"V 往"后的宾语一般是比较大的处所词语,而一般不是方位词/短语或一般事物词语,如一般不说"送往桌子、送往南"等。

"往"的实义用法被"去"替换后,它前置和后置的分野导致"往"语法化后功能的不同,前置一般介引方向论元,后置一般介引目的地论元。这点可以用时间顺序原则来解释:在动作开始前我们就可以确定动作的方向,但我们必须通过动作才能到达目的地。也正因为这个原因,动词前介引方向论元的"往"的语法化程度要比动词后"往"的语法化程度要高一些。动词前的介词"往"可以出现在完全不表示位移的句子中,可以介引方位短语和非处所名词。而动词后的"往"则只能出现在表示位移(或认知上的位移,如"通往北京")的句子中,所介引的目的地一般也是比较大的处所词语,且在语境中一般是确定的。这是因为要到达目的地,非通过位移不可。这也造成动词后"往"的动词性和介词性的纠结。

2.2 意象图式的转换:表示位移动作到表示动作目的地

如果我们分解实义动词"往"的意义,可以看出它具有两个相互关联的方面:一是"位移",二是"位移具有外向性",表示"(人或物)由起点向终点位移"。可以图示如下:

起点 —— 位移 ——→ 终点

"往"的基本语义可以理解为一个"路径"的模式。而"路径 ← 终点"之间的意象图式的转换是非常自然的,Lakoff(1987)曾举"across"为例(转引自张敏 1998:118—121):

  (11) a. Sam walked across the street. (路径)
    b. Sam lives across the street. (终点)

在例(11)a、b 句中 across 的意义转换是非常自然的。a 句中的 across 存在明显的位移性,而 b 句的 across 则没有位移性而只表示纯粹的终点。同样的道理,"往"在动词后的语法化也经历了一个意象图式的转换,由表位移而表目的地。这证明介引目的地的介词"往"的产生具有认知上的可接受性。

另外,介引目的地论元的"往"还保留有"外向性"特征(储泽祥 2004c),与"往"的实义"到……去"有关,即与"往"的意象图式中"路径"的方向性有关。

三　单音动词后"往"的语法化

3.1　单音动词后"往"语法化必须具备的句法、语义条件

表示外向位移的实义动词"往"要语法化为一个介引目的地论元的虚词,在句法上必须具备两个条件:(1)与其他动词同现,并且"往"不充当主要动词;(2)"往"必须带宾语,不带宾语的"往"不可能演化为介引目的地论元的介词。这两个条件可能同时形成,也可能有时间的先后。

表示外向位移的实义动词"往"语法化为一个介引目的地论元的虚词,在语义上也必须具备两个条件:(1)整个表达没有了位移性,或者"往"的位移语义被别的动词部分承担以至完全承担;(2)宾语的语义范围扩大。这两个条件具有时间的先后关系。

句法条件伴随单音动词"往"语法化的全过程,但语义条件必须满足了句法上的条件,即"往"必须先和动词连用并带宾语后才起作用。下面我们将结合上述句法语义条件的实现考察单音动词后"往"的语法化过程。

3.2　单音动词后"往"的语法化过程

3.2.1　汉代:"往+O"、"V+往"格式与"V+往+O"格式的产生

在上古汉语里,"往"是不及物动词,不带宾语,与同义的及物动词"之、适"构成句法功能上的对立。(王力 2000:106—110)例如:

  (12) 往哉封!勿替敬典。(《书·康诰》)

王力也发现上古汉语中"往"作及物动词带目的地宾语的用例,如"往新邑"。

"往"作及物动词开始普遍带目的地宾语,始于汉代。如:

(13) 平原君往祠,其后子孙以尊显。(《史记·孝武本纪》)

"V+往"连用格式,上古已见,"往"的语义与单用同。例如:

(14) 当是时也,周公旦在鲁,驰往止之,比至,已诛之矣。(《韩非子·外储说右上》)

这种用法在汉代开始普遍起来,一直延续到近代,"往"在句中还是实义动词,充当主要动词或与V构成连动关系。

"V+往+O"格式也在汉代出现,但用例极少,如:

(15) 故凡百川财物,亦流往聚处也。(《太平经》卷六十九)

例中的动词"流"是位移动词,但位移的主体已经可以是物,这点与上古汉语中"往"位移的主体主要是人相对照。

3.2.2 魏晋—唐五代:"V+往+O"格式的发展和语法化的开始

观察例(15)我们可以发现,"往"仍然是主要动词,前面的动词"流"只表示"往"的方式。这有点类似于戴浩一(2002)的提法,他认为"走进屋里"一类的结构的语义重心在"进",而不在"走",所以"流往聚处"可以直接说成"往聚处"而不影响基本语义表达。魏晋南北朝时期也有很多类似的说法,如"寻往、奔往、亡往、步往"等,"往"和V的语义关系与汉代一样,"往"都是主要动词,表示位移,并且V和"往"共载一个施事,一般是人。但此期开始出现了V和"往"不共载一个施事的情况,如:

(16) 后孙与支共载往王许,王都领域,不与交言。(《世说新语·文学》)

例中"载"和"往"不共一个施事,"载往王许"是"载之往王许"的意思。虽然"载往"还是有如"寻往"一样的伴随动作关系,但"载"的动作和"往"已有先后关系,这说明"往"前面的动词的地位上升,开始由伴随动作向充当主要动词发展。

到唐五代,V取得了主要动词的地位,"往"开始了它的语法化历程。

首先是在有些句子中V的动作施事不位移,全句的语义重心已经是V而不是"往"。如:

(17) 五月十一日,从苏州松江口发往日本国。(《入唐求法巡礼行记》卷4)

(18) 即指往五泄山礼灵默禅师。(《筠州洞山悟本禅师语录》)

例(17)、(18)中的"发"、"指"不但和"往"不共载一个施事,而且它们的施事本身完全不位移。从全句的表达意图看,语义重心在"发、指"而不在"往","往"在句中的作用主要是引出上述动作的目的地。

其次,出现了非外向性位移动词带"往"构成"V+往+O"的用例,"往"的"位移"和"外向性"语义特征脱落,语法化程度已经很高。例如:

(19) 远公迤逦而行,将一部《涅盘》之经,来往庐山修道。(《敦煌变文集·庐山远公话》)

依据上下文,远公是到庐山来修道,不是去庐山修道,方向是由远而近,不是由近而远,是内向位移。"来"和"往"本是一对在方向上构成对立的位移动词:"来"表示内向位移,"往"表示外向位移,如此矛盾的一对词之所以能够连用,原因在于"往"已经语法化,"位移"语义被"来"替代,"外向性"语义特征消失。如果"往"没有语法化为介引目的地的介词,这一表达是不可能发生的。

3.2.3 明清时期:"V+往+O"格式中"往"的进一步语法化

明清时期,"V+往+O"格式中语法化为介引目的地论元的"往"得到进一步发展,主要体现在如下三个方面:

首先,"V+往+O"后面出现和"往"有相同语义特征的位移动词"来"或"去"。如:

(20) 你两个好汉一发上,那厮走往那里去!(《水浒传》17回)

(21) 八个小厮和八个媳妇围随,抬往梨香院来。(《红楼梦》69回)

"来"或"去"本身是位移动词,与前面的"V+往"没有连动关系,"V+往"和"来/去"的动作是同时发生的。例(20)中表示位移和位移方向的语义由"去"承担,例(21)中表示位移和位移方向的语义由"来"承担,位移的方向还发生了根本性的改变,"往"已语法化为单纯介引目的地的介词。

其次,介引目的地的介词"往"可以与表到达目的地的趋向动词"到"对举使用。如:

(22) 朱仝差往东京去,雷横不知差到那里去了。(《水浒传》35回)

例中"往"和"到"的对举使用,正说明"往"是介引目的地论元,而不是介引方向论元,表示方向只是动词后"往"的一个派生功能。

再次,"V+往+O"格式中的 O 的类型扩大。明清以前,O 主要为具体的可知的处所词语,至元明清时期,O 的范围扩大,类型增多,如:

(23) 次日,整理油担,挑往别处去生理,不走钱塘门一路。(《醒世恒言》卷3)
(24) 云挺枪骤马直杀往前去。(《三国演义》71回)
(25) 知道西门庆不来家,把两个丫头打发睡了,推往花园中游玩,将琴童叫进房,与他酒吃。(《金瓶梅》12回)

例(23)中的"别处"是不确定的处所词语,例(24)的"前"是方位词,例(25)的"花园中"是方位短语。

"往"与"来/去"的同现、与"到"的对举使用和 O 的类型的扩大,都说明动词后"往"在明清时期已达到如动词前介引方向论元的"往"一样的语法地位。

四 余论

4.1 "V+往+O"格式中 V 和"往"的粘结

首先,在节律上,单音节动词 V 和单音节"往"在节律上合成一个音步。能够进入"V+往+O"格式的 V 都是单音节的,如可以说"迁往重庆",但不能说"搬迁往重庆"(参储泽祥 2004c)。单音节的 V 和"往"黏结在一起符合汉语一般两个音节一个音步的节律特点。

其次,在语义上,V 和"往"关系很密切。唐以前以"往"为语义重心的"流往、走往、寻往、步往"等说法中的 V 是"往"的方式和状态,唐以后的"抬往、送往、解往、押往"等说法中 V 和"往"具有动作先后关系,但 V 和"往"语义上还是具有一定程度的伴随关系,明清时期"V+往+O+来/去"中"往"专表动作的目的地,关系更为紧密。

再次,在语法上,V 和"往"是黏合的。就我们所收集的语料看,无论

"往"是否已经语法化,V 和"往"之间一般不能插入其他成分。唐以后,"往"开始语法化为介词,在它介引目的地论元的时候,失去了它自身的实词的语法地位,就完全只能前附于 V。因此,我们一般可以把"V＋往＋O"记作"V·往＋O",就是唐以前以"往"为语义重心的"V 往"格式,我们也重新分析为"往"为后附性的"V·往"。

4.2 "V＋往＋O"格式中"往"的语法地位

"V＋往＋O"格式在现代汉语中用得不多,V 和 O 又有较强的选择性,这是因为语言的发展使"往"的功能处在一个很"尴尬"的境地。"V 往"因为历时发展的各个层次都反映在现代汉语的共时平面上,"往"具有虚实两重性(储泽祥 2004c)。"往"可以表示位移动作、表示目的地和通过表示目的地而表示方向,但汉语在发展中对上述功能形成了另外一套专门化的表达手段:如表位移用"去",表目的地用"到",表方向用"向",它们在不同的表达场合可以替换"往",如"解往兵部"(元杂剧)可以说"解去兵部"、"赶往李瓶儿房里来"(《金瓶梅》)可以说"赶到李瓶儿房里来"、"逃往他方"(《三国演义》)可以说"逃向他方"等等。"往"的语法化并不彻底,没有形成一个相对专门、纯粹的语法功能,这导致它处于如此一个"尴尬"的境地。在这个意义上,我们可以说,动词后的"往"在渐渐丧失它自身得以在语言体系中存在的价值。

第三节 "在"的涵盖义与句首处所前"在"的隐现

研究前置介词形成的成果很多,如何乐士(1992)、郭锡良(1997)、马贝加(2001)、赵日新(2001)等,本书不必把所有前置介词的形成过程又重复一遍,本章第一、第二节只选取讨论较少的"对着"和动词后的"往"进行考察。从本节开始,主要讨论介词"在"的隐现情况。现代汉语的前置介词"在"使用频率最高,虚化得很早,《诗经·小雅·鱼藻》里有"鱼在在藻,依于其蒲"的句子,一般认为前一个"在"是动词,后一个"在"是介词。这种虚实并存的情形,一直沿用到现代汉语中。从宋代起,"在"就成为最常用的空间介词(张赪 2002:215),我们试图结合汉语空间短语表述类型来考察前置介词的隐现情况,选择"在",应该是有代表性的。

《现代汉语八百词》指出"别的语言里的'介＋名'短语,汉语里一般用'介＋名＋方'来说,有时候可以不用'介',但是不能没有'方',例如,英语的

'in the room',汉语里的说法是'在屋子里',或者'屋子里'。"(8页)这段话告诉我们,汉语处所的表达有个重要的类型特征,就是不一定要依赖前置介词,前置介词时隐时现。本节试图探讨句首处所词语前介词"在"的隐现情况。

句首处所,有两种情况:一种是"L+S"式,如"人群当中(L),我发现了新来的老师(S)";一种是S(L)式,如"人群当中(L)有我新来的老师"(S)。处所L前,"在"的隐现有三种情况:必现的、必不现的以及可现可不现的。这三种情况是多种因素共同作用的结果,本节主要从"在"的涵盖义这个角度进行考察。

一 "在"的涵盖义及其突出、强调作用

"在"作为介词,没有实在的语义,但它具有涵盖意义。"在"的涵盖义是"定位性"。

这可以从与介词"从"的对比中得到证明。比较下面的两个句子:

(1) 第二天,在候机室,在杂沓的人群中,一个可爱的身影出现了。
(2) 第二天,在候机室,从杂沓的人群中,一个可爱的身影出现了。(梅斌《归思几度游子回》,《长江》1993年第5期,9页)

上两例中,"从"出现在"杂沓的人群中"的前面,强调了"身影"的位移性;而"在"出现在它的前边,强调的是"身影"所在的位置。对比"从"的位移性,不难看出,出现在处所前的介词"在",其涵盖义是"定位性"。也就是说,"在"有标示"定位"的作用。因此,为了突出处所、强调某事物所处的位置,句首处所前边常常用上介词"在"。例如:

(3) 在家里没有时间看报,在公司里倒可以轻闲地读报纸吗?(蒋子龙《冬绮之奇》,《中篇小说选刊》1993年第5期,17页)

上例中"在家里"、"在公司里"表示两个不同的地点,为了对比两个地点所发生的事情、特别突出两个地点,所以在两个处所词语前边都用上了"在"。

有时强调处所,还用上"就"加强语气,构成"就+在+L"的形式。

(4) 就在雨搭和房檐的交接处,第二年神奇地长出一棵小白杨。(冯国跃《长在房上的小白杨》,《小小说选刊》1994年第1期,11页)

例(4)中"就在雨搭和房檐的交接处",是处所强调式。在这种结构中,介词"在"是必现的。

"在"的定位性,有利于叙事地点的确定,有"起话头"的作用,因此,在不少以处所开头的作品里,处所前边都有"在"出现。比方鲁迅的《范爱农》和《秋夜》、钱锺书的《围城·序》、著名的通讯《为了六十一个阶级兄弟》等都是以处所开篇,而且都用了介词"在"。再如:

(5) 在这片叫萨尔图的荒原上,有个地图上找不到的城镇。(贾宏图《紫丁香》,《人民文学》1994年第3期,99页)

这是一篇小说的头一句,开头也是采用了"在+L"形式。篇章开头的处所前边出现"在",可以说是一种确定地点的需要。

"在"具有定位性,还隐含着"在此处不在彼处"的意义。例如:

(6) 在中国一些四世同堂的家庭里,少夫少妇不能有亲昵的举动。(《行为医学》1993第4期,13页)

例(6)中的"在中国一些四世同堂的家庭里",就隐含着"不在外国四世同堂的家庭里"的意思。这一点联系例句的上下文看得更明显。

二 "在"的连接作用对"在"出现的影响

仅从单个的孤立的句子看,句首处所前边到底用不用"在",有时很难断定,似乎"在"出不出现,意思没什么不同,比方"工地上,安德逊和工长干了一架"与"在工地上,安德逊和工长干了一架",仅就句子本身看,多一个"在",少一个"在",没有什么差别,看不出"在"出现的价值究竟在哪里,但在篇章、语段里,有"在"无"在"大不一样。

(7) 两天以后,安德逊却突然变得暴躁起来,据说接到了一个电话,有个女人要从美国来看他。在工地上,安德逊和工长干了一架。(焦祖尧《归去》,《小说月报》1994年第1期,12页)

例(7)中,如果没有"在"出现,句号前后的两句话就显得不太连贯,而有了"在",就显得自然、顺畅些。"在"在这里有连接作用,这种连接是变化后的连接——转接,前后语义发生变化,靠"在"及"在+L"来连接,变化后的内容又以"在+L"定位开头。因此,本质上,"在"的这种连接作用是"定位性"的延伸。当然,"在"的连接作用只有依赖处所才能发挥出来。

相对来说,句与句之间、段与段之间,需要连接,处所前"在"的出现是必要的。"在"的连接作用,依据"在"前后句、段间的意义关系,可以分为四种情况:顺接、反接、跳接、补接。

2.1 顺接

顺接是指"在"前后的句、段,主题或焦点没有变化,语义是顺承、连贯下来的。例如:

(8) 傅英正惹出的情案是在月亮潭边发生的。
   在我们插队的风香塘寨子边,流过一条河。……(叶辛《月亮潭情案》,《人民文学》1994年第8期,58页)

(9) 他重感情,更重事业。
   在他办公室的墙上,挂着一幅草书匾额。那是"知难而进"四个大字,熠熠生辉。(钱宝生《光明使者》,《人民文学》1994年第5期,127页)

(10) 于是,我动情地张开双臂,把那白杨树林缕缕筛来的霞光万道拥入怀中。
   于是又会渐渐感到周身上下充盈了一片温柔。
   在水泥浇铸的城市,很难有这升腾着地气。天籁一派的地方,……(艾云《弃园》,《北京文学》1994年第1期,72页)

例(8)是两个自然段,第一个自然段是陈述,第二个自然段开始描写与陈述内容有关的场景,前后两个自然段由陈述转入描写,语义是连贯的。例(9)也是两个自然段,先议论,再转向叙述,叙述的事实是为议论提供论据,语义上也是顺承的。例(8)、(9)都是前一自然段为主题,后一自然段为述题。例(10)前两个自然段叙述,第三个自然段转向议论,进一步肯定叙述的内容,地点上虽然变化了,但语义内容是一致的,叙说的焦点没有变化。在这些例子中,介词"在"都出现在句首处所的前边,起顺接作用。也就是说,"在"的出现,是有它的语用价值的。

2.2 跳接

跳接是指"在"前后的句、段,主题不同,或者同一主题,焦点不同,语义上不是顺延下去的,而是跳跃性质的。例如:

(11) 大闺女带着女儿去探监,女儿哭,老塘也哭,……在回来的路上,大闺女琢磨半天也弄不明白老塘哪点儿对不起自己。(刘庆邦《屠妇老塘》,《小说月报》1994年第1期,48页)

(12) 第二天挺过去以后,他就会慢慢开始恢复,以前都是这样。在他床尽头的纸盒里,一颗小小的滑溜溜的头正努力地伸到马粪纸地围墙外来,……(朱文《像爱情那么大的鸽子》,《北京文学》1994年第5期,38页)

叙述一件事,不可能所有的细节都要说出来,不必要的地方可以略去不说。当然,这样会造成"断裂",应接的办法很多,用"在+L"也是一种,如例(11),先说"探监"的情况,不说怎样出监狱,一下子就跳到"回来的路上"的情况,虽然主题没变,但叙说的焦点变了。例(12)更明显,前一句的主题是"他",后一句的主题却换成"它",从一个主题跳到另一个主题,如果没有"在+L",就显得十分突兀;去掉"在",仅靠"他床尽头的纸盒里"来连接,还是很别扭,因此,跳接作用关键靠"在","在"有定位功能,可以帮助另起话头。

2.3 补接

补接是指"在"前后的句、段,主题或焦点一致,语义上,后面的句、段是前边的补充、解释或说明。例如:

(13) 他屋里又没箱子又没有柜子,搁哪儿都不合适。找了半天也没合适的地方儿,一瞧东墙呀,砖活动——在北京啊,小房子都是砖头儿房。(《传统相声集》,10页,上海文艺出版社,1981)

(14) 我看到邱忠义的第一个念头,是他敲错了门。在我的楼下,住着几位大名鼎鼎的农民作家,他们的家里,倒是常常有类似的客人出入。(陈建功《半夜跟踪》,《北京文学》1994年第1期,6页)

例(13)"在北京啊,小房子都是砖头儿房"是补充说明前句的。为了表现这一点,还用了一个破折号。例(14)后句是解释说明前句的,说明"我"的念头的依据是什么。补接句的句首都用了介词"在"。

2.4 反接

反接是指"在"前后的句、段,语义上相反或相对,往往反映着说写者看待某一问题的不同的着眼点。典型的反接,常在"在"前边再用上转折连词。构成"但+在+L"的格式,例如:

（15）这是一个弃园，但在我眼里，它却在荒芜之间升腾起青葱并且弥漫着古典和浪漫主义的强烈气息。（同例(10)，72页）

例中前一句说是"弃园"，后一句说园子有"强烈气息"，前后两句的意义是相对的。

无论顺接、跳接还是补接、反接，从说写者看，句首处所前用介词"在"，表示上下文的连接，没有"在"出现，就显得有些突然。从听读者来说，"在"有标志变化的作用，读者看到"在＋L"，就知道语义有了变化，心理上有了准备，读起来就没有突兀的感觉。

三 余论

3.1 制约"在"字隐现的因素主要有四种：(1)处所的音节数量；(2)处所的结构类型；(3)句子的内部结构；(4)"在"的涵盖义。这种种不同的因素，都制约着句首处所前"在"的隐现情况。"在"必现、必不现都是少数的情况，可隐可现的占多数。

"在"必不现的，如：处所是单音节的，如"东"、"上"等；处所是方位词的结合式，如"前后左右"、"前前后后"等；表示供用的存在句，"一间教室坐五十个学生"；"满嘴里跑舌头"等熟语性的句子。中段是"V了"、"全/都VP"、"V满"、"没有"的存在句的句首，以及S为"名＋形"的"L＋S"句的句首(如"我们这里人手少")，介词"在"一般都不能出现。

"在"必现的，如：机关单位名充当处所的"L＋S"中的L前(如"在一院，唐丽微素有'院花'美誉"；)；处所强调式——"就＋在＋L"等中。篇章中，"在"有连接作用。从篇章结构看，"在"出现为好，因此，相对来说，篇章中起连接作用的"在"也是必现的。

可隐可现"在"的情况比较多。只要处所有两个以上的足够数量的音节，又没有别的因素的制约，"在"的隐现就比较自由。但是，"在"可以不出现却出现时，一般都有它的语用价值。

3.2 虚词没有实词那样的语义特征，但在结构体中仍然有语义作用，本节称之为"涵盖义"。"在"的涵盖义是定位性，因此，"在"的出现，有一定的语用价值。在句子内部，用上"在"，可以强调、突出处所；在篇章的开头，用上"在＋L"，有"起话头"的功效；在句与句之间或段与段之间，用上"在＋L"，有连接作用，或顺接，或跳接，或补接，或反接，使上下文的联系得到加强。

3.3 汉语处所的表达有它自己的特点。英语,以及藏缅语诸多语言中,处所的表达依赖于介词或助词,但汉语的处所,特别是句首的处所,对介词没有必然的依赖性,介词"在"隐现灵活。这就表明,汉语的处所可以暂时抛开介词,构成汉语语法系统的一个子系统。汉语的处所对介词没有必然的依赖性,也为研究汉语处所提供了不小的方便。

第四节 汉语方位短语前介词"在"的隐现机制

○ 研究现状及存在的问题

介词与介词短语是语法研究的热点,金昌吉(1996)、张谊生(2000)、陈昌来(2002)、张赪(2002)、刘丹青(2003)等都是研究这个问题的专著。本节只讨论表示空间意义的方位短语前边介词"在"的隐现情况,主要的目的是凸显汉语空间表述的类型特征,即前置介词可隐可现,但隐现是有限制的。

首先要说明的是,北京口语里,附着在动词后的[·te],书面上有时写做"在",有时写做"到"(郭熙1986:20,朱德熙1982:182,赵金铭1995)。我们以书面材料为依据,书面上写做"在"的,就认为是"在",书面上写做"到"的就认为是"到",前者是我们要研究的对象。

方位短语前"在"的隐现情况,已经有一些研究成果。

郭熙(1986:22—23)讨论了动词后"在"隐去的条件:从语音变化上看,如果"在"口语中可以轻读为[·te],就可能脱落,即"在"被隐去,如"给我搁在抽屉里"可以说成"给我搁抽屉里"。从动词的音节上看,如果动词是常用的单音节词,"在"可能隐去不用,这样的动词常见的如"搁、放、卖、倒、拾、抓、抢、扛、装、递、捧、跳、捆、盖、摔、扔"等。从动词的语体上看,如果动词是口语化的双音节词,"在"也可能隐去不用,如"没想到落实政策落实他头上了"。这样的动词不多,常见的主要是"参加、落实、吸收、集中、应用、旅行、留心、怀疑、关心、改造"等双音节动词。

本章第三节讨论了句首处所前"在"的隐现情况。"在"没有实在的语义,但具有涵盖意义。"在"的涵盖义是"定位性",还隐含着"在此处不在彼处"的意义。为了突出处所、强调某事物所处的位置,句首处所前边常常用上介词"在",但存在句的主语,以及形容词谓语句的主语,"在"一般都不能出现。从语篇角度看,"在"的出现,有连接上下文的作用,如"这是一件反常的事,在我眼里,它又正常不过","在"如果不出现,语句就显得不连贯。

张谊生(2000:134—136)概括性地论述了介词隐现的规律。从语义角度看,语义较虚、用频较高的介词有可能隐去,语义较实、用频较低的介词则需要出现,表示处所的介词属于前一种情况。从搭配关系看,介词后面如果是任指代词和方位词语,介词可以不用,介词前边如果出现了各类副词和能愿动词,介词不能隐去。从句法位置看,介词短语在主语前、动词前、动词后虽然都可以省略,但所省的介词类别不同:主语前常省关涉和时间处所类介词,动词前常省略工具和依据类介词,动词后常省略处所和目的类介词。相比较而言,这三种位置的省略频率依次是:主语前>动词后>动词前。从音节角度看,汉语的双音化趋势对介词的使用与否会产生一定的影响,双音节体词前边有时候倾向于不用介词。

郭熙(1986)、储泽祥(1996c)的讨论不够全面,储泽祥(1996c)试图以"在"的涵盖义及其篇章连接作用来说明"在"的隐现规律,对句首处所还有一定的适用性,但显然不能说明动词前后介词"在"隐现的机制。张谊生(2000)的讨论虽然比较全面,但不够具体深入。张谊生(2000:135)认为:"凡是后面有方位词语的介词短语,前面的介词一般都可以省略,尤其是在存现句中。"事实是否如此?"在"隐现的机制到底是什么?我们试图回答这些问题。

一 方位短语前介词"在"的隐现情况调查

1.1 方位短语前边,"在"隐现的情况到底如何?仅凭估计是不能说明问题的。我们以统计数据来说明问题。统计的对象是:《编辑部的故事》(王朔等著,中国工人出版社,1992)、《我爱我家》(梁左等著,华艺出版社,1993)和《怎么爱你也不够》(池莉著,江苏文艺出版社,2000)。我们依据方位短语在句中出现的位置来进行统计,方位短语在句中主要有以下6个位置:在主语前充当句首修饰语、充当主语、充当定语、在动词后充当动词的宾语、在动词后与"在"一起充当补语,在动词前充当状语。除此之外,方位短语还可以参与构成"的"字短语,如"碗里的"、"河里的"、"山上的"等,介词"在"不能出现,讨论隐现问题不够典型,不在我们关注的范围之内。特殊情况下,方位短语还有陈述作用,在句中充当述语,如"彭德怀一脚门里一脚门外就吼起来:'主席怎么还不走!'"(王昌连《毛泽东的幽默》,《幽默与笑话》2001年第2期,48页)"一脚门里一脚门外"是对举形式,"门里"、"门外"陈述脚的位置。这种情况很少见,也不在我们的考虑之列。

为便于统计,我们暂且认定:a."在"在句中只能分析为介词;b.方位短语充当主语和动词的宾语,前边不能出现介词"在";c.把"V+在+方位短语"看作动补结构,即介宾短语"在+方位短语"充当动词的补语。因此,有两种情况没有统计在内:一是方位短语单独成句(19例),这时若添上"在",分不清是动词还是介词;二是"放在了桌子上"一类的说法(8例),"在"与方位短语之间隔了一个"了",方位短语不再是"在"的宾语。具体数据如下:

表一:《编辑部的故事》里方位短语前介词"在"的隐现情况

	句首修饰语	主语	定语	宾语	补语	状语	总计
有"在"	16(22.5%)	0(0%)	5(4.8%)	0(0%)	103(100%)	103(56.6%)	227(38.2%)
无"在"	55(77.5%)	118(100%)	99(95.2%)	16(100%)	0(0%)	79(43.4%)	367(61.8%)

表二:《我爱我家》里方位短语前介词"在"的隐现情况

	句首修饰语	主语	定语	宾语	补语	状语	总计
有"在"	13(59.1%)	0(0%)	2(2.2%)	0(0%)	115(100%)	131(57.5%)	261(45.5%)
无"在"	9(40.9%)	84(100%)	88(97.8%)	34(100%)	0(0%)	97(42.5%)	312(54.5%)

表三:《怎么爱你也不够》里方位短语前介词"在"的隐现情况

	句首修饰语	主语	定语	宾语	补语	状语	总计
有"在"	70(76.9%)	0(0%)	3(3.4%)	0(0%)	133(100%)	164(70.1%)	370(60.1%)
无"在"	21(23.1%)	69(100%)	85(96.6%)	1(100%)	0(0%)	70(29.9%)	246(39.9%)

表四:总体情况

	句首修饰语	主语	定语	宾语	补语	状语	总计
有"在"	99(53.8%)	0(0%)	10(3.5%)	0(0%)	351(100%)	398(61.8%)	858(48.1%)
无"在"	85(46.2%)	271(100%)	272(96.5%)	51(100%)	0(0%)	246(38.2%)	925(51.9%)

观察以上统计数据,可以看出:

a. 总体上看,方位短语前边介词"在"出现与不出现,大概是一半对一半。仅从统计角度看,张谊生(2000:135)"凡是后面有方位词语的介词短语,前面的介词一般都可以省略"的看法是值得重新审视的。

考察方位短语前介词"在"的隐现情况,最理想的是某个句法位置上的方位短语前"在"可以出现也可以不出现。由于本节首先认定方位短语充当主语、宾语时前边不用介词"在",那么讨论主宾语前介词的隐现就显得不那么理想,因此,我们暂时撇开主语,并且把宾语和补语统一看作动词后的成分。这样,方位短语前介词"在"可隐可现的句法位置可以精简为4个:句首修饰语,定语,动词后(宾语/补语),动词前(状语)。那么,表四也可以精

简为表五:

表五:总体情况(精简)

	句首修饰语	定语	动词后(宾语/补语)	动词前(状语)
有"在"	99(53.8%)	10(3.5%)	351(87.3%)	398(61.8%)
无"在"	85(46.2%)	272(96.5%)	51(12.7%)	246(38.2%)

这4种位置上方位短语前"在"不出现的频率依次是:

定语＞句首修饰语＞动词前(状语)＞动词后(宾语/补语)

b. 定语位置上,介词"在"出现的可能性最小,这在3个统计对象中都是一致的。

c. 对比表一、表二与表三,介词"在"不出现的频率依次是:《编辑部的故事》＞《我爱我家》＞《怎么爱你也不够》。尤其是《编辑部的故事》与《怎么爱你也不够》差异明显。这主要是两个方面的影响:一是语体风格不同,《编辑部的故事》是接近北京口语的对话体,《怎么爱你也不够》是带有书面色彩的叙事体;二是基础方言的南北差异,《编辑部的故事》的作者生活在北京,《怎么爱你也不够》的作者生活在武汉。北京口语程度越高,句首修饰语尤其是状语位置,"在"不出现的频率越高(参见齐沪扬、唐依力2004:13页的有关论述)。

1.2 下文我们将从句首修饰语、定语、动词后(宾语/补语)、动词前(状语)4个句法位置分别探讨方位短语前介词"在"的隐现情况。在这之前,有必要先看看方位短语充当主语时为什么不能出现介词"在"。方位短语充当主语,主要有两种类型:

第一种类型:形容词谓语句的主语。例如:

(1) 路上拥挤得走不动。(例句不标出处的,均来自华中师范大学语言研究所汉语语料库,下同)

(2) 刘元兴搓着手,说:"吕梁山上冷,黄河边更冷!"

第二种类型:存现句的主语。例如:

(3) 寝室内一片静谧,知了在窗外声声入梦。

(4) 陈旅长脸上闪过不满意的气色,说:"这些事,我真是懒得再说!"

(5) 车厢里都是欢度完周末一起回家的恋人,一对一对依偎着喃喃私语。

(6) 棕色的脸庞上一双水汪汪的圆眼睛,嘴唇鲜红,脖颈笔直。

(7) 宿舍里就我一个人。

例中主语位置上的方位短语虽然适合用"哪儿"提问,但它们都是谓语陈述、描写或说明的对象。人们用方位短语作主语时,是把方位短语所表示的空间作为一种特殊的事物来对待的,弱化了它的空间属性,但"在"有定位作用,能强调、突出空间属性(储泽祥 1996c:33),因此,方位短语作主语时,介词"在"一般不能出现在它的前边。

方位短语充当主语,成为形容词描述的对象,不限于汉语,仡佬语也是如此。仡佬语的方位短语除了与介词构成介词短语外,还可以作主语(贺嘉善 1983:27)。例如:

kləu^{55}　qə$^{.33}$　tsan^{31}，　lu^{44} plei^{44}　li^{44}. 屋里暗,外边亮。
里　　房子　　暗　　　外面　　亮

例中,tsan^{31}(暗)描述的对象是充当主语的方位短语 kləu^{55}　qə$^{.33}$(屋里)。

二　句首修饰语位置上"在"的隐现

句首修饰语位置上的"(在)+方位短语",表示空间环境或空间条件(实在空间),以及由空间意义引申来的其他环境或条件(虚泛空间)。这种情况下,"在"的隐现是比较自由的,但语用价值不同,"在"出现有定位作用,能强调、突出空间属性,在语篇中有连接作用,本章第三节已经做过研究,这里只就未曾涉及的内容做一些必要的补充。

2.1　"(在)+方位短语"表示实在空间,"在"隐现比较自由,表示虚泛空间,"在"通常以出现为宜。比较:

(8)（在)山头上,(在)山沟里,一溜一行的战士、战马和驮炮牲口,顶着比刀子还利的大风前进。

(9) 在我们党员的修养上和我们部队的优良精神传统的培养上,毛主席、朱总司令和党中央可敬爱的人物以及高级将领们的精神品质上的影响,当然是起着非常巨大的作用的。

(10) 在这个问题上我从来没有原谅过任何人。

(11) 在他的小心眼里早已认定哥哥不正当地享有了很多他也有份的东西。

例(8)"(在)+方位短语"表示的空间意义是比较实在的,用不用"在"比较自由。但例(9)(10)(11)不同,它们之中的"在+方位短语"表示的空间意义比较虚泛,"在"一般都要出现。尤其是例(9)那样的"在 NP 的 VP 上","在……上"是比较固定的框式结构,"在"不能隐去不用,张谊生(2000:135)已经注意到这一点。

2.2 中心动词前有副词"在/正在"出现,句首修饰语里介词"在"一般不用为宜,以免语音上有重复。例如:

(12) 每张照片上我都在挣扎,扭着身子不和她贴在一起,还用手推她。
(13) 寝室里所有人在沉睡,阿姨也在自己床上睡着了。

这两例如果说成"在每张照片上我都在挣扎"、"在寝室里所有人在沉睡",就显得比较拗口。

2.3 句首修饰语后如果有停顿,"在"隐现比较自由;如果没有停顿,"在"出现不出现就不十分自由了。先看有停顿的例子:

(14) (在)长江边一个旅馆的小房间里,我做了一个梦,梦见了她。
(15) (在)一个巨大的坡形瓦顶下,上百间标准开间的屋子沿八卦形走廊左右顺序排列。

例中,句首修饰语后边有个停顿,本身音节又比较多,"在"用不用比较自由。

再来看没有停顿的例子,分两种情况:

a. 句首方位短语具有二重性,它既能表示空间环境,又是陈述的对象,如果偏向空间环境,"在"可以出现,如例(19)(20),如果偏向陈述的对象,"在"一般不能出现,如例(16)(17)(18)。

(16) "怎么样,能不能认个错?不能认错我们可动手了,这屋里我们可有三个人。"
(17) 门诊大楼里病人不少,到处是拿着病历候诊的萎靡不振的军官和士兵。
(18) 天暗下来,路上行人断迹。
(19) (在)丰盛的家宴上王大爷端起酒杯:"老哥哥,你真有福气。"
(20) (在)街边商店里我买了架减光镜,一顶遮阳帽。

空间性的句首修饰语与空间性的主语之间是连续性的。当"在"出现时,表示空间环境的作用得到强调,"在+方位短语"是句首修饰语;当"在"不出现时,句首修饰语与主语之间的界限就显得模糊一些,如果像例(16)那样用"有"表示存在意义,像例(17)(18)那样用"病人不少"、"行人断迹"来描述特定空间里的性状,句首的方位短语就更接近主语了。

关于句首方位短语的二重性问题,渡边济民(2001:23—26)已经注意到,他认为汉语"墙上(他)挂着画儿"的"墙上"是句首名词性成分,既有状语的性质,又有主语的性质,主张叫日语、朝鲜语里的"提示语",它在整个句子中处于"被提示"的地位。

b. 如果通过方位短语所包含的空间范围来表示时间长度,"在"不能出现,如例(21);如果方位短语只表示事件发生的空间环境,"在"可以出现,如例(22)。

(21) 回家的路上我一直想着她。
(22) (在)回家的路上我问王朔:"敢情这就叫策划。"

例(21)中的"一直"是表示时间的副词,它所涉及的时间长度是由"回家的路上"限定的,走完整个回家路程的时间就是"一直"所示的持续时间,这里的"路上"是指"全部路程上",例(21)可以换说成"一路上我都想着她"。例(22)不能这样换着说,不能说成"一路上我都在问王朔",例(22)的"路上"表示路途中的某个点,而不是路程的全部。

三 定语位置上"在"的隐现

3.1 统计表明,定语位置上的方位短语前边,很少用"在"。比较:

腕上的手表——*在腕上的手表

床头柜上的水杯——*在床头柜上的水杯

脑门上的汗——*在脑门上的汗

门后的铁锹——*在门后的铁锹

果盘里的苹果——*在果盘里的苹果

语言上的巨人——*在语言上的巨人

心目中的英雄——*在心目中的英雄

工作上的搭档——*在工作上的搭档

肉体上的折磨——*在肉体上的折磨

电影里的情侣——*在电影里的情侣

左边纵栏的方位短语表示实在的空间,右边纵栏的方位短语表示虚泛的空间,但无论实在还是虚泛,定语位置上的方位短语都排斥介词"在"的出现。吕叔湘(1984:13)认为,"在桌子上的书"是介宾短语充当修饰语,我们认为这里的"在"是动词,它的否定说法是"不在桌子上的书"。下面是我们收集到的定语位置上出现"在+方位短语"的部分例子,"在"前都不能用否定副词"不"。

(23) 父亲和她的两次医疗费,使贫寒的家庭雪上加霜,家里只靠母亲在几亩田里的那点收入支撑。(《故事会》2003年第9期6页)
(24) 这也是本剧在表现风格上的一种辙,演员的表演一定要入这个辙。
(25) 萝卜王根本对此次采访无任何准备,更不清楚自己所钟爱的萝卜手艺在人家眼中的价值。
(26) 我对他在生活中的耐受能力也发生了怀疑。
(27) 我在家里的地位急剧下降。
(28) 志新在戒烟问题上的态度是顽固的。
(29) 描写了他如何重视在战场上一个士兵的作用。
(30) 我们能够强烈而亲切地感觉到在战争全过程中战士们的思想情绪。

认真揣摩这些例句,可以发现其中的规律,也能启发我们思考"在"的性质和作用。

　　a. 定语位置上的"在+方位短语"一般要带"的"才能修饰中心语。
　　b. "在+方位短语"充当定语不能是孤零零的,它的前边或后边一定有一个相关的成分 X 出现,如例(28)中心语"态度"的定语不单是"在戒烟问题上的",而是"志新(X)在戒烟问题上的",整个定中结构像是一个主谓短语名词化以后再抽去动词的结果:

母亲在几亩田里(得到)的那点收入→母亲在几亩田里的那点收入
我在家里(具有)的地位→我在家里的地位

这些被抽去的动词一般都是带"具有"义的、动作性不强的动词,定中结构的领属义可以激活或代替被抽去动词的意义。

X 的出现有两个位置:一个是"X+在+方位短语+的",如例(23)—

(28);一个是"在+方位短语+X+的",如例(29)(30)。如果 X 不出现,孤零零的"在+方位短语"一般不能作定语,如不说"在几亩田里的那点收入"。除非 X 承前或蒙后省略,如"我在单位里的地位日渐上升,在家里的地位却急剧下降"。

c. 这些例句中的"在"不是都能隐去不用。理论上,如果 X 与方位短语都可以修饰中心语且意思不变的话,"在"应该可以隐去不用。因此,我们用 X 与方位短语能否分别修饰中心语的办法来进行鉴别:

母亲在几亩田里的那点收入 → 母亲的那点收入,几亩田里的那点收入
本剧在表现风格上的一种辙 → 本剧的一种辙,表现风格上的一种辙
萝卜手艺在人家眼中的价值 → 萝卜手艺的价值,*人家眼中的价值
他在生活中的耐受能力 → 他的耐受能力,生活中的耐受能力
我在家里的地位 → 我的地位,*家里的地位
志新在戒烟问题上的态度 → 志新的态度,?戒烟问题上的态度
在战场上一个士兵的作用 → 一个士兵的作用,战场上的作用
在战争全过程中战士们的思想情绪 → 战士们的思想情绪,战争全过程中的思想情绪

显然,例(25)(27)的"在"不能不用,例(28)的"在"也以使用为宜。"家里的地位"不是不能说,但改变了例(27)原来的意思。例(28)"在……上"是固定组合,"在"不好隐去。

d. 不能隐去"在"的例(25)(27)启发我们思考:这里的"在"还带有动词性质,或者说它仍然保留着二价动词的结构能力,它支配着两个名词性成分:一个是 X,另一个是方位短语。因此,"在"出现时,要求被支配的两个名词性成分必须出现,X 不能不出现,不能让方位短语孤零零地出现在"在"的后边。只有能把 X 与方位短语里的 NP 重新分析为定中结构且意思不变时,"在"才可能隐去不用。比较:

在:X,方位短语　　　　　　[(X 的 NP)·方]或(NP·方的 X)
母亲在几亩田里　→　(母亲的几亩田)里
本剧在表现风格上　→　(本剧的表现风格)上
萝卜手艺在人家眼中　→　*(萝卜手艺的人家眼)中
他在生活中　→　(他的生活)中
我在家里　→　*(我的家)里

志新在戒烟问题上	→	？（志新的戒烟问题）上
在战场上一个士兵	→	战场上的一个士兵
在战争全过程中战士们	→	战争全过程中的战士们

仍然是例(25)(27)以及例(28)不能重新分析,因此"在"也不能或不好隐去。

介词"在"是从动词"在"虚化来的,并且总是与动词相伴随,定语位置上没有动词,介词也不好出现。例(23)—(30)里,可以看作动词被抽去了,也就是说,介词"在"有出现的基础。

3.2　如果中心语是谓词性成分,会出现两种情况。先看例子：

第一类：脸上的无奈、温顺　街上的欣欣向荣和繁华喧闹
　　　　脖颈上的疼痛
第二类：报上的奉承、恭维　道德上的进化

第一类只能理解为方位短语作主语的主谓短语名词化了,方位短语前不能出现"在"；第二类既可以做这种理解,也可以理解为例(23)那样的说法,如"(他们)在报上的奉承、恭维"、"(他们)在道德上的进化"。

主谓短语的名词化,可能会导致原本充当状语的方所成分定语化,例如：

(31) 很长时间我才明白那两只针尖大小的灯管是这只大灯管在她眼睛里的一分为二。

例中,原本为主谓短语的"这只大灯管在她眼睛里一分为二"名词化以后变成了"这只大灯管在她眼睛里的一分为二"。这里边的情形和规律还需要进一步的探讨,如"我在教室里打扫卫生"就不能名词化为"我在教室里的打扫卫生"。

3.3　方位短语作定语,如果不带"的",就更不可能前加"在",如不说"在桌子上书"。自古至今,方位短语作定语,无论有没有结构助词,一般都不能前加空间介词。例如：

《史记》：山东之国、泽中之麋、舟中之人、河西之地,军中马骑、船中人、桑下饿人、仓中鼠、江旁家人、草中石、城南田

《论衡》：台上之人、水中之毒,俎上脯

《世说新语》：海内之秀、水中之凫、池中鱼、劲松下风、枕上新衣、云中白鹤

唐五代：天上之云霞、水中之月、城中人、船上人、井中水、陇外青山、水上荷花、亭前柏树子、玄都观内一客道士

宋元明：眼前底事、船上的物件、书案上的各样书册、云端里的皇帝

四 动词后"在"的隐现

4.1 动词后边表示方所的成分，是宾语还是补语一直有争议。我们认为，不能前加介词"在"的方位短语适合看作动词的宾语，这些动词主要是空间动词，表示"处在"或"位移"的意义。例如"（大家都）在办公室里"、"到海里"、"来家里"、"去屋顶上"、"上河边"、"下农村里"、"进洞里"、"出北门外"、"回单位里"等，我们把它们都看作动宾短语。另外，由单音动词与空间动词构成的复合性动词，也能带方位短语作宾语，如例（32）；"看"类动词也能带方位短语作宾语，如例（33）。还有少数特殊说法，如例（34）的"吃家里喝家里"，以及"报告省里"等，都是方位短语作宾语，这是转喻造成的说法。

(32) 我把它们放进了柜子深处的一摞书报里。

(33) 我回头看了眼朱老师，她没看窗外，低头在想什么，手拿粉笔在讲台上画来画去。

(34) 以前我吃家里喝家里我理直气壮，现在多少有点心虚。

宾语前不能出现"在"，不是讨论"在"隐现问题的理想对象。我们关注的是例（35）这样的现象。

(35) 她张着手掌对我说："就写我手上吧。"我便把我的电话号码写在她的掌心上。

例中"写我手上"与"写在她的掌心上"形成对比，前者不用"在"，我们把它看作动宾短语，后者用了"在"，我们把它看作动补短语。虽然结构类型不同，但对于考察"在"的隐现来说，却是十分有益的。

4.2 齐沪扬、唐依力（2004：5—14）从语言形式和语言意义的演变角度论述了动词后格标的隐去问题，我们只选取与"在"隐去有关的内容进行综述，具体包括5个方面：a. 移动性功能比较弱的动词，它后边的"在"容易隐去，大致形成一个连续统序列：非位移动词（"停、锁"类）＞他移动词（"扔、递"类）＞自移动词（"掉、落"类）＞伴随移动词（"领、送"类）。b. "在"

口语里虚化为"·de"容易隐去。c. 当方位短语表示事物存现的位置或事件发生进行的处所时，"在"容易隐去不用。d. 动词是单音节、方位短语的音节不太多时，"在"容易隐去。e. 口语色彩较浓的祈使句或句末有完句成分"了"的句子里，"在"更容易脱落。我们在他们研究的基础上讨论问题，主要论述他们没有涉及或没有照顾到的内容。

4.3 凡是不能带处所宾语的谓词或谓词性结构，它后边的"在"不能不用。这样的谓词主要是双音节动词，但也有单音节动词或形容词。双音动词的例子如：

聚集在健身馆里	守候在病床边	生活在灵魂中
消失在黑夜中	蜷缩在墙角的垫子上	禁锢在学院围墙内
她的发卷开放在脑后	挤坐在一个座位上	暗藏在保育院小朋友中
笼罩在忽明忽暗的氛围中	埋伏在墙后	浸泡在热水中
弥漫在走廊里	被敌人包围在山头上	记录在磁带上
行进在杂乱的街上	把绳子缠绕在身上	回荡在空无一人的马路上

这些动词带有"存现"意义，不能带方位短语作宾语，后边的"在"不能隐去。复合性质的动词性成分，尤其是动补性的，如"推倒"、"打死"等，"在"也不能不用。例如：

(36) 我冲过去把她推倒在床上，用手扑火。
(37) 把我打死在自己家的堂屋地上。
(38) 有一天，张三骑车到市里去，路过青龙沟，看到一辆车翻倒在路边的深沟里。
(39) 我坦然道，"我还想老死在一个带花园带游泳池的大房子里"。

这里的"在+方位短语"，一般都被看作补语。

虽然许多单音动词，如"安、包、擦、存、画、扔、踢、摆、垫、放、晾、绑、套"等都能带方位短语作宾语，但也有少数单音动词如"等"、"垂"、"跟"、"走"、"长"、"死"等，不能带方位短语作宾语，它们后边出现方位短语，一般要用"在"。例如：

(40) 潘佑军和他的女友推门进去了，我知趣地等在走廊里。
(41) 等在树荫下的杨丹迎上来，跟她拉着手，三人一起走了。
(42) 走在街上的小学生都停住脚看他们。

(43) 方枪枪心绪不宁地随队走在上学的路上。

(44) 他骑车跟在保育院行列旁,一会儿直行一会儿拐弯,前前后后找人说话。

(45) 头垂在马路牙子下,是个后仰的姿势。

(46) 两边是墙和墙窄窄的影子,一些垂着毛茸茸穗子的青草长在墙脚阴影里。

形容词后面出现方位短语,也离不开"在",如"泪干在脸上"、"僵硬在讲台前"。

4.4 动词前边如果有多个音节的性状修饰语,"在"也不好隐去。例如:

(47) 它们头挨头挤在槽子前,吃得很专心,吧唧吧唧一片山响,小尾巴在浑圆的大屁股上甩来甩去。

(48) 只见砖头瓦块犹如陨石雨纷纷落在路口灯下,在马路上迸溅。

(49) 陈北燕仍是坐着的姿势,只不过是凌空坐在方枪枪腿上。

(50) 那是一片无人地带,只有礼堂一座建筑像座城堡孤零零立在很多路交汇处的空地上。

(51) 敢死队员们才发现自己此刻水泄不通地挤在门后——寝室门后,用尽力气顶着门。

(52) 我把腿笨重地搭在练功杆上。

(53) 回到家里,想起所有的衣服都穿脏了没洗,只得取消约会,半裸地坐在电扇前吹风,看单正平写的《怎样打官司》。

我们认为,主要是语音节律导致"在"不能隐去。例中的中心动词"挤"、"落"、"坐"、"立"、"搭"等都是单音节的,修饰语都有多个音节,如果"在"不出现,节律上会形成"多个音节+1个音节"的配置形式,这种配置形式是不稳定的;如果"在"出现,就是"多个音节+2个音节"的配置形式,节律上要稳定一些,再加上"V在"后边可以停顿,节律上就更稳了。如例(51),"水泄不通地/挤在/门后"显然比"水泄不通地/挤/门后"读起来节律上更顺畅一些。

4.5 齐沪扬、唐依力(2004:5—14)认为口语色彩较浓的祈使句或句末有完句成分"了"的句子里,"在"更容易脱落,这可能只是表面现象,我们认为句末的"了"是表示已然的成分。非祈使句里,动词后的"在"有表示"延

续存在"的作用,倾向表示已然的结果。下面例句里动词前表示延续存在的"正"、"还"去掉以后句子的意思基本不变:

(54) 杜梅(正)坐在我的桌前开着台灯看书。
(55) 他这才发现自己右脚(还)蹬在这该死的孩子后背上。

表示已然,如果句末有"了",或"得了"之类可以表示已然的成分,"在"可以隐去,如例(56)(57);如果句末没有"了","在"不能不用,如例(58)(59)(60)。

(56) "等你半天,"她见我就嚷嚷,"也不回来,以为你掉茅坑里了。"
(57) 看似不留神一滑,实际是想跑又觉得丢人干脆坐地上得了。
(58) 一辆黑色的吉姆车停在敞着门的车库前。
(59) 飞起一脚踢在高洋的屁股上,落地未稳被张燕生下了一绊。
(60) 我走下台阶,坐在她旁边的一张椅子上:"看什么书?"

表示未然,"在"可以出现,也可以隐去。例如:

(61) 帽子、鞋、枪我们都会替你保管,给你搁(在)玻璃柜里。
(62) 咱们拴个活扣,等李阿姨睡了,套(在)她头上,一勒,再一齐骑(在)她脖子上,估计她就瘫了。

按照我们的看法,例中的"在"出现不出现结构关系不同,"在"出现,是动补结构,"在"不出现,是动宾结构。语义关系似乎没有本质上的差别,"在"出现,V 与方位短语是动作与处所的关系,"在"不出现,V 与方位短语仍然可以看作动作与处所的关系,不过带了一点受事的意味。

4.6 有时候,"在"可隐可现,不仅结构关系不同,语义关系也发生了实质性的变化。例如:

(63) 一溜房间空空荡荡,窗影一个个照在地上。
(64) 张英才把这些全看在眼里。
(65) 放映机射出一束白光打在银幕上。
(66) 头发像一朵妖娆蛊惑人的黑花狂舞蓬炸在脑后。

例中,"在"出现,V 与"在+方位短语"是动补结构,V 与方位短语是动作与处所的关系,方位短语的空间属性很强;"在"不出现,V 与方位短语是动宾结构,V与方位短语是动作与受事或对象的关系,空间属性被弱化。这时,"在"有区别作用,不能随意隐去。

4.7 如果方位短语表示虚泛空间,"在"通常也不能隐去不用。例如:

(67) 她坐在午后的金色斜阳里看书。

(68) 生在红旗下,长在蜜罐里。

(69) 透过放映孔射出的那道粗大的光束,我看到贾玲坐在一排姑娘中全神贯注热泪盈眶。

(70) 那多有感觉呀,一起坐在黑暗里看着感人的外国片子!

(71) 一个人比比他们,就觉得自己贡献太少,就觉得自己站在任何岗位上都不应该有什么不满意。

同句首修饰语相比,动词后的虚泛空间更离不开"在"。

4.8 应该说明的是,南北方人说普通话时,动词后是否用"在"差别明显。下面的例子,南方人通常要用"在",北京口语里"在"都可以隐去,尤其是例(74)的"走马路上"。

(72) 把平常憋肚子里的招儿都拿出来。(王朔等《编辑部的故事》,15页,中国工人出版社,1992)

(73) 陈北燕把书包带猛地套我脖子上,差点我一口气憋死。我把书包套许逊脖子上,他把书包扔地上。

(74) 末末了儿走马路上倒让我把您给撞了。

近代汉语里的一些说法还保留在南方方言里,如"V+O+在+方位短语"形式:

(75) 母亲进房来,放了一碗鸡蛋在他床前。

这种说法里,"在"位于宾语的后边,不能不用。但是,北京口语里已经极少这样说了。

五 动词前状语位置上"在"的隐现

我们的统计表明:状语位置上,方位短语前出现"在"的占61.8%,而"在"不出现的占38.2%。"在"不出现的情形近四成,这与我们的估计不相吻合。一般的语感是"地点(处所)作状语的句子一般都需要用介词'在'"

(吴丽君 2002：9)。吴丽君(2002：9—10)举出了一些日本留学生习得汉语发生偏误的例子，如"我_____照片上看见了很多陶制的人、马什么的"、"他_____牌子上加了一句'隔壁阿二不曾偷'"、"以后我们_____学校里钓鱼吧"。作者认为下画线"_____"上都漏了一个"在"字。我们也认为添上"在"更合适。那么，到底"在"什么时候要出现，什么时候可以不出现呢？下面我们主要从句法和语义角度考察"在"的隐现条件，并说明为什么统计数据与我们的估计不相符。

5.1 "在"出现的条件

状语位置上，"在"以出现为常。我们下面的考察表明，张谊生（2000：135）"凡是后面有方位词语的介词短语，前面的介词一般都可以省略"的看法是值得商榷的。

a. "在（NP的）VP·方位词"结构里，"在……上/下"等是较为固定的搭配，"在"不能隐去不用。例如：

(76) 读者们也许不大注意这样的作品在我国今天文学的成长上反映了什么意义和问题。
(77) 我感觉就像他们俩共同策划一场恶作剧，把我孤零零地抛在高台上，而他们却手携手地在夜色掩护下溜走了。

"在我国今天文学的成长上"、"在夜色掩护下"都是"在 NP（的）VP·方位词"结构，不仅"在"不能隐去，方位词"上/下"也不能隐去不用。

b. "在＋方位短语"前边有别的修饰成分出现，"在"通常都不能隐去。张谊生（2000：134—136）已经注意到这一点。例如：

(78) 作者所掌握到的东西，怎样在艺术上体现出来的呢？
(79) 我的上司一下午都在我身后踱步，钉了铁掌的皮鞋在水泥地上像驴子似地"咯嗒咯嗒"有节奏地响。
(80) 我也会不由想起她，不知能不能在街上熙攘的人群中发现她。
(81) 我又在活动室里找，再没有别的门了。
(82) 它就像乌云在我眼前迅速聚集起来。
(83) 张宁生被几个海军大孩在光溜溜的地上光溜溜地连摔了几个大马趴，一条腿和后背都红了。
(84) 然后把衬衣下摆在腹前松松地挽了个结，这样看上去不那么色情。

例中,"在+方位短语"前边,还出现了"怎样"、"都"、"能不能"、"又"、"就"、"像乌云"、"被几个海军大孩"、"把衬衣下摆"等修饰语,涉及到副词、助动词、介宾短语等,这些修饰成分的出现(尤其是否定副词"不"),使得"在"不好隐去不用。

值得注意的是,当"在+方位短语"前边出现关联词语时,"在"也不好隐去。例如:

(85) 我们一边在他们的地铺上躺下起来折腾,一边告诉他们:我们院还有好多军长呢。

例中"一边…一边…"是配套的关联词语,当它们出现在主语后边、"在+方位短语"前边时,要求"在"不能隐去不用。

c. 连动结构和兼语结构里,"在"隐去受到限制。例如:

(86) 她耸着身子在车梁上站起来。
(87) 二班长背着五六式半自动步枪在东马路上慢吞吞地走。
(88) 贾玲正在和另外几个军人在旁边隔间里戴着耳塞打手枪。
(89) 李阿姨还是命令他在小便池台儿上站了半天,眼看着滴下几滴才作罢。
(90) 有一种观念在方枪枪头脑中很顽固。
(91) 有个苍蝇在他眼前飞。

例(86)(87)(88)是连动结构,例(89)(90)(91)是兼语结构。连动结构尤其是连动后项(如例(86)里的"在车梁上站起来"),其中的介词"在"不好隐去不用。兼语结构也是如此。有趣的是,"有+NP+在+方位短语+VP"里,"在"前边是NP,后边是方位短语,像个二价动词,不能隐去。

d. "在+方位短语+VP"作宾语时,"在"也不能隐去。例如:

(92) 我走进一个暮色朦胧的公园,想在湖边的椅子上找个位置。
(93) 20年前我刚动了心想在文学这路上闯一闯。

例中"想"的谓词性宾语里,包含着充当修饰语的"在+方位短语","在"有突出方所的作用,不能不用。

e. "主语+在+方位短语"后边有停顿,"在"一定不能不用。例如:

(94) 我们在周大勇身上,能够强烈而亲切地感觉到在战争全过程中战士们的思想情绪。

(95) 今天是第三次,太阳下山之前,他又见到那个像是舅舅的人在那岔路口上,和他的目光分手了。

(96) 我倒是觉得《收获》在当时的那些刊物中,是比较尊重作者的。

例中的"在"都不是动词,"主语+在+方位短语"也不是主谓短语,但为了强调"在+方位短语"的方所意义,它的后边出现了停顿(书面上用逗号表示),这时候的"在"一定不能隐去。

实际上,"在+方位短语"前边如果有停顿,"在"通常也不能隐去,如例(97):

(97) 唐阿姨打着毛衣走进来,在靠暖气的小椅子上坐下。

f. 如果"在+方位短语"位于句末,起追加说明处所的作用,不能隐去"在",如例(98)的"在故事和电影上"。

(98) 死,对我们来说司空见惯,每天我们都能听到、看到很多人在我们身边死去——在故事和电影上。

g. 表示虚泛空间的方位短语前一般不能不用"在"。例如:

(99) 对于这位将军性格上的突出而深厚的人民性也还可以在现在描写的基础上更展开。

(100) 这一章在全书的现在这样的结构上是统一的。

(101) 水袖在淡蓝的光中拖来迤去。

(102) 我扭头看于晶,她的眼睛在橘红的路灯下又黑又亮,露出那么饶有兴味的神气。

(103) 张宁生在小朋友中威信高,成了男孩的头儿。

例中"基础上"、"结构上"、"光中"、"路灯下"、"小朋友中"空间意义不太实在,状语位置上,"在"都要出现。

h. 在包含施事、受事的动词句中,状语位置上的方位短语,可以同时表示施事、受事的处所,如"唐阿姨在桃树丛中找到了方枪枪","桃树丛中"既是施事"唐阿姨"的处所,又是受事"方枪枪"的处所,也可以只表示施事的处所,如"我在阳台上鸟瞰北京","阳台上"是施事"我"的处所,但不是受事"北京"的处所,还可以只表示受事的处所,如"李阿姨在一张空床上铺好被褥","一张空床上"不是施事"李阿姨"的处所,但可以是受事"被褥"的处所。对比说明如下:

例句	施、受处所	唯施处所	唯受处所
唐阿姨在桃树丛中找到了方枪枪。	+		
我在阳台上鸟瞰北京。		+	
李阿姨在一张空床上铺好被褥。			+

如果把施、受处所与唯施处所合称"施事处所",那么,从介词"在"隐去的可能性看,遵从如下序列:

施事处所 ＞ 唯受处所

看下面的例子:

(104) 她在一边准备晚饭,在一个盆里揉面团,唠唠叨叨和我说着她们医院里的事。

(105) 一些头发蓬乱,敞胸露怀的妇女在煤炉上熬粥或在搓板上使劲洗衣裤。

(106) 年轻妇女在黑板上写了个大大的"朱"字,告诉我们这是她的姓。

例中,"一个盆里"、"煤炉上"、"搓板上"、"黑板上"都是唯受处所,"在"都不宜隐去,而下文里例(116)—(119)能隐去"在"的句子,方位短语都表示施事的处所。

i. 当"在"有区分作用时不能隐去。"在"能标示空间属性,把它后面的方位短语与前边的名词性成分隔开,如果"在"不出现,这种分隔、区分作用就会跟着消失,要想区分方位短语和它前边的名词性成分,只能靠理解和上下文的提示,有时会被重新分析。比较:

(107) a. 她在睡裙上套了一件衬衫。   b. 她睡裙上套了一件衬衫。

(108) a. 听到我在身后发出响动,她牙齿咬着一片肉脯转过脸来,把手里的一片赭红色的肉脯塞到我嘴里。

b. 听到我身后发出响动,她牙齿咬着一片肉脯转过脸来,把手里的一片赭红色的肉脯塞到我嘴里。

比较 a 句和 b 句,不难看出,b 句没有"在","她"与"睡裙"、"我"与"身后"都可能被理解为定中关系,a 句有"在",不会让人做出那样的理解。

当主语和方位短语里的 NP 都是事物名词时,"在"不出现大大加重了理解的负担。比较下面的说法:

(109) a. 几只竹竿在我家阳台上晃来晃去。
　　　 b. *几只竹竿我家阳台上晃来晃去。
(110) a. 花盆在宽石栏上摆了一圈。
　　　 b. *花盆宽石栏上摆了一圈。

b 句没有"在",动词前边的名词性成分显得比较混乱,理解起来十分困难。

如果方位短语有转喻用法,隐去"在"以后,原本是方所成分的方位短语,很容易被理解成转喻的人或事物。例如:

(111) 他要在法庭上好好给法官算一笔账:弟弟是工薪阶层,哪有这么多钱?

"在法庭上"表示方所意义,如果隐去"在","法庭上"可能被理解为审判人员。

j. 表示位置不断变化的"在+一量量名·方位词","在"不能隐去。例如:

(112) 方枪枪下了车,端着枪鬼头鬼脑摸进松林,在一株株松树后闪来闪去。
(113) 高洋在一张张床下爬行,半道上碰见向他爬来的方枪枪。

例中,"在一株株松树后"、"在一张张床下"表示空间场所的不断变化,随着动作的连续进行,这种变化也呈现出连续性,"在"能使动作和空间场所的连续性统一起来,如例(113)表示从这张床下爬到那张床下,再爬到另一张床下。这种情况下,"在"一定要出现。

5.2 "在"可以不出现的条件

5.2.1 方位短语充当状语的谓词性结构,如果整体上充当定语或构成"的"字短语,那么,方位短语处在"底层状语位置",这个位置上,"在"的隐现最自由,也是隐去"在"由方位短语单独充当状语的最常见的情形。

例如：

沟渠中滚转的大风　　城墙上写着的字　　这幢大平房中居住的人们
铁丝上晾的一条手巾　操场上打篮球的人　马路牙子上坐着的那个阿姨
黑板上抄着的作文　　社里出了名的大胖子　电影上演的
报上登的　　　　　　街上卖的　　　　　正宗宫里伺候皇上的

在我们统计的对象里，"在+方位短语"充当句子中心动词的状语，"在"不出现的并不多见，常见的是处在底层状语位置上的方位短语前边不用"在"。这就是为什么统计数据与我们的估计或语感有差别的原因。估计总是有局限的，难以顾及到底层状语位置上的情况。当然，底层状语位置上，"在"也可以出现。例如：

(114)（在）人民解放战争历史上屡见不鲜的那种最辉煌、最模范的革命战争的精神
(115) 她头也不抬，用筷子搅着（在）锅里团团转的面条。

"在"不出现，如果动词性成分是"V着"，可能会有不同的理解，如"黑板上抄着的作文"，"黑板"也可以理解为主语，即它是由"黑板上抄着作文"名词化来的。

5.2.2 "在+方位短语"充当句子中心动词的状语，"在"不出现的情形存在着这样的共性：口语化+简洁。例如：

(116) 我生活中绝不会像她那样待人处事。（王朔等《编辑部的故事》，15页，中国工人出版社，1992）
(117) 咱饭桌上绝不谈工作。（同上，53页）
(118) 以后街上遇到我别轻易叫我真名。（同上，106页）
(119) 房董沉吟了一下，回头对墨镜道：楼下车里等我。墨镜离开了。（罗伟章《我的同学陈少左》，《小说选刊》2004年第3期，65页）
(120) 我急问方佳儿在交警队？哈如琼回答：警察电话里没说。（赵黎刚《操作》，《小说月报》2003年第11期，31页）

观察这些例句可以发现：首先，例中方位短语作状语的情形都是对话，口语色彩很浓，例(119)(120)里还有书面色彩浓一些的叙述性语言，

可以形成对比。其次,对话都很简洁,字数不多,句子语义和结构也不复杂。为了简洁,固定的说法也常常不用"在",如"风里来雨里去"、"高坡上抛绣球"。

另外,作标题时一般不用"在",如《被窝里吃鸡蛋》《小雨中看演出》,没有"在",句子更加不稳,给人话没说完的感觉,吸引读者看下去,这正是标题要达到的效果,不用"在"能大大加强这种效果。

5.2.3 特指性强的方位短语前,"在"更容易隐去。比较:

(121) a. 我这小茶馆内随意坐。

　　　b. *一个小茶馆内随意坐。

(122) a. 潘佑军在一扇关着的门前敲门。

　　　b. *潘佑军一扇关着的门前敲门。

当方位短语内的 NP 是不定形式的"一量 N"时,"在"不能隐去,而特指性强的方位短语如"我这小茶馆内","在"就可以隐去不用。

六 方位短语前"在"的隐现规律及其关键的制约因素

6.1 影响方位短语前介词"在"隐现的因素,我们从语用、语音、结构形式、句法语义四个方面总结如下(">"表示在左边的情形下"在"不出现的可能性大于右边):

a. 语用上
口语里＞书面语里
不突出、强调处所时＞突出、强调处所时
"在"没有语篇连接作用时＞"在"有语篇连接作用时
特指性强的方位短语前＞特指性弱的方位短语前

b. 语音上
单音动词后＞双音动词后
"主语＋在＋方位短语"后边没有停顿＞"主语＋在＋方位短语"后边有停顿

c. 结构形式上
"的"字短语、主语、宾语、定语＞补语、状语、句首修饰语、句末追加语
可带处所宾语的谓词后 ＞ 不能带处所宾语的谓词后
"在"前没有别的修饰语时＞"在"前有别的修饰语时

不固定的"在NP·方位词">固定的"在(NP)VP·方位词"
普通的动词性结构>复杂的动词性结构(如连动、兼语)
底层状语>句子中心动词前的状语

d. 句法语义上

实在空间>虚泛空间、转喻用法
施事处所>唯受处所
语义较虚的介词"在">带有二价动词性质、语义较实的"在"
动词论元很少、"在"的区分作用较弱时>动词论元较多、"在"的区分作用较强时
移动性较弱的动词后>移动性较强的伴随义动词后
祈使句、句末有"了"的已然句>句末无"了"的已然句

这四个方面十几个小因素,任何两个方面或任何两个小因素的综合都会增强"在"不出现或出现的可能性。比较:

小朋友们在院子里做早操 > 小朋友们正在院子里做早操 > 小朋友们正在一个院子里做早操

最左边的说法,"在"隐去的可能性最大,第二种说法次之,"在院子里"前边有修饰语"正",最右边的说法"在"最难隐去不用,既有修饰语"正","一个院子里"的特指性也比较弱。

6.2 我们的统计表明,方位短语前"在"不出现的频率是:

定语>句首修饰语>动词前(状语)>动词后(宾语/补语)

是什么因素导致这样的局面? 当然,全面地说,是语用、语音、结构形式、句法语义等综合的影响。但是,有没有一个关键的因素贯穿全部? 我们一直在思考这个问题。我们认为,"在"的虚化源头及"在"突出空间属性的功能,是贯穿全部的关键因素。

介词"在"有如下特征:

a. 介词"在"是及物动词"在"虚化来的,因此,它某种程度上仍然保留着动词的结构能力,具有准二价性。"在"虚化的过程中,总与另一个动词相伴随。

b. 介词"在"是动词和处所论元的联络标记,当"在"居于动词与方所成分之间时,能把方所成分与支配方所成分的动词联系起来,起居中联系作用。

c. 介词"在"有定位作用,可以突出、强调空间属性。

介词"在"的这些特征,可以帮助我们了解它的隐现规律。

当方位短语作定语时,没有动词相伴随,"在"支配的两个成分又只出现了一个,因此,定语位置上方位短语前很少用"在"。

方位短语充当句首修饰语时,"在"经常不出现,因为作为句首修饰语的方位短语,既有状语性质,又有主语性质,表示的是整个事件或活动的空间环境或空间条件,而不是中心动词的支配成分。当"在"出现时,可以理解为"小句+在+方位短语"的倒装,即"在+方位短语+小句",小句和方位短语是"在"支配的两个成分。

在动词前边充当状语时,方位短语前通常要用"在",因为准二价的"在"支配的两个成分都出现了,反过来说,被支配的成分出现了,要求支配成分"在"不能随意隐去。

动词后边的"在",居于动词与方位短语之间,起联系作用,这时的"在"还要突出空间属性,就不能隐去不用。

"在"作为动词和处所论元的联络标记,当动词能直接为处所成分赋元时,"在"是可能被压缩或删除的。

第五章 动词后的空间成分及其标记类型

第一节 处所角色宾语的判定及其典型性问题

我们曾选取 180 个常用动词,考察它们所带宾语的语义角色种类。虽然考察的动词有限,但仍然发现一个让人吃惊的事实:汉语动词宾语语义角色的优先序列是"受事＞处所＞与事＞结果＞施事＞工具＞原因"。180 个动词里,123 个可以带受事宾语,受事优先充当宾语,这是世界语言的共性表现。但汉语宾语语义角色的类型特征是处所、施事经常充当宾语。180 个动词里,81 个可以带处所宾语,33 个可以带施事宾语。跟英语相比,汉语动词的宾语显得十分复杂,复杂在哪里?处所宾语很多、施事宾语也不少,就是复杂之所在。处所宾语是汉语动宾短语的类型表现之一(参考魏红 2008)。

本节首先指出"处所宾语"一个术语两种内涵的情况,接着讨论用"V＋哪儿"判定处所角色宾语的不足之处,并提出判定处所角色宾语的双层形式标准。我们强调在判定处所角色宾语时要注意典型性问题,不典型的处所角色宾语,形式上也有所表现。

一 两种"处所宾语"

动词后边的处所宾语,包括两种情况。

第一种处所宾语是一种语义范畴,与施事、受事、时间等相对立,是以动词与所带宾语的语义关系为基础,对宾语进行分类的一个结果。从配价角度看,这种处所宾语是动词的一个论元,即论旨角色中的处所角色。它表示动作行为直接涉及的处所(包括原点、起点、经过处、终点),朱德熙(1982:110)、孟琮等(1987)、孟庆海(1986)、李临定(1990)等做过细致的分析研究。孟琮等(1987)所说的"V+处所宾语"(以下简称"V+处所")主要包括以下几组:

a组:来北京 上王府井 到南京 飞重庆 回上海 逛颐和园 进书店
b组:搁桌上 坐椅子上 挂墙上 泡水里 晒铁丝上头
c组:走小路 睡沙发 坐椅子 打鼓帮
d组:坐汽车 坐飞机 乘火车 按剑柄
e组:吃食堂 吃馆子

第二种处所宾语是指由处所词或处所词组充任的宾语。主要是朱德熙(1982:113—114)的看法。朱先生把处所词作为体词里与名词、时间词、方位词等相对立的一个类别,在讨论宾语的构成时,分为体词性宾语和谓词性宾语两大类,体词性宾语包括名词宾语、处所宾语、时间宾语等。朱先生所说的处所宾语是从宾语的构成来说的,充当处所宾语的成分必须是处所词或处所词组,上述a—e组里,只有a、b、e两组符合朱先生的条件,但朱德熙(1982)没有具体论及"吃食堂、吃馆子",只是提及"(惦记着)家里"也是广义的处所宾语。应该注意的是,朱德熙(1982)从动词角度缩小了处所宾语的范围,主要讨论了表示趋向或位置的动词性成分后头由处所词或处所词组充任的宾语(即"狭义的处所宾语")。

本文主要讨论第一种处所宾语,为了区别起见,我们把第一种处所宾语称作"处所角色"或"处所角色宾语"。

二 判定处所角色宾语的形式标准

2.1 "V+哪儿"="V+处所"?

我国语法学界一直强调,语义分析必须有形式上的验证,语义范畴的设置应该有可以观察到的形式上的依据。这对中文信息处理显得尤为重要(参见:詹卫东2001)。

处所角色宾语的判定,以什么形式为依据?李临定(1990:156)认为:"V+处所"可以用"V+哪儿"提问,或者说"V+处所"与"V+哪儿"有变换

关系(詹卫东 2004)。也就是说,可以用"V+哪儿"提问的"V+O",O 就是处所角色宾语。例如:

逛颐和园→逛哪儿　经过天安门广场→经过哪儿　上北京→上哪儿
睡沙发→睡哪儿　放桌子上→放哪儿　晾铁丝上→晾哪儿

用"V+哪儿"来判定处所角色宾语,优点是十分简洁,但有三点疑问:
其一,能用"V+哪儿"提问的"V+O",O 都是处所角色宾语吗?看下面的例子:

(1) 您回去把我岳父扶起来,看看伤着哪儿了没有?(《姚家井》,中国相声网,查阅日期:2004-06-01)
(2) 它想炸哪儿就能炸哪儿,说炸楼上的天线,一颗导弹就炸掉了。(翟惠生《亲历炮火》,《中国青年报》1999-05-11)
(3) 爹说:"看看那条鱼,妈,你想吃哪儿,咱就剁哪儿。"(孟泽《惊蛰》,搜狐网站·生活频道,查阅日期:2004-06-10)

我们可以针对例中的"V+哪儿"做出回答:

伤着哪儿了?→伤着胳膊了。　　炸哪儿?→炸楼上的天线。
想吃哪儿?→想吃(鱼)头/尾巴。　剁哪儿?→剁(鱼)头/尾巴。

这里的"哪儿"问的是整体的某个部分(如人的胳膊、鱼的头),或特定处所里的某个事物(如楼上的天线)。也就是说,"哪儿"不仅仅可以提问处所,也可以有条件地提问事物(主要是整体的某个部分)。类似的例子还有"锯哪儿→锯腿"、"剪哪儿→剪袖子"、"咬着哪儿了→咬着手了"等。如果仅仅用"V+哪儿"来确定处所角色,用"V+什么"来确定受事或结果角色,那么,就会得出下面的让人难以接受的结果:"吃鱼"(→吃什么)的"鱼"是受事宾语,而"吃鱼头"(→吃哪里)的"鱼头",就成了处所宾语。

其二,不能用"V+哪儿"提问的"V+O",O 一定不是处所角色宾语吗?"V+哪儿"更适合于提问表示原点或经过的处所,提问表示起点或终点的处所受到限制。如"下山、下楼、下床、下飞机"的宾语表示起点(如"下山→从山上下来"),"下乡、下车间、下水"的宾语表示终点(如"下乡→下到乡里"),都不好用"下哪儿"提问。

其三,任何动宾短语,都可以针对宾语提问吗?少数宾语不能提问,如

"来武汉"就不能用"来哪儿"提问;书面语的说法有时不适合用"V+哪儿"提问,如"生于安阳",适合用"生于何处/何地"来提问。

用"V+哪儿"提问来判定处所角色宾语,存在上述三点不足,虽然所占比例并不大,但也必须找出相应的处理办法来。

孟琮等(1987:8—9)对处所宾语做了形式上的探讨,没有采取用"V+哪儿"提问的办法,而是描述了"V+处所"较为细致的形式特点,例如:V+处所→V+到+处所(如"回南京→回到南京");V+处所→V+在+处所+上/里(如"睡小床→睡在小床上"),或V+处所→在+处所+上/里+V(如"走小路→在小路上走");V+处所→V+处所+上(如"登杂志→登杂志上")。这些讨论,在一定程度上是运用变换方法对处所角色宾语做了形式上的限定。但他们的出发点是讨论处所宾语的形式特点,并不是告诉读者如何去判定处所宾语,而且在具体分析时也没能贯彻到底,如把"通过"的宾语"群众/家长/组织/上级/领导"都看作处所宾语(750页),在"形式特点"里无法找到形式上的验证。

2.2 双层标准

我们认为,判定"V+O"的O是不是处所角色宾语,要采用双层标准,而且要对特殊情形做出规定或说明。

第一层标准:用"V+哪儿"类的疑问形式提问。"V+哪儿"类的疑问形式包括"V+哪儿"、"V+哪里"、"V+什么地方"、"V+什么位置"、"V+何处"、"V+何地"等。

第二层标准:变换成下列各式中的一式或几式。

格式一:V+在/到+O。　　格式二:从+O+V。
格式三:V+在/到+O+上/里。 格式四:从+O+上/里+V。
格式五:在/到+O+V。　　 格式六:在+O+上/里+V。

说明:a. 首先使用第一层标准,只有符合第一层标准的动宾短语,才有资格进入下一阶段,即启用第二层标准进行核查。b. "V+O"变换式的意思要与"V+O"基本一致。c. 允许格式二、格式四、格式五、格式六中的V被同义或近义替换,如"停行政楼门口→在行政楼门口停住"。d. 表示位置意义的"在/到"等动词带宾语,如果可以用"在/到+哪儿"提问,默认为处所角色宾语;带有趋向或移动意义的"上/下/来"等动词带宾语,无论是否可以用"上/下/来+哪儿"提问,只要可以用"去/到+O+(上/里)"替换,或适合于第二层标准,都判定为处所角色宾语,如"上飞机"不能用"上哪儿"提问,但有可能说成"到飞机上"或"上到飞机里","上飞机"就被看作"上＋处所"。

采用双层标准,实行双重核查,目的是使处所角色的判定更为准确。运用第一层标准进行核查,可以把包含"V＋处所"的动宾短语的范围大大缩小,"坐火车、坐飞机"等被排除在外,这里的"坐"是"乘、搭"的意思,"坐火车去北京"可以用"坐什么去北京"提问,却不能用"坐哪儿去北京"提问。"通过群众、通过上级"以及"吃食堂、吃馆子"等也被排除在外(参考:王占华2000,詹卫东2004)。

下面的动宾短语可以通过第一层核查:

伤着胳膊 吃鱼头 剁鱼头 炸楼上的天线 念第三段 锯大腿 剪袖子
惦记着家里 喜欢南京 怀念家乡 讨厌上次住的地方 注意大门外边
看着窗外 攻打四平 打脸/手心/屁股

但这些动宾短语里只有"打脸/手心/屁股"可以通过第二层核查,它们可以变换成格式三,可以说成"打在脸上/手心上/屁股上"。依据形式标准,"打脸"是"动＋处所",但感觉上似乎不好接受,实际上是可以理解的,"打"的真正的受事是某个特定的人,在这个前提下,用"打哪儿"提问,问的还真是"打"的具体位置,那么,说"打脸/手心/屁股"是"动＋处所",语义上也是可以理解的。

三 处所角色的典型性

3.1 语义上的典型性

比较 a 组与 b 组能否用"V＋哪儿"提问的情况(能用"＋"表示,不能用"－"表示):

a 组:		b 组:	
V＋名	V＋名・方	V＋名	V＋名・方
放桌子(－)	放桌子上(＋)	睡沙发(＋)	睡沙发上(＋)
晾绳子(－)	晾绳子上(＋)	坐椅子(＋)	坐椅子上(＋)
写黑板(－)	写黑板上(＋)	跪搓衣板(＋)	跪搓衣板上(＋)

a 组的"V＋名"不能用"V＋哪儿"提问,而"V＋名・方"可以用"V＋哪儿"提问;b 组的"V＋名"与"V＋名・方"都可以用"V＋哪儿"提问。a 组"放桌

子"与"放桌子上"不同,"桌子"与"桌子上"的论旨角色身份不同,但 b 组"睡沙发"是"V＋处所","睡沙发上"也是"V＋处所","沙发"与"沙发上"的角色身份真的是完全一样的吗？我们认为是不完全一样的。"V＋名"与"V＋名·方"形式不同,语义上必然有差别。我们用不同的变换形式来显示这种差别：

论旨角色	V＋哪儿	V＋在/到＋O	V＋过/了/着＋O	在＋O＋上/里＋V	举例
处所	＋	＋	＋	＋	住宾馆
处所＋受事	＋	－	＋	＋	睡沙发
处所＋结果	＋	＋	－	－	睡沙发上

如果说"住宾馆"、"睡沙发"、"睡沙发上"都是"V＋处所",那么,这里的"宾馆"是典型的处所角色,而"沙发"、"沙发上"处所角色的典型性不及"宾馆",我们分别用"处所＋受事"、"处所＋结果"从论旨角色方面加以区别,是不是"＋受事"、"＋结果"并不是特别重要,重要的是,论旨角色是一个范畴,范畴的成员有典型的、比较典型的、不太典型的、不典型的连绵性表现,可以用变换形式显示出来。

"吃食堂"、"剁鱼头"、"喜欢南京"虽然不是"V＋处所",但与处所角色并非毫无联系。比较：

论旨角色	V＋哪儿	V＋什么	按＋O＋V	在＋O＋上/里＋V	举例
方式＋处所	－	－	－	＋	吃食堂
受事＋处所	＋	＋	－	－	剁鱼头
对象＋处所	＋	－	－	－	喜欢南京

它们与处所角色的联系性体现在：或可以用"V＋哪儿"提问,或可以变换为"在＋O＋上/里＋V"。孟琮等(1987)把"吃食堂"看作"V＋处所",并非没有一点道理。

某个论旨角色的典型性表现,换个角度看就是不同论旨角色成员之间的连绵性表现,也就是说,处所、受事、结果、对象、工具、方式等相互之间并不是一刀切的,有时可能有交叉性,李临定(1990)已略有涉及,他认为"喜欢南京"是"对象性质的处所宾语",如果从典型性看,不如叫做"处所性质的对象宾语"。

处所角色的典型性,也可以从动词语义角度进行考察。"在、到、来、去、回","睡、坐、跪、站"等动词的词义内容中,突出某个实体的位置最明显,"放、晾、搬、写"等次之,而"吃、剁、喜欢"等最弱。因此,它们带处所角色宾语的能力也依次递减,"吃食堂"里的"食堂",处所意味比较弱(参见:朱德熙 1982,詹卫东 2004)。

应该说明的是,论旨角色的交叉有两种情形:一是语义上的交叉对应着形式上的双重变换式,如"剁鱼头"可以用"剁什么"提问,在不同场合也可以用"剁哪儿"提问;二是语义上的交叉缺乏相应变换形式的显现,如"上楼梯",既不能用"上哪儿"提问,也很难变换成第二层标准里的某一格式(?从楼梯上上来),用"上什么"提问又很勉强。实际上,变换形式的缺乏,也可以看作是一种特殊的形式表现。

3.2 组配上的典型性
3.2.1 常规的与非常规的

"V+处所"的组配,有常规组配与非常规组配之分。常规组配总是典型的组配。如"住宾馆"、"住 105 房间"是常规的组配,而"住垃圾箱"是非常规的组配:

(4) 我不管了,我住到妈那儿去,孩子也住那儿,我们反正有地方住,你住垃圾箱我也不管了!(苏童《过渡》,《小说月报》1998 年第 5 期,54 页)

"住"的处所宾语,一般是可以供人活动的场所,"垃圾箱"不是这样的场所,不在常规组配的范围之内(储泽祥 2001)。"住垃圾箱"这种非常规的说法,不能变换为"住在/到垃圾箱",也不能说成"住了/着/过垃圾箱",与常规组配比较起来,形式上受到更多的制约。

邢福义(1991)认为非常规宾语是代体宾语,与"V+常规宾语"有联系,如跟"吃饭"比较起来,"吃食堂、吃馆子"都是"吃+代体宾语"。它们在形式变换上限制更多。

3.2.2 固定的与不固定的

对于短语来说,固定的就没有不固定的典型。比较固定的动宾组配,近似一个词,宾语的语义角色难以找到充分的形式依据,如"上班、上大学、上场、上台、上床、上山、上天、上脸、上路、上门、上市",说它们的宾语是处所性质的,就缺乏形式上的验证。我们不妨反思一下,"吃食堂、吃馆子、写黑板"

其实都是比较固定的说法,作为宾语的"食堂、馆子、黑板"都很难扩展,也不容易类推或替换。不固定的组配就不是这样。例如"放＋处所":

(5) A:花血本买了辆GIANT,放哪儿比较安全?
　　B1:放我家里很安全。
　　B2:放我们寝室好了。(同济网论坛,查阅日期:2004-06-01)

例中"放"的处所宾语可以被不断地替换,如"放他们店里吧"、"放地下室吧"、"放停车棚里"、"放马路边上"等,从宾语的构成看,可以是词,也可以是短语,也比较容易扩展。

3.2.3　书面的与口语的

从共时角度看,口语的说法比书面的说法更能体现自然语言的现状,因而也更为典型,但不能因此就忽视书面语的现象和规律,汉语方言复杂,书面语有超越时空的作用,对跨方言交际来说,显得十分重要。现代汉语书面语里,有"来自湖南","移民加拿大、陈兵边境、做客中南海、任职珠影"之类的说法,它们都不适合用口语色彩的"V＋哪儿"提问,除"来自湖南"可以用"来自哪里"提问外,其他的书面说法因为带有文言色彩("VO式动词＋宾语"结构),都只能用"V＋何处"或"V＋何地"提问。虽然它们不是典型的用法,但它们的宾语都应判定为处所角色宾语。

四　余论

4.1　处所词或方位短语,是依据句法功能划分出来的语法单位,是语法范畴,而处所角色是基于动词与宾语的语义关系,并根据一定的形式标准划分出来的一种语义范畴,不能把二者等同起来。处所角色既可以由处所词或方位短语构成(如"去天津"、"坐椅子上"),也可以由名词构成(如"坐椅子"、"睡沙发")。

4.2　动宾短语是一个完形结构体。一个动宾短语表示一个活动或事件,宾语可能只与该活动或事件的某个环节有关。例如"吃食堂",它可能包括以下环节:

a. 饭菜是由食堂提供的;(一定)
b. 在食堂里买饭菜;(一定)
c. 买好饭菜后就在食堂里吃。(常规如此,但不一定)

依据a可以把"吃食堂"看作"V＋转喻性质的受事",如王占华(2000);

依据c可以把它看作"V+处所",如孟琮等(1987)。没有人依据b.来看待"吃食堂"。根据"吃食堂"不一定是在食堂里吃饭(可以买回家来吃)来否定它是"V+处所"是不合适的,一是不顾常规的情况,二是忘记了"吃馆子","吃馆子"总是在馆子里吃吧?

就"吃食堂"而言,最突出的环节就是在食堂里买饭菜,至于在哪里吃是次要的,同理,"吃馆子"最突出的环节是在馆子里买饭菜,因此,交易场所"食堂"、"馆子"被凸显出来,形成"吃食堂"、"吃馆子"的说法,在家吃饭不存在买饭菜的问题,"家里"不会被凸显出来,不能形成"吃家里"的说法。

"吃食堂"里的"食堂",既然是交易环节的处所,与"买"直接相关联,那么,它与"吃"的联系是间接的,因此,"吃食堂"无法用"吃哪儿"提问。基于这种认识,我们是这样从语义角度来表述处所角色的:它是指动作行为直接涉及的处所。

第二节 处所角色宾语及其属性标记的隐现情况

我们认为,在动宾结构"V+N·方"里,N不是处所角色宾语,"N·方"才是处所角色宾语。"N·方"凭借自身的语义获取处所角色身份,在很大程度上不依靠动词来赋元。后置方位词是处所属性标记,如果N本身能表示处所,它可能隐去不用。与后置方位词不同的是,前置介词是动词与名词语义角色的联络标记,无论古今,它与后置方位词都没有强制性的配套要求。

○ 谁是动词的处所题元

先看下面的例子:

(1)你在武汉工作多久了?   (2)我们武汉见!
(3)你在椅子上洒了什么东西? (4)我们饭桌上不谈工作。
(5)坐椅子上舒服一点。   (6)坐椅子舒服一点。

例(1)—(2)里"武汉"是动词的处所题元,似乎没有争议。但例(3)—(6)里动词的处所题元是"椅子"、"饭桌"吗?到底谁是动词的处所题元?是以N(如"椅子")为题元,还是以"N·方"(如"椅子上")为题元?这个问题实质上是如何看待后置方位词的性质和作用问题。Heine(1991:144)、Ameka(1995:172)以及刘丹青(2002b:242—253)把汉语、Ewe语这样的后置方位词看作与前置介词配套的后置介词,并把这种配套介词视为印欧语与汉语、Ewe 语等的类型差别,我们不完全认同他们的看法。我们认为,汉语的后置方位词与前置介词(如"在")有着根本的不同,前置介词是联络动词与动词处所题元的联络员,是联络标记,而后置方位词是标示处所题元身份的标示灯,是属性标记。用不用联络标记,主要受句法结构制约,而要不要属性标记,主要受词语的意义制约(如汉语的处所词本身就指明处所范畴,语义上不一定需要属性标记)。因此,我们认为"N·方"(如"椅子上")这些方位短语才是动词的处所题元。

为了集中讨论问题,我们把讨论范围基本限制在动词宾语范围之内,以处所角色宾语为中心,对比"V+N"与"V+N·方",以说明后置方位词的属性标记作用。我们所说的宾语,基于以下比较一致的看法:a. 宾语总在动词之后,说明跟动词有关的事物;b. 宾语与动词之间没有出现"在/到"这样的联络标记(参见:吕叔湘 1989:145—149,孙玄常 1987)。

关于处所角色宾语的判定,本文依据的是储泽祥(2004b)提出的双层标准。第一层标准:能用"V+哪儿/哪里/什么地方/什么位置/什么部位/何处/何地"等疑问形式提问。第二层标准:能变换成下列格式中的一式或几式(变换前后的意思必须基本相同)。

格式一:V·在/到+N　　　　格式二:从+N+V
格式三:V·在/到+N·上/里　格式四:从+N·上/里+V
格式五:在/到+N+V　　　　格式六:在+N·上/里+V

一　什么样的处所角色宾语的属性标记不能隐去不用

要讨论处所角色宾语属性标记的隐现问题,句法上必须满足一个条件:"V+N·方"与"V+N"里,N 是同一个体词或体词性成分,可以充当同一个动词 V 的宾语。这个条件把"去武汉"这类情形排除在外,因为它们没有同时存在的相对形式"去武汉上/里",作为处所角色宾语的"武汉",后边根本就不能出现属性标记,无所谓隐现不隐现。

当 V 是表示动作行为的及物动词,而 N 是表示事物的一般名词(记作"N 物"),不能直接充当介词"在/到"的宾语时,"N·方"才是处所角色宾语,而 N 不是处所角色宾语,这时的"N·方"里的方位词不能隐去不用。比较:

V＋N·方	V＋N 物	V＋N·方	V＋N 物
安炉子上	安炉子	摆货架上	摆货架
包书上	包书	补轮胎上了	补轮胎
擦玻璃上	擦玻璃	藏箱子里	藏箱子
插瓶子里	插瓶子	搀肉馅里	搀肉馅
缠电线杆上	缠电线杆	抄袖子里	抄袖子
称筐里	称筐	冲茶杯里	冲茶杯
穿针上	穿针	打碗里	打碗
存箱子里	存箱子	吹窗台上了	吹窗台
撞墙上了	撞墙	垫床上	垫床
钉门上	钉门	端桌子上	端桌子
剁石头上	剁石头	放桌子上	放桌子
刮桶里	刮桶	关笼子里	关笼子
画黑板上	画黑板	化铁碗里	化铁碗
夹碗里	夹碗	加个位上	加个位
剪篮子里	剪篮子	捡盘子里	捡盘子
浇菜地里	浇菜地	卷煎饼里	卷煎饼
糊窗户上	糊窗户	扣盘子上	扣盘子
捞碗里	捞碗	晾绳子上	晾绳子
淋衣服上了	淋衣服	泡酒瓶子里	泡酒瓶子
喷椅子上了	喷椅子	捧花盆里	捧花盆
泼菜地里	泼菜地	铺床上	铺床
切桌子上	切桌子	绑行李上	绑行李
扔垃圾箱里	扔垃圾箱	洒水里	洒水
塞盒子里	塞盒子	晒屋顶上	晒屋顶
射柱子上了	射柱子	拾篮子里	拾篮子
收箱子里	收箱子	摔盆里了	摔盆
弹袖子上了	弹袖子	套脖子上	套脖子
踢凳子上了	踢凳子	添碗里	添碗
填坑里	填坑	挑缸里	挑缸
绣枕套上	绣枕套	印封面上	印封面

上述"V＋N·方"与"V＋N 物"句法上主要有以下几点差别：

(1)"V+N·方"只能用"V+哪儿"提问,不能用"V+什么"提问;而"V+N 物"只能用"V+什么"提问,不能用"V+哪儿"提问。"N 物"通常是受事角色宾语,也可能是结果(如"绣枕套")或工具(如"搋肉馅")等其他非处所性的宾语。

(2)"V+N·方"可以变换成"V+在/到+N·方"而意思基本相同,如"切桌子上→切在桌子上"、"泼菜地里→泼到菜地里";而"V+N 物"一般不能变换成"V+在/到+N 物",如"切桌子→*切在桌子"、"泼菜地→*泼到菜地",或者变换以后意思发生了根本性的变化,如"印封面"与"印在封面"都可以说,但"封面"的语义角色由"结果"变成了"处所",违反了变换的平行性原则(朱德熙 1986)。

(3)"V+N·方"在小句中还可以出现 V 的受事或结果题元,如"摆货架上→把洗衣粉摆货架上";而"V+N 物"一般不能再出现受事或结果题元,如"摆货架→*把洗衣粉摆货架"。

当 V 是表示动作行为的动词,而 N 是可以表示处所的处所词(记作"N 处"),可以直接充当介词"在/到"的宾语时,"N·方"与"N 处"都是处所角色宾语,也就是说,这里的方位词可以隐去不用。例如:

V+N·方	V+N 处	V+N·方	V+N 处
按胸口上	——按胸口	沉深水区里了	——沉深水区了
存银行里	——存银行	放办公室里	——放办公室
关监狱里	——关监狱	回宿舍里	——回宿舍
种南坡上	——种南坡	躺医院里	——躺医院
站大门口上	——站大门口	住旅馆里	——住旅馆

例中的"V+N·方"与"V+N 处"都可以用"V+哪儿"提问,动词后边都可以插入介词"在/到"。但"回/站/躺/住"等动词一般不带受事或结果题元,"N 处"兼属名词,不能是"武汉"类的表示特定地方的地名。

储泽祥(2004a:114—115)认为后置方位词的主要语义功能是"范畴方所化",包括三个层面:一是转化性的,如从"炉子"到"炉子上",是从事物到方所,"上"有转化作用;二是择定性的,如"旅馆"可以是机构名词指称事物,也可以是处所词指称处所,但"旅馆里"只能指称处所,"里"有择定作用;三是指别性的,如"胸口"与"胸口上","上"有指别具体位置和维向的作用。起转化作用的方位词是不能隐去不用的,而起择定或指别作用的方位词是可能隐去不用的。就"V+N·方"而言,作为 V 的题元,"N·方"里的方位词是标示处所题元的属性标记,"安炉子上"里,"炉子上"的语义是表示处所,凭着这种语义就可能获得处所题元,而"安炉子"里,"炉子"的语义是表示事物,不能获得处所题元。因此,我们可以得出下面的结论:

> 就动词的处所角色宾语而言,无论宾语的形式是"N·方"还是 N,其处所角色在很大程度上不是动词赋予的,而是"N·方"或 N 凭着自身的处所意义而获得的。后置方位词标示了处所属性,除非 N 本身能表示处所意义,作为属性标记的方位词不能隐去不用。

在这一点上,处所角色宾语与受事、工具等角色宾语有很大的不同,如"挑扁担"里的"扁担"可能是受事,也可能是工具,动词"挑"赋予了"扁担"不同的语义角色,而不是"扁担"本身的语义决定它是什么语义角色。我们并不否认动词的赋元作用,如"修宾馆"的"宾馆"(结果)与"住宾馆"的"宾馆"(处所)相比较,语义角色不同,这有两个方面的原因:一是"修"和"住"动词不同;二是"宾馆"既能表示处所,又能表示事物。如果 N 只能表示处所,不同动词的赋元作用会大大减弱,如"打长沙"与"去长沙","长沙"只能表示处所,就只能用"V+哪儿"提问,而不能用"V+什么"提问。

二 处所角色的典型性对属性标记隐现的影响

储泽祥(2004b:45—47)讨论过处所角色的典型性问题。能用"V+哪儿"类疑问形式提问的"V+N",N 的语义角色存在典型性的程度差别。这种差别可以通过鉴定式表现出来。比较:

V+哪儿	V+在/到+N	V+在/到+N+上/里	举例
+	+	+	存银行
+	−	+	睡床
+	−	+	拔腰眼
+	−	−	喜欢南京
−	−	−	安炉子

例中,从上到下,N 的处所角色越来越不典型。"银行"是典型的处所角色,"炉子"是典型的受事角色,"床"、"腰眼"靠近"银行",是不太典型的处所角色,"南京"靠近"炉子",是不太典型的受事角色。这说明处所与受事这

两个语义角色之间并不是完全对立的,它们之间是连绵性的。这种连绵性,会对属性标记的隐现产生影响。"(拔)腰眼"类不太典型的处所角色宾语,后置方位词有可能隐去不用。比较:

拔腰眼上——拔腰眼	包胳膊上——包胳膊
抱腰上——抱腰	抽屁股上——抽屁股
挽胳膊上——挽胳膊	擦手上——擦手
搭肩膀上——搭肩膀	捣腰眼儿上了——捣腰眼儿
点额头上——点额头	蚊子叮脸上了——叮脸
顶腰上——顶腰	扶胳膊上——扶胳膊
搂腰上——搂腰	捏胳膊上了——捏胳膊
拍肩膀上——拍肩膀	剁手上了——剁手
骑脖子上/马背上——骑脖子/马背	亲脸蛋上——亲脸蛋
涂指甲上——涂指甲	捂嘴上——捂嘴
托下巴上——托下巴	洗脖子上——洗脖子
咬手指头上了——咬手指头	扎腰上——扎腰
照脸上——照脸	掸帽檐儿上了——掸帽檐儿

例中的"V+N·方"与"V+N"都可以用"V+哪儿"提问,但 N 一般不能直接充当介词"在/到"的宾语,储泽祥(2004b:45)曾注意到这一点,不过没有做具体的讨论。例中的 N 有一个明显的特点:它们是某人或某物的某个具体部位。因此,例中的"V+N"最适合用"V+什么部位"提问。

例中的"V+N",可以扩展为"V+某人/某物的 N",如"抱胳膊→抱他的胳膊",但扩展后一般不能再用"V+哪儿/什么部位"来提问。这是为什么? 因为 N 的领属者出现在 N 的前边,如果把 N 看作一价名词,那么居于领属地位的人或物就是支配成分,N 就是被支配成分,而 N 的领属者是 V 的受事主体,V 动作具体涉及的地方是受事主体的某个具体部位。也就是说,"V+N"有两层意思:一是给某人或某物施加 V 动作,即"V+谁/什么";二是在某个具体部位实施 V 动作,即"V+哪儿"。如:"抱谁?""抱孩子。""抱哪儿?""抱腰。"因此,"抱腰"类的"V+N",N 既是处所角色,又隐含着可以激活、可以出现的受事主体,N 不是典型的处所角色,带有受事意味。N 后加上属性标记成为"N·方",才是典型的处所角色。因此,我们可以得出下面的结论:

当"V+N·方"里的N不能直接充当介词"在/到"的宾语时,如果N是某人或物的某个具体部位,或者"V+N·方"是"睡床上/坐椅子上"类的动宾短语,那么,属性标记可以隐去不用。虽然隐去属性标记后的"V+N"可以用"V+哪儿"提问,但N不是典型的处所角色,它带有受事的意味。

这里,后置方位词的属性标记作用得到了进一步的说明。在现代汉语里,"N·方"除了充当动词的处所角色宾语外,一般不能充当动词的受事、工具等角色宾语。

三 属性标记的隐现对动宾组配的影响

如果要求"N·方"与N都充当处所角色宾语(包括典型的和不太典型的),那么,属性标记的出现与否会对动宾组配产生影响。主要包括以下三个方面。

(1) "V+N·方"组配范围比"V+N"要宽泛一些。比较:

坐椅子上——坐椅子　　　坐凳子上——坐凳子
坐沙发上——坐沙发　　　坐纸上——*坐纸
坐桌子上——?坐桌子　　　坐碗上——*坐碗

例中,"V+N·方"的组配都可以成立,但"V+N"形式的组配有"坐纸""坐碗"两个不能成立,"坐桌子"一般也不能说。"V+N"的组配条件要求更高,如例中的"坐"所带的宾语通常是"椅子/凳子/沙发"这样专门用来坐的用具,"V+N·方"的组配就没有这个要求,只要N指称的是实体事物就可以了。下面的例子也能说明这一点。

煎砂锅里——*煎砂锅　　　筛箩筐里——*筛箩筐
拴树上——*拴树　　　　摊桌子上——*摊桌子
躺草地上——*躺草地　　　停马路上——*停马路
吐痰盂里——*吐痰盂　　　栽花盆里——*栽花盆

例中,作为属性标记的后置方位词,与N一起营造一个实体空间,使"N·方"表示处所意义,并获取V的处所角色身份。N只指称事物,不能表示处所,又不能获取受事或工具等语义角色,V与N就不能组配成动宾短语。

正因为"V+N"的组配条件更高,相比较而言,"V+N"的组配要紧密一些、固定一些,而"V+N·方"的组配要松散一些。比较:

趴战壕里——趴战壕　　蹲坑上——蹲坑

"趴战壕"较为固定的意义可以指打仗、作战,"趴战壕里"就没有这种意义,不是作战也可以趴在战壕里。"蹲坑"已经固定成词,作动词用时有两个意义:一是指公安人员在抓捕犯罪嫌疑人时长时间地隐蔽在某处监控守候;一是指上厕所。"蹲坑上"没有"蹲坑"的第一种意义,只表示蹲在某个坑上(包括上厕所)。"V+N·方"很难固定成词。

(2)"V+N·方"的位置和维向比"V+N"要具体一些。虽然有些"N·方"里的方位词已经泛化,难以指明具体的位置和维向("心上/里/中"的意思很接近),但大多数"N·方"里的方位词还是能指明具体的位置和维向的。相比较而言,N 的位置和维向没有"N·方"那么具体。比较:

拉胡同口上/里——拉胡同口　　坐沙发上/里——坐沙发

"胡同口"是胡同的入口,表示处所,可以包括入口附近的地方,而"胡同口上"是紧靠胡同入口的地方,"胡同口里"是刚刚进入胡同口的地方,带后置方位词的"胡同口上/里",位置和维向明显比"胡同口"细致、具体。沙发的空间侧面有不同的凸显:一是凸显二维平面,如"沙发上";一是凸显三维立体,如"沙发里"。没有后置方位词的"(坐)沙发"包含这两种空间侧面,而"(坐)沙发上/里"能把这两种不同的空间侧面区别开来,位置和维向更加具体。

(3)处所角色宾语的属性标记与动词的体标记不能同现。入句后"V+N·方"的时体表现与"V+N"不同。入句以后,"V+N·方"的时体表现主要是二元的时态:已然和未然。已然句描述位移已经发生的状况,显著标记是句末用时态助词"了$_2$",未然句陈述说话人希望发生的位移,句末不用"了$_2$",但常有趋向动词出现。比较下面的说法:

回宿舍里了。——回宿舍里去。　　钻地道里了。——钻地道里去。

"V+N·方"的组配倾向于已然的位移结果,即"V+N·方+了$_2$"的自足性比"V+N·方"更强。比较:

飞屋里了。——？飞屋里。
鸡赶院子里了。——？鸡赶院子里。
小鸟落房檐上了。—— *小鸟落房檐上。
油漆沾毛巾上了。—— *油漆沾毛巾上。
吸嗓子里了。—— *吸嗓子里。
醉餐厅里了。—— *醉餐厅里。

入句后的"V+N·方",体标记不明显,V 后边一般不能出现体标记"着/了$_1$/过"。"V+N"不同,V 后大多可以出现"着/了$_1$/过"的部分或全部。比较:

*涂着/了$_1$/过指甲上——涂着/了$_1$/过指甲
*捂着/了$_1$/过嘴上——捂着/了$_1$/过嘴
*按着/了$_1$/过胸口上——按着/了$_1$/过胸口
*存着/了$_1$/过银行里——存了$_1$/过银行

当 N 是表示人或物的具体部位名词时,"V+N(部位名)"中间可以出现体标记"着/了$_1$/过";当 N 是处所词时,"V+N(处所词)"里体标记的出现受到限制,如"住旅馆"里可以出现"着/了$_1$/过",可是"种南坡"只能出现"了$_1$/过",而"留长沙/沉深水区/关监狱/躺医院/放办公室"等不能出现体标记"着/了$_1$/过"。但是,无论 N 是什么性质的名词,只要"N·方"是处所角色宾语,"V+N·方"里 V 后一般都不能出现体标记"着/了$_1$/过"。

因此,处所角色宾语的属性标记与体标记不能同现。"V·体标记+N"可能成立,而"V·体标记+N·方"不能成立。

四 属性标记与联络标记的"配套"问题

现代汉语书面语里,"V·在/到+N·方"是一种常用的格式,在动词前边,"在/到+N·方"也常充当修饰性成分。这给人一种感觉:前置介词"在/到"常常与后置方位词配套使用(参见:Heine 1991:144,Ameka 1995:172,刘丹青 2002b:242—253)。我们认为,至少有四个理由说明前置介词与后置方位词并不一定是配套使用的。

(1)前置介词是联络标记,可能隐去不用,如"憋(在)肚子里/栽(在)他手里/坐(在)马桶上/塞(到)嘴里/躲(到)屋里/淹(在)水里/晕(在)台上/躺(在)床上"等口语说法里,前置介词都可以不出现。《现代汉语八百词》(吕叔湘1984:8)早就指出,"别的语言里的'介+名'短语,汉语里一般用'介+名+方'来说,有时候可以不用'介',但是不能没有'方',例如,英语的'in the room',汉语里的说法是'在屋子里',或者'屋子里'"。这段话也告诉我们,汉语处所的表达有个重要的类型特征,就是不一定要依赖前置介词,前置介词时隐时现。

(2) 后置方位词是属性标记,如果N本身能表示处所意义,韵律上也可以组配,就可能隐去不用。如"放在办公室(里)/停在半山腰(上)","里/上"可以不出现。

(3) 如果说前置介词总和后置方位词配套使用,会遇到一个难以解释的问题:为什么介宾短语"在/到+N·方"一般不能充当定语?比较:

门前的小河——*在门前的小河　房间里的人——*到房间里的人

比较合理的解释是:介词"在/到"是联络动词与其处所角色的标记,如果动词没有出现,"在/到"就起不到联络作用,没有出现的基础。后置方位词并不是与前置介词配套,而是处所成分的属性标记,标示"N·方"在这里是处所性质的修饰语。

值得一提的是,"在/到+N·方"结构里,后置方位词与前置介词并不在同一个结构层次,N与方位词首先组配成"N·方",再与前置介词组配。在"V·在/到+N·方"结构里,V主要是单音动词,V与"在/到"组成一个整体,带"N·方"作宾语,"在/到"与"N·方"不再具有直接的结构层次关系,"V·在/到"后边可以出现体标记,如"坐在了₁凳子上/塞到了₁嘴里"。这里,"在/到……上/里"不再是配套的框式结构。

(4) "N·方"并不仅仅与介词组配,从汉语历史语法上看更是如此。我们考察了从西汉到当代"N·方"句法功能的历时变化情况,并做了相关的手工统计工作,考察和统计的文献依时代顺序分别是:《史记》(中华书局,1999年版)、《世说新语》(刘孝标注、余嘉锡笺疏、周祖谟等整理,上海古籍出版社,1996年版)、《近代汉语语法资料汇编》(刘坚、蒋绍愚主编,分唐五代卷、宋代卷、元代明代卷三卷,商务印书馆,1995)、《红楼梦》卷四十一至卷六十(中华书局1998年版)、《编辑部的故事》(王朔等著,中国工人出版社,1992)。统计数字如下:

	介宾	主语	动宾	定语	状语	补语
《史记》	219(16.2%)	144(11.0%)	204(15.1%)	179(13.2%)	30(2.2%)	569(42.3%)
《世说》	114(30.4%)	45(12.0%)	53(14.1%)	66(17.6%)	34(9.1%)	63(16.8%)
《唐卷》	310(36.2%)	136(15.9%)	94(11.0%)	113(13.2%)	142(16.6%)	61(7.1%)
《宋卷》	465(41.1%)	193(17.1%)	133(11.8%)	133(11.8%)	166(14.8%)	41(3.6%)
《元明》	311(40.6%)	119(15.5%)	53(6.9%)	89(11.6%)	182(23.7%)	13(1.7%)
《红楼》	348(39.7%)	212(24.2%)	102(11.7%)	129(14.7%)	76(8.7%)	9(1.0%)
《编辑》	227(38.2%)	118(19.9%)	16(2.7%)	99(16.7%)	134(22.5%)	0(0%)

从统计中可以看出：a. 魏晋以前"N·方"主要不是与前置介词组配，即介词与后置方位词同现的情况并不多见。唐代以后，介词与后置方位词同现的情况逐渐多了起来。b. 除了不能充当谓语外，"N·方"可以充当宾语、主语、定语、状语、补语等各种句法成分，并不单纯是介词的宾语，这说明"N·方"与前置介词没有强制性的句法联系，"N·方"不必依赖前置介词，后置方位词也不必依赖前置介词。后置方位词是"N·方"的处所属性标记，它常常与前置介词同现，但没有句法上的强制性的配套要求。

五 结论

（1）一个名词，到底从一个动词那儿获得一个什么样的语义角色，虽然名词本身的语义有一定的制约作用，但通常主要由动词来决定（赋元），如"小王"和"找"，"小王"可以是"找"的施事，也可以是"找"的受事。与通常情况不同的是，"N·方"可以凭借自身的处所语义直接获得处所角色，动词的作用却处于次要的地位。当 N 本身也可以表示处所时，后置方位词有隐去不用的可能。

（2）"N·方"能充当除了谓语外的各种句法成分，这不是由后置方位词来决定的，而是由"N·方"的处所语义属性来决定的，是处所成分能充当除了谓语外的各种句法成分。后置方位词不是 N 与 V 的联络标记，而是处所成分的语义属性标记，在"V+N·方"里，它也是处所角色标记。从总体上看，现代汉语的"N·方"是体词性结构，后置方位词虽然是附着性的，但它是表示处所语义的中心成分。

（3）汉语的前置介词是名词语义角色与动词的联络标记，无论古今，它与标记处所属性的后置方位词都没有强制性的配套要求。

第六章　空间短语的历时变化和共时表现

第一节　汉语后置方位词的范围、性质和历时变化情况

本节要阐明的观点是,后置方位词是方位词后置使用时的临时聚合,不能算是一种词类。我们把后置使用时的方位词称作"后置方位词",而不叫"方位后置词",就是表明它虽然近似后置词,但并不是变成了后置词(至少目前还没有)。方位词,尤其是后置使用时的方位词,有虚化的用法,但语法语义上仍然是方位短语的核心,方位词倾向体词,是半实半虚、具有虚实二重性的一类词。

一　现代汉语后置方位词的范围

自从丁声树等(1979:73—75)正式把"上、前、里、左、东"等称作"方位词"以来,方位词的范围大小一直存在分歧。虽然大家认为方位词是可以列举的封闭类,但列出的数字却差别很大。吕叔湘(1984)收录了 56 个方位词,邹韶华(1984)列举了 179 个方位词,俞士汶等(2003)的"方位词库"收录了 105 个方位词,方位词的范围到底有多大？后置方位词有多少个？要弄清后置方位词的范围,首先要回答两个问题:什么是方位词？什么是后置方位词？第一个问题本来应该是不需回答的问题,但由于方位词与某些处

所词在客观构成上联系在一起,语法学者研究时又把它们杂糅在一起(症结主要在"合成方位词"上),本书不得不一再申说,这里做一次专门的讨论。

语法上区分词类的目的是为了指明词的外部结构关系,说明语言的组织规律,因此,分类的基本根据是词的语法功能。这是汉语语法学界公认的看法,但具体实行起来总会遇到困难或出现偏差。方位词的类别确立,就存在这方面的问题。通行的、影响巨大的现代汉语教材(如胡裕树1988:325),都是把时间词、处所词、方位词作为名词的附类,这并不是不行,问题是都把方位词与某些处所词混在一起了,在给方位词立类时,忘记了词类划分的目的是指明词的外部结构关系,主要从内部构成角度把方位词分成两类:一类是单纯方位词,如"上、下、前、后、东、南、左、右、里、外"等,另一类是合成方位词,即在单纯方位词前边加"以"、"之",后边加"边"、"面"、"头",或者把两个单纯方位词对举或组合在一起(如"前后"、"里外"、"东北"、"内里"、"中间"),除此之外,"底下"、"跟前"、"当中"等也被看作合成方位词。这里值得注意的是,合成方位词的内部构成因素里都有单纯方位词。的确,客观上,合成方位词与单纯方位词有天然的联系。

较早系统研究方位词的范围和语法功能的是邹韶华(1984),他依据"后附性"给方位词立类,并从音节角度给方位词分类,包括单音方位词、双音方位词、三音方位词(如"左上方"、"右下角")和四音节的方位词(如"前后左右"),结果使方位词的数量达到179个(其中单音节的15个,双音节的151个,三音节及其三音节以上的13个)。按照胡裕树(1988)的看法,双音节及三、四音节的方位词,都是合成方位词。

朱德熙(1982:42—45)把方位词、处所词、时间词与名词平行看待,分别立类,但在方位词和处所词的处理上,存在着不小的矛盾。朱先生一方面把方位词分成单纯方位词与合成方位词两类,一方面又说合成方位词是处所词的一种,这显然是矛盾的。解决矛盾的办法是说明合成方位词是"方位词兼处所词",但朱先生恰恰没做出这样的说明。

跟朱德熙(1982)一样,袁毓林(2000)也把方位词、处所词、时间词与名词平行看待,分别立类。但跟朱先生不同的是,袁毓林(2000)在论述方位词时,没有分成单纯方位词与合成方位词两类,而是把构成合成方位词当作方位词的一种句法功能,而且还注意到合成方位词的两重性:一方面可以独立作主语和宾语,跟处所词相当,另一方面可以黏附在名词性成分后边,跟方位词相当。这实际上是兼类表现,但袁毓林(2000:6)明确说明把合成方位词归到处所词里去。也就是说,在袁毓林(2000)看来,"合成方位词",不是语法类别上的方位词。

至此我们可以确定问题主要出在"合成方位词"上。"合成方位词"到底是不是方位词？胡裕树（1988）、邹韶华（1984）认为是方位词，朱德熙（1982）、袁毓林（2000）认为不是方位词。邹韶华（2001：78—89）的看法较以前有所改变，认为合成方位词与处所词、单纯方位词均有重合的地方，但遗憾的是他没有进一步把它们区分开来。

朱德熙（1982）虽然在方位词与处所词的处理上出现矛盾，但有一句话值得重视："单纯方位词都是黏着的，合成方位词大部分是自由的。"（44页）这句话意味着少数合成方位词是黏着的，哪些合成方位词是黏着的？谢红华（2001）注意到一些。谢红华（2001：73）认为大多数合成方位词可以做主语、宾语、定语、状语，但"以内、以外、之上、之下、之内、之外、之中"不能单独充当以上各种句子成分。

所谓的"合成方位词"内部并不一致，我们把它区分开来，再区别对待。我们认为，方位词主要有34个，可以分成以下两类：

A. 通常后置的：包括"上、下、前、后、里、内、外、中、东、西、南、北、旁、左、右"等15个，都是单音节的，其中"左、右"的后置能力较弱，近代汉语和现代书面语中还可以见到。"边"的用法跟"顶"相似，我们把它看作可以帮助表示空间意义的名词；表示方位意义的"间"已经成为一个语素，口语里已经不具备成词的能力。因此，我们没有把"边"和"间"看作方位词，邹韶华（1984）也没有把它们看作方位词。

B. 只能后置的：包括"之上、之下、之东、之西、之南、之北、之外、之内、之中、之间、以远、以近、以内、以外、以东、以西、以南、以北、以来"19个，都是双音节的。其中"以来"只能表示时间。

"上边、以下、前头、跟前、后面、里头、外部、中间、东西、西南、当中、左边、东方、北面、旁边、底下、内里、里外、内外、左下方"等"合成方位词"都是处所词，"前后"、"左右"是处所词（如"村子的前后各有一条公路"、"左右各站两个保镖"）、表示约数的助词（如"国庆节前后"、"四十左右"）和副词（如"这项工程前后用了半年时间"、"我左右闲着没事，就陪你走一趟吧"）；"上下"是处所词（如"机关里上下都很忙"、"不分上下"、"上下打量"）和助词（如"一千斤上下的收成"）。"之前、以前、之后、以后"是时间词。"里外里"是副词。

我们认定的方位词的范围，与张谊生（2000）、方经民（2004）认定的范围

十分接近。我们确定方位词的范围主要依据以下语法条件:

a. 具有较强的附着性,不能用来单独回答问题,但大都可以普遍地附在别的词语后边表示方位意义(关于"附着的普遍性",请参看邹韶华(2001:82)的论述)。较强的附着性是方位词与处所词的基本区别。有趣的是,儿童首先习得的是处所词,然后才是方位词,如习得"上面"比"上"要早(孔令达、王祥荣 2002:116),具有附着性的方位词无论在使用难度上还是在理解难度上都比处所词要大。

b. 一般不能作介词"在、到、从"的宾语,但部分可以作介词"往"、"向"、"朝"、"冲"的宾语,如一般不说"在上拉"、"到前来"、"从上走"、"在之上看",但可以说"往北飞"、"向前看"、"朝左转"。A 类方位词可以作介词"往"、"向"等的宾语,但 B 类方位词一般不能充当任何介词的宾语。

c. 一般不能充当主语、宾语、定语、状语,或受到许多限制。B 类方位词不能充当主语、宾语、定语、状语;A 类方位词充当这些成分受到限制,如对举(如"上有天堂,下有苏杭")、书面或文言说法(如"独自前飞"、"请勿入内"),作定语不能带"的"(如"上半身"不能说成"上的半身")。

d. 一般不能单独与"这/那"组合。如不说"这上"、"那东"、"这之上"等。

如果方位词的范围是上述 34 个,那么,后置方位词有多少个呢?后置方位词是指位置固定居后的方位词。狭义的后置方位词,只包括 B 类只能后置的方位词,共 19 个。广义的后置方位词包括 A、B 两类方位词,但 A 类方位词只能在后置使用时才能算作后置方位词。由于 A 类方位词后置使用的频率很高,而 B 类方位词的使用频率要低得多,我们通常所说的后置方位词,恰恰是指后置使用时的 A 类方位词。

二 从语义、语法功能看现代汉语后置方位词的性质

2.1 语义功能

后置方位词表示方位,这是没有多少争议的,但过于笼统。那么,后置方位词的语义功能是什么呢?本书第三章第二节认为,现代汉语后置方位词的主要语义功能是"范畴方所化"。任何一个表示事物的 NP,后加方位词之后,都能表示方位,如"椅子上、碗里、灯下、屋后、长江以北",它们都不再表示事物,而是表示方所(这里不讨论引申用法和表示时间的情形)。"省里、县里、部里、局里、市里、团里、队里"等在表示方位的同时,又可以反过来

转指相应的机构或机构的首脑。

范畴方所化,有三个层面。

一是转化性的,如从"椅子"到"椅子上",是从事物到方所,"上"有转化作用,没有"上","椅子"就难以表示方所,也不能作"在"的宾语。有时候,一维空间的事物,加上"里"以后,就变成二维空间了,如"队列"是一维的,但"队列里(的男人)"是二维的。从这里可以看出,后置方位词有"造就空间"的作用。

二是择定性的,如"外事处"既可指事物(表示行政机构的名词),又可指方所(表示地点的处所词),而"外事处里"只能表示方所,"里"有择定作用。

三是指别性的,如"窗口上"与"窗口"比,方位词"上"有指别位置和维向的作用。即使像"手里/中/上"、"心里/中/上"这样的意义很接近的方位结构,方位词不同,至少也能标明人们对"手"、"心"的认知角度不同(用"上"倾向于平面,用"里/中"倾向于容器空间)。后置方位词的语义功能,可以形成一个蕴含序列:

转化作用＞择定作用＞指别作用

"＞"表示左边的蕴含右边的,后置方位词起转化作用,一定也有择定、指别作用,但反过来不成立。

如果同一个后置方位词附在不同的实体名词后边,它的语义功能可能也存在一定差异。要精确理解这些差异,必须依赖认知或世界知识。我们可以这样去理解后置方位词的语义功能:每个后置方位词都能表达一个语义范畴,而且每个语义范畴都有一个典型的语义或基本的语义,其他的意义都是对典型语义的漂移。如"里"的典型语义是表示实体的内部空间,如"他嘴里嚼着口香糖"中的"里"体现的是典型意义,但"他嘴里叼着一只烟斗"中的"里",语义就有所漂移。能否精确理解这两个"里"的语义差别,取决于我们对嘴与口香糖、烟斗互动情况的认知。

2.2 语法功能

既然广义的"后置方位词"跟方位词的范围是一样的,那么,讨论方位词的语法功能之后再讨论后置方位词的语法功能是重复多余的,这里只讨论狭义后置方位词的语法功能。

a. 现代汉语的后置方位词,一般来说,语义上是核心成分,但位置固定居后,带有附缀性质,靠近后置介词,不能用来单独回答问题。

b. 一般不能充当任何介词的宾语,不能与"这/那"组合,也不能充当主语、宾语、定语、状语、补语、谓语等句子成分。

c. 表示空间意义,相对于前置介词来说,后置方位词的语法功能是处所属性标记,近似形态标记,如果 N 本身能表示处所,它可能隐去不用。与后置方位词不同的是,前置介词是动词与名词语义角色的联络标记,无论古今,它与后置方位词都没有强制性的配套要求。

2.3 汉语后置方位词的性质

许多学者从不同角度关注汉语的方位词。王锳(2004)研究了唐诗方位词的使用情况;于思湘(2002)认为"身上"、"世上"、"敌后"、"此外"等应称为"方位型合成词";孔令达、王祥荣(2002)研究了儿童习得方位词的情况;盛爱萍(2004)研究了温州地名中的方位词。但是,汉语后置方位词(广义)的性质是什么呢?主要有四种观点。

第一种观点,认为汉语的后置方位词是体词的一类或名词的一个小类。如朱德熙(1982),国内语法学界一般都可以接受这种看法。Li(1990),Zhang(2002)等认为后置方位词是名词性成分(未必是词类的一种),与国内的通常看法比较接近。

第二种观点,认为汉语的后置方位词是后置介词或后置词(postposition),如 Tai(1973),Ernst(1988),Lyovin(1997)等。Lyovin(1997:16)就把"松下问童子"的"下"看作后置词,这种看法是西方汉学家的代表性看法,王力先生、高名凯先生都不认同(参看邹韶华 2001:80)。刘丹青(2003:7—9)认为广义的介词(adposition,"附置词")包括三类:a. 前置介词(preposition);b. 后置词(postposition);c. 框式介词(circumposition),如汉语的"在 X 上/里"。他认为框式介词大量存在于汉语句子之中,构成汉语介词类型的一个显著特点。这种看法把后置方位词基本上归入后置介词。近来刘丹青教授的看法已经有些变化,他认为后置方位词虚化的程度不同,基本虚化的后置方位词可以看作后置介词(这是作者与刘丹青教授在南开大学举办的"语言学高级论坛"期间(2006 年 7 月 29 日—8 月 1 日)交谈时获得的信息)。

第三种观点,认为汉语的后置方位词是"词组尾",即附缀(clitic)。如 Liu(1998)。

第四种观点,认为汉语的后置方位词是虚词的一类,如钱乃荣(1990:181)、张谊生(2000)。吕冀平(2000)认为方位词是"具有助词性质的名词",

与钱乃荣(1990)的看法比较接近。

另外,郭锐(2002)认为"东、西、上、下、前、后"等是区别词,方经民(2004)不完全认同。

我们认为,从语义、语法功能看,狭义的汉语后置方位词自成一类是没有问题的,它有附缀性质,是可以使范畴方所化的属性标记,但它不是把处所成分介绍给中心动词的后置介词,它只对它所附着的名词性成分起作用,不对中心动词负责(这个任务主要由前置介词负担)。后置方位词也不是框式介词的组成部分,"在 X 上/里"结构里,"在"和"上/里"不在一个层面,"X 上/里"构成一个整块,"上/里"是这个整块的内部标记,只要 X 自身可以表示处所,"上/里"就可以不出现,如果 X 是"北京"这样的处所词,"上/里"根本就不能出现。"X+后置方位词"形成一个空间,后置方位词在其中起着主要作用,但事件和事件的参与者与该空间的关系如何还缺乏足够的联系,前置介词就担负起这个责任。因此,后置方位词与前置介词的作用有着本质上的不同。

为什么对后置方位词的看法会产生那么大的分歧?如果说方位词是自成一类的,那么,是属于实词?还是属于虚词?B 类方位词是典型的后置方位词,不能充当句子成分,可以归入虚词,但 A 类情况就复杂一些,它通常后置使用,也可以在其他位置与别的词语组合在一起。因此,我们把问题的症结归纳如下:

a. 前文说过,通常所说的后置方位词,是 A 类方位词,而 A 类方位词通常后置,并不是只能后置,这就是症结之一。

b. 只有后置使用时,A 类方位词才能叫做"后置方位词"。因此,如果把"上、里、前"等看作后置方位词,那只是一个临时的、动态的聚合,不能看作一种词类。有的学者依据临时、动态的情形认为它们是后置介词,有的学者依据静态、全面的语法分布认为它们是体词的一类。这就是症结之二。

c. 有的学者重视后置方位词的语义功能,认为它们是体词或名词性成分,有的学者重视语法上的附着功能,认为它们是后置词或附缀。这是症结之三。

d. 后置方位词正在虚化,但虚化的程度并不均衡。忽视了方位词的历时发展变化,这是症结之四。

我们认为,如果作为一种词类,应该是遵从"语法功能优先,兼顾语义"的原则,而"语法功能"方面,又要遵循"全部分布为主,兼顾通常用法"的原则。另外,必须重视的是,共时的词类划分,应适当考虑历时的发展变化。

第六章 空间短语的历时变化和共时表现

三 从历时变化看现代汉语后置方位词的性质

我们主要以 A 类方位词"上、里、前、东"等为目标,观察历时变化情况。为了叙述方便,还是采用"单纯方位词"与"合成方位词"的叫法。

专门讨论方位词虚化情况的论著,近年主要是方经民(2004)和李晋霞、刘云(2006),李崇兴(1992)、江蓝生(2001:210—211)从历时角度探讨了方位词的虚化问题。方经民(2004)的研究,堪称是创新之作。他主要从共时层面研究现代汉语的方位成分,认为它们已经分化为四个部分,并形成一个由实到虚的语法化程度连续统:方位名词(自由不定位)→方向词(半自由定位)→方位区别词(半黏着前加)→方位词(黏着后置)。方位名词最实,方位词最虚。这种研究是细致深入的,但存在四个问题:一是没有区分方位词与处所词;二是同一形式的"上、下、前、后"分化在方向词、方位区别词、方位词三类之中,过于细致;三是一个方位成分一下弄成四个类,不够经济;四是没有真正从历时角度考察方位成分的虚化情况。

我们认为,单纯方位词的虚化与处所词的形成丰富、方位短语的发展是有机地联系在一起的。

3.1 单纯方位词从来就不是名词

我们要强调的是,单纯方位词从古至今都与名词不同。我们考察了《史记》、《世说新语》、《近代汉语语法资料汇编》(刘坚、蒋绍愚主编,商务印书馆1995)里出现的单纯方位词的数量和语法功能。

从数量上看,各个时期基本一致。主要是"里",《世说新语》里只有少数用例(如"箸曲阁重闱里"),可以说,魏晋以前主要用"中"、"内"等,唐代以后"里"才逐渐多了起来。

从语法功能上看,各个时期也基本一致,可以充当主语、宾语、定语、状语、补语,以及方位短语的中心语。主要差别是充当方位短语的中心语,从西汉到元明,这种功能越来越重要。《史记》中还有方位词充当谓语的个别情形,如"秦兵遂东"(史记·秦本纪)。这是方位词偶尔用为动词的情形,不能做通常情况看待。举例说明如下:

主语:内平外成。(《史记·五帝本纪》)
　　　　上有万仞之高。(《世说新语》)
宾语:心不在外。(《神会语录》)
　　　　久劳于外。(《史记·殷本纪》)

状语：东巡狩。(《史记·五帝本纪》)
　　　寻谷东行十里。(《入唐求法巡礼行记》)
定语：居西土。(《史记·五帝本纪》)
　　　从旁舍来。(《史记·高祖本纪》)
补语：居外十三年。(《史记·五帝本纪》)
　　　以鸡置前。(《世说新语》)

可以这样说，单纯方位词是个多功能的词类，普通名词在充当状语、补语方面，远不如单纯方位词那么普遍。方位词自古就不同于普通名词。它不能充当谓语，总体上倾向体词。

3.2　处所词、方位短语的发展丰富推动了单纯方位词的虚化

在先秦时期，普通名词表示处所和表示具体实体时形式上是没有明显区别的，普通名词表示处所时要么位于带处所宾语的动词之后，要么位于介词"於(于)"等之后，这与处所词没有根本的不同，说明先秦时期普通名词与处所词并没有分开。而西汉时(如《史记》中)普通名词大多要加上方位词后才能表示处所。可以这么说，从西汉开始，普通名词表处所和表实体逐渐有了形式上的区分。这就意味着普通名词开始抛开处所词而另成一类。表示地名、单位机构名的名词逐渐形成一个聚合，形成处所词。至此，空间表述具有多种形式：介词＋处所词；名词＋单纯方位词；介词＋名词＋单纯方位词。在这种背景下，又出现了一些变化：

一是单纯方位词独立充当主语、宾语、定语、状语、补语的能力被逐渐削弱(不过至今都还没有消失殆尽)，而附着性越来越强，主要功能是附在名词后边，构成方位短语。

二是单纯方位词原来的功能被合成方位词(实质上是处所词)取代。从西汉到现代，合成方位词的语法功能都是一致的：充当主语、宾语、定语、状语、补语，以及"名词＋合成方位词"结构的中心语。李崇兴(1992：246)指出："跟现代汉语不同，先秦汉语的单纯方位词都能单用表示处所，性质跟现代汉语的合成方位词相近。"这句话也可以理解为"早期的单纯方位词的功能被后来的合成方位词取代"。李崇兴(1992：246)还指出："在先秦汉语里，除了'东方、西方、南方、北方'以外，举不出更多的合成方位词。合成方位词是在汉末魏晋以后发展起来了。"合成方位词的形成，使处所词增加了新的成员，同时意味着与单纯方位词在语法功能上的对立。因此，从历时角度看，也不适宜把单纯方位词与合成方位词在词类上混在一起。

三是合成方位词的内部演变情况呈现不均衡态势。"东方、上方、西头、上边、内中"等容易凝固而词化,但"之东、之外、以上"等是跨类凝固,难度要大得多,《史记》里,"东方"的说法已经比较固定,但"之东、以东"等还是不能截取的、离不开参照基准的字组。《史记》里可以看到"之旁、之西南、之内中"一类的字组,它们即使在现代汉语里也不能成词。这种情形导致的结果是,"单纯方位词+方/面/边/部"等都成了处所词,而"之/以+单纯方位词"一分为二,"之上、以东、之间"等多数还是只有附着功能,是方位词,只有"之前、之后、以前、以后、以上、以下"等少数几个成了时间词或处所词。

3.3 单纯方位词把自身原来的功能带给了方位短语

单纯方位词的附着性越来越强以后,自身原来自由充当句法成分的功能虽然逐渐减弱,但却全带给了方位短语。从西汉到当代,方位短语可以都可以充当主语、宾语、定语、状语、补语。只不过现代汉语里方位短语充当补语的能力有所减弱(这跟处所宾语和处所补语有时难以分别也有关系)。总体上,方位短语倾向于名词性短语。

单纯方位词好比酒精,它所附着的名词好比清水,结合在一起,就成了酒。没有酒精,清水就只是清水。

3.4 后置方位词虚化的不均衡性和虚化的路径

现代汉语的后置方位词正在虚化,但虚化程度并不均衡,相比较而言,"上/里/内/中"等主要表示实体本身的表面或内部空间,语义上的区别作用并不太强,如"坐车"与"坐车上"、"坐车里"所包含的空间意义大致相同,因此容易虚化,现代汉语里它们的意义往往显得比较虚泛,而"外/下"、"东/西/南/北/左/右/前/后"等意义要实在一些,它们主要表示实体的外部空间或邻近空间,语义上区别作用显著,如"坐车"与"坐车前"、"坐车下",空间差别很大。李崇兴(1992:246)认为,先秦汉语里的名词后边用上单纯方位词,主要是语义上的要求而不是语法上的要求。到底是什么语义上的要求呢?我们观察发现,正是表示实体的外部空间或邻近空间的需要。例如:

(1)东出于陶丘北。(《尚书·虞夏书·禹贡》)
(2)有杕之杜,生于道左。(《诗经·有杕之杜》)
(3)孟孙立于房外。(《左传·定公六年》)
(4)射其左,越于车下。(《左传·成公二年》)

例中的"陶丘北"、"道左"、"房外"、"车下",表示的空间都不是"陶丘"、

"道"、"房"、"车"本身的内部或表面空间,而是它们的外部或邻近的空间,这些方位词非用不可。直到现代汉语,"北、左、外、下"这些方位词主要还是表示这种比较实在的空间意义。

我们拿"上"与"东、西、南、北"做比较,也可以看出它们的差别。在宋代文献里,有"西上、东南上、东北上"的说法,这种"上"附着在"西"、"东南"等后边的情形,仍然保留在汉语方言里。但是,不能反过来,不能把"西"附着在"上"的后边,我们没有听过或见过"上西"的说法。这说明"上"比"东、西、南、北"更虚,所附着对象的范围也要大得多。关于"上"在近代汉语里越来越虚化的情况,李崇兴(1992)、江蓝生(2001)都有细致的研究。汉语的"东、西、南、北"意义很实在,无独有偶,与汉语空间表述形式很接近的 Ewe 语也是如此。根据 Ameka(1995)的研究,Ewe 语既使用前置介词,也使用后置介词(常用的只有 7 个),后置介词具有附着性,常见的有 20 个,主要是由表示上、下、前、后、里等意义的方位名词虚化来的,作用近似于汉语的后置方位词,表示具体的位置和维向。但表示东、西、南、北的方位名词,仍然是名词性的,没有虚化,跟普通名词组合时,两者之间通常要用结构助词,即构成"普通名词+结构助词+表示东/西/南/北的方位名词"。在这种偏正结构里,表示东/西/南/北的方位名词是名词性中心语。

汉语后置方位词虚化的路径是:表示定向、位置→表示泛向、位置→表示非空间意义。这方面谢红华(2001)、方经民(2004)、李晋霞、刘云(2006)都有细致、深入的研究。我们要强调的是,后置方位词虽然有些用法已经比较虚化,但主要用法仍然是有实在意义的,如"桌子上"与"单位上"、"方法上",从实到虚,并行存在于现代汉语之中。

四 结论

方位短语是多功能性的,但倾向名词性短语,既然如此,后置方位词也应该是名词性的。如果要严格一点,那后置方位词是半实半虚词,或者说是虚实二重性的。这就是我们暂时的结论。

近代汉语里有两个有趣的例子,如果不是文献形成或流传过程中出现错误的话,也许能启发我们进一步思考问题。

(5) 拟拜韩擒虎为将,恐为阻着贺若弼;拟二人总拜为将,殿前上自如此,领兵在外,必争人我。(《韩擒虎话本》)
(6) 为头儿门外前放一个桌儿。(《朴通事》)

"殿前"后附"上","门外"后附"前",如果说后置方位词是后置介词,那就是"双后置介词"的用例了,果真如此,那可是语言类型学里罕见的、难以解释的现象。如果把后置方位词理解成名词性成分,就很好理解,即"殿前的地上"、"门外的前边"。可惜的是,这种说法现代汉语里已经见不到了。

第二节　汉语空间短语不同结构式在更替时期的共现情况

汉语空间短语从古到今至少有六种结构形式,不同的时期选择不同的结构式。在新格式完全代替老格式之前,总会呈现新老交替、共现并存的局面。本节搜集了一些语法环境十分相近、处于同一个文献中的例子,试图把更替时期的共现情况展现出来。

一　从先秦到现在汉语空间短语的不同结构形式

我们把先秦到现在的空间短语的不同结构形式大致归纳一下,主要有这么几种:

A. (空间动词)＋名词;
B. 介词＋名词;
C. (空间动词)＋处所词;
D. 介词＋处所词;
E. 名词＋方位词;
F. 介词＋名词＋方位词。

可以笼统地说,从 A 种形式到 F 种形式,基本上反映了先秦到现在汉语空间短语主要结构形式的历时变化过程。变化的核心是处所词的形成和方位短语的发展,大概以西汉为分水岭。西汉以前主要使用 A、B 形式,西汉到唐五代是变化复杂的时期,宋代以后,主要使用 E、F 形式。空间短语的结构形式从先秦到现在的消长过程,李崇兴(1992)、张赪(2002)都在一定程度上做了探讨。如果截取某个时期来观察,会发现空间短语的不同结构形式,呈共现状态,体现了空间短语演变过程中的渐变性质。

二 西汉时期空间短语不同结构形式的共现情况

2.1 先秦时期的空间表述简况

要讨论西汉时期汉语空间短语不同结构形式的共现情况,必须对先秦时期的空间表述情况做个简单的交代。先秦时期处所词没有形成,方位短语也很少使用,空间短语主要是 A、B 类结构形式。例如:

(1) 鸤鸠在桑。(《诗经·曹风·鸤鸠》)
(2) 乃生男子,载寝之床。(《诗经·小雅·斯干》)
(3) 自投于床,废于炉炭。(《左传·定公三年》)

例(1)里的名词"桑"充当空间动词"在"的宾语,表示处所。例(2)里的名词"床"表示代词"之"所指对象的处所,前边有处用法的动词"寝"。例(3)中,"床"、"炉炭"充当介词"于"的宾语,分别是动词"投"、"废"(隋,堕,下垂义)所支配的处所论元。先秦时期,人名、事物名、地名都可以依赖空间动词或介词来表示处所。

2.2 西汉时期"处所词"与"介词+处所词"的共现情况

李崇兴(1992:248)指出:"在先秦汉语里,如果脱离要求带处所宾语的动词,如果脱离表处所关系的介词,处所的表达不能不遭到困难。""西汉时代,处所的表达发生了显著变化,这是从《史记》里面大量的处所补语不用'于'字介接这一点察觉到的。"李崇兴(1992:249)进一步指出:"《史记》里面介接处所补语的'于'字何以会大量脱落呢?在我们看来,这是以处所名词同一般名词出现分化的事实作背景的。"西汉时期,普通名词逐渐抛开处所词,有自成一类的趋势,使得处所词也有了成为一类词的可能。普通名词逐渐需要方位词的配合,才能充当空间介词的宾语,但处所词仍然像先秦时一样可以直接充当空间介词的宾语。处所词首先是地名形成的语义聚合,与表人或事物的普通名词语义类别不同,在"动词+普通名词+(介词)+处所词"结构里,即使处所词前没有介词出现,也不会引起误解或不能理解,不像先秦时那样,处所词、普通名词在表示处所方面几乎没有句法上的区别,这时通常需要介词把表示处所的词语标示出来,从而表明相邻的另一个名词不是表示处所。但是,处所词的形成,不是跳跃式的,西汉时期只能说是雏形,因此,在西汉时期,处所词前边呈现出用介词和不用介词的共现局面。比较下面的例子(a 不用介词,b 用介词):

(4) a. 乃召汤而囚之夏台,已而释之。(《史记·夏本纪》)
　　 b. 吾悔不遂杀汤於夏台。(同上)
(5) a. 纣囚西伯羑里。(《史记·殷本纪》)
　　 b. 帝纣囚西伯於羑里。(《史记·周本纪》)
(6) a. 与魏、晋战少梁。(《史记·秦本纪》)
　　 b. 与晋战於石门。(同上)

例(4a)里,"之"是代词,指"汤","夏台"是处所词,不仅语义类别不同,词类也有明显差别。因为代词明显区别于名词,即使在先秦时期,常常也不用介词,如例(2)。例(5)就不同了,人名"西伯"与地名"羑里"的差别,在先秦时表示处所差别很小,但西汉时各自成类,句法上、语义上都不同了,因此可以不用介词。

西汉时期,虽然普通名词与处所词开始发生分离,但普通名词依靠空间动词或介词表示处所而不需要方位词帮助的现象仍然保持了相当的数量。例如:

(7) 请著之竹帛,宣布天下。(《史记·孝文本纪》)
(8) 然后祖宗之功德著於竹帛,施于万世。(同上)

例中的"竹帛"是普通名词性质的,依靠带有附着义的动词"著"和介词"於",仍能表示处所。这一时期,普通名词直接充当介词的宾语,仍然大量存在。

2.3 "方位短语"与"介词+方位短语"的共现情况

西汉时期,A到F六种结构形式的空间短语都存在,但最多的是"方位短语",其次是"介词+处所词"、"(空间动词)+处所词"以及"介词+名词",再次才是"介词+方位短语"。这个时期,方位短语已经大量出现,据我们统计,《史记》里就有1345条方位短语,但"介词+方位短语"只有219条,先秦汉语里更少,东汉以后才逐渐多起来(张赪 2002)。这就是说,"介词+方位短语"在《史记》里并不是最主要的空间短语。《史记》中,在相同或相近的句法环境里,"方位短语"与"介词+方位短语"并存的现象不时可以见到。例如:

(9) a. 大败晋师河上。(《史记·楚世家》)
　　 b. 大破晋军於河上。(《史记·郑世家》)

(10) 须贾辞於范雎,范雎大供具,尽请诸侯使,与坐堂上,食饮甚设。而坐须贾於堂下,……(《史记·范雎蔡泽列传》)

(11) a. 雎详死,即卷以簀,置厕中。(同上)
　　 b. 魏齐辱我於厕中。(同上)

例中的方位短语和"介词+方位短语"都出现在动词后边相同或相近的句法位置上。介词用不用,并不影响空间意义的表达,但方位短语前使用介词,可以使"介词+方位短语"成为与动词宾语明显不同的整体片段,在韵律上多少显得有些尾大不掉,为"介词+方位短语"的前移做好了剥离准备。

三 东汉魏晋南北朝时期空间短语不同结构形式的共现情况

东汉魏晋南北朝时期,处所词还在逐渐形成之中,虽然"介词+名词+方位词"越来越多,但普通名词或以其为中心的名词短语不少还可以充当介词的宾语,因此,这段时期突出的共现情形是,"介词+名词+方位词"与"介词+名词"呈现并存的局面。比较:

(12) a. 故在母之身留多十月。(《论衡》九)
　　 b. 文王在母身之中已受命也。(《论衡》十二)

(13) a. 祥尝在别床眠。(《世说新语·德行第一》)
　　 b. 唯有一郎,在床上坦腹卧,如不闻。(《世说新语·雅量第六》)

(14) a. 卢志於众坐问陆士衡。(《世说新语·方正第五》)
　　 b. 太傅於众坐中问庾。(《世说新语·雅量第六》)

(15) a. 妓儿掷绳在虚空。(杨衒之《洛阳伽蓝记》)
　　 b. 作六牙象负释迦在虚空中。(同上)

例中 a 类说法是"介词+名词",b 类说法是"介词+名词+方位词",到现代汉语里,一般只能用 b 类说法了。

四 唐宋元明时期空间短语不同结构形式的共现情况

4.1 "介词+方位短语"与"方位短语"的共现情况

唐宋元明时期,处所词已经形成,方位短语也非常丰富,"介词+方位短语"是最常见的空间短语,占总量 40% 左右的方位短语,都与空间介词组合在一起,但还是有一些"方位短语"可以单独出现在与"介词+方位短语"同样的句法位置上,在句法语义相同或相近的环境中,呈现出共现并存的局面。比较(这

段时期的例子均出自刘坚、蒋绍愚(1995)主编的《近代汉语语法资料汇编》):

(16) a. 五祖遂唤秀上座於堂内。(《六祖坛经》)
     b. 唤惠能堂内。(同上)
(17) a. 见贤座主於高楼上讲止观。(同上)
     b. 见法贤座主弥高阁殿里讲摩诃止观。(同上)
(18) a. 净能於柱内奏曰……(《叶净能诗》)
     b. 净能柱内又奏:……(同上)
(19) a. 赵正从怀里取出一个包儿,纳还师父。(《宋四公大闹禁魂张》)
     b. 宋四公怀中取出酸馅。(同上)
(20) a. 孙二在坟外绞七个纸人。(《杀狗劝夫》)
     b. 你二弟看,孙二坟外做甚末哩?(同上)

上述例子中,a 类是使用介词的,b 类是不用介词的。除例(16)现代汉语里已经很少说以外,其他几例的结构形式都仍然保留下来,只不过以使用介词为常。在有限制的情况下,介词也可以不用(参见本书第四章第四节)。现代汉语里,动词前边、状语位置上的方位短语,用不用介词"在",大概是四六开,即大约六成要使用介词"在",大约四成可以不用介词"在",口语里,不用"在"的比例要高一些。

介词不是专门为方位短语而存在的,在方位短语极少的先秦时期,介词就经常使用了。因此,方位短语逐渐增多以后,介词与方位短语的结合才逐渐多了起来,这也是一个渐变的过程,西汉以后,"介词+方位短语"逐渐增多,到宋元明时期基本稳定下来。为了说明这个渐变过程,我们做了一些统计。唐宋元明时期统计的对象是刘坚、蒋绍愚(1995),当代的统计对象是王朔等《编辑部的故事》(中国工人出版社,1992)。统计数字如下:

统计对象	方位短语作介词宾语的数量	所占方位短语的百分比
《史记》	219	16.2%
《世说新语》	114	30.4%
《唐五代卷》	310	36.2%
《宋代卷》	465	41.1%
《元代明代卷》	311	40.6%
《红楼梦》(41—60)	348	39.7%
《编辑部的故事》	227	38.2%

从统计数据中可以看出,《史记》里"介词+方位短语"的用例最少,宋代以后,基本稳定下来,魏晋、唐五代时期是过渡阶段。

4.2 空间短语新老交替共现并存的典型用例

唐宋元明时期,是近代汉语的主体时期,也是汉语语法大发展的时期。在这段时期,空间短语的结构形式正处在新老更替的激烈进程之中(王锳2004),新的形式与老的形式并存共现的现象经常可以观察到,下面两组例子就十分典型。

(21) a. 生在戏房里唱。(《张协状元》)
　　　b. 生在戏房唱。(同上)
　　　c. 净戏房里喝:"放轿子。"(同上)
(22) a. 却是哥哥在大雪里睡着。(《杀狗劝夫》)
　　　b. 将孙二交檐下大雪里跪着。(同上)
　　　c. 哥哥大雪睡着,孙二恐怕冻死,背将家来。(同上)

例(21)是状语位置上"在戏房里"、"在戏房"、"戏房里"共现并存,"戏房"是处所词,兼属名词,作介词的宾语,方位词"里"可用可不用。例(22)是状语位置上"在大雪里"、"大雪里"、"大雪"共现并存,"大雪"是名词性短语,直接表示处所,是先秦用法的遗留。

4.3 不同的空间短语表达同一处所

值得注意的是,唐宋元明时期,由于空间短语结构形式新老交替,就显得更加丰富复杂,同一个处所,可以用不同的空间短语去表达。比较:

(23) a. 来日午时,你可将船泊於蒋山脚下南岸第七株杨柳树下相候,当有重报。(《宋四公大闹禁魂张》)
　　　b. 石崇明日依言将船去蒋山脚下杨柳树边相候。(同上)
(24) a. 不知你哥哥后角门里是谁杀下一个人。(《杀狗劝夫》)
　　　b. 咱后门前不知是谁杀下一个人。(同上)
　　　c. 见小人后门口不知是谁杀了一个人。(同上)

例(23)"杨柳树下"与"杨柳树边"表达同一个处所,例(24)"后角门里"、"后门前"、"后门口"表达的也是同一个处所。这说明了两个问题:一是空间短语的结构形式越来越丰富,可供说话人选择的形式越来越多;二是不同形式的方位短语,有可能表达相同或相近的的意思。在同一个语篇里,选择不同的空间短语表示同一个处所,使重复表述得以避免。

五　结语

在汉语历史语法中,空间短语结构方式的发展演变是渐进性的。如果截取某一段时期来观察,可以看到新老交替、并存共现的各种现象。如果把先出现的某种空间短语称为 X,而把后出现的、用来代替 X 的另一种空间短语称为 Y,用大写的 X 或 Y 表示优势用法,用小写的 x 或 y 表示弱势用法,那么,从 X 到 Y 要经历这样一个过程:

X→X/y→X/Y→x/Y→Y

本节讨论的现象正是处于 X/y 或 x/Y 阶段,虽然 X/Y 平行阶段我们不容易观察到,但理论上是应该存在的。

第三节　《老乞大》、《朴通事》里方位短语作状语的异常情况分析

一　统计数据所显示出来的异常情况

《老乞大》、《朴通事》里,方位短语作状语的比例明显偏高。比较:

	介词宾语	主语	动词宾语	定语	状语	补语	合计
《史记》	16.2%	11.0%	15.1%	13.2%	2.2%	42.3%	100%
《世说新语》	30.4%	12.0%	14.1%	17.6&	9.1%	16.8%	100%
《唐五代卷》	36.2%	15.9%	11.0%	13.2%	16.6%	7.1%	100%
《宋代卷》	41.1%	17.1%	11.8%	11.8%	14.6%	3.6%	100%
《老乞大》	27.3%	17.0%	5.7%	4.5%	45.5%	0.0%	100%
《朴通事》	33.0%	14.8%	6.2%	14.2%	30.7%	1.1%	100%
《红楼梦》41—60	39.7%	24.2%	11.7%	14.7%	8.7%	1.0%	100%
《编辑部的故事》	52.4%	19.6%	4.0%	14.4%	5.1%	4.5%	100%

统计表明,从西汉到当代,方位短语都可以直接作状语。从西汉至唐宋时期,方位短语作状语呈上升趋势,但清代以后又趋于下降。但是,《老乞大谚解》和《朴通事谚解》里,方位短语作状语的情况陡然飙升,到《红楼梦》里又陡然直降,呈现出异常情况。李泰洙(2000:32—33)注意到,表示处所,《老乞大谚解》通常不用前置介词,往往用"N+里/上/后头/前/前面/底下"

等形式表示。

《老乞大谚解》和《朴通事谚解》是旧时高丽人的汉语会话课本,是研究元、明时期汉语的重要资料,"两书的著者都不明,恐怕是高丽的侨民"(太田辰夫1991:166—167)。《老乞大谚解》和《朴通事谚解》最初编写于元代(具体年代不详),印成书是在1423—1434年间(李泰洙2000:30)。

二 朝鲜语的影响

《老乞大谚解》和《朴通事谚解》如果真是高丽的侨民所著,那么,朝鲜语应该有影响该两书的可能,应该有朝鲜语的影子在里面。统计数据所显示的异常,很可能是由语言习得里的母语迁移现象所导致的结果。

朝鲜语的语法有黏着特性,用后置的格标记(黏附成分)来表示语法关系,其中一种格标记是位格标记,主要表示动作进行的场所、动作的始发处或取得的处所(宣德五、金祥元、赵习1985:44—45)。位格标记-esə黏附在表示非动物的体词词干后面,-ekesə、-hant'esə黏附在表示人和动物的名词、代词词干后面,-kkesə黏附在表示尊敬的人的名词词干后面,表示方所。例如:

əməni-nɯn　　paŋʧikkoŋʝaŋ-esə　　irha-nta. 妈妈在纺织厂工作。
妈妈　　　　　　纺织厂　　　　　　工作

例中的-esə就是位格标记。

近代汉语里,"体词+方位词"里的方位词,与朝鲜语的-esə等位格标记的作用十分相似,而且近代汉语的方位短语"体词+方位词"与朝鲜语的"体词词干+位格标记"都可以充当状语,朝鲜人说汉语很容易强化"体词+方位词"的状语作用。例如:

(1) 鞋子幣头,自己睡卧房子里放着。(《老乞大谚解》)
(2) 将这切了的草,豆子上盖覆了。(《老乞大谚解》)
(3) 孙舍混堂里洗澡去来。(《朴通事谚解》)
(4) 被巡夜的拿着,冷铺里监禁着。(《朴通事谚解》)

近代汉语的方位短语本就可以作状语,朝鲜语的影响使这种符合汉语本身说法的格式在《老乞大谚解》和《朴通事谚解》里更加盛行,因此,在统计数据上显得有些异常。

应该说明的是,元代占据优势地位的蒙古语,也会影响那个时期的汉语。蒙古语有丰富的位格标记,此外,方位词可以附在名词、动词的后边,近似后置词,这对汉语会产生影响。

可以这么说,《老乞大谚解》和《朴通事谚解》里方位短语作状语的异常情况,其原因是受别的语言的影响,是语言接触的结果。不过,这要从两个方面来看。

如果《老乞大谚解》和《朴通事谚解》没有完全真实地反映当时的汉语,那么,异常情况主要是朝鲜语的影响。

如果《老乞大谚解》和《朴通事谚解》完全真实地反映了当时的汉语,那么,异常情况主要是蒙古语等阿尔泰语系语言的影响。

三 汉语方位词的发展与回归

如果像《老乞大谚解》和《朴通事谚解》那样,方位短语充当状语的情况很常见,那么,汉语方位词有可能发展成为后置介词。但是,实际上是昙花一现。清代以后,方位短语充当状语的比例大大下降,状语位置上,前置介词占据主导地位。从历史角度看,这似乎是一种回归。仅仅比较《老乞大》不同时期的版本,就可以看出这一点。

随着时代的推移,《老乞大》和《朴通事》两书被多次修改,以适应变化了的汉语。刊行于17世纪的《老乞大谚解》,与刊行于18世纪的《老乞大新释》和《重刊老乞大》相比,方位短语作状语的情况大为减少。《老乞大谚解》里方位短语作状语的许多句子,到《老乞大新释》和《重刊老乞大》里,都变成前置介词短语作状语。例如:

(5a) 却捉住那贼,发将来,今年就牢里死了。(《老乞大谚解》)
(5b) 却捉住那贼,发将来,今年就在牢里死了。(《老乞大新释》、《重刊老乞大》)
(6a) 你客人只这车房里安排宿处。(《老乞大谚解》)
(6b) 你客人只在这车房里收拾。(《老乞大新释》、《重刊老乞大》)

例中的 b 和 a 相比,都多了前置介词"在"。

在汉语与蒙古语、朝鲜语接触时,汉语方位词很容易被当作后置词使用,这为方位词发展成为后置词提供了机会。但是,方位词用如后置词,未能在汉语中扎下根来。当代北京口语里,还保留着这种用法,而书面语中,前置介词仍然处在主导地位,方位短语作状语是受到限制的。

第四节　近代汉语里方位短语能否充当受事成分

一　方位短语能否作论元？

1.1　Ernst(1988)认为,除特殊情况外,汉语的方位短语不能作论元。当然,这里的论元是指施事、受事等基本的论元,不包括处所和时间。就现代汉语的情况而言,这个看法大体上是可以接受的。不过,这里有两点要注意:一是 Zhang(2002:57)认为,方位短语可以充当受事主语,如"家里被孩子们弄得乱七八糟"的"家里",也可以充当经事主语,如"街上很热闹"的"街上";二是现代汉语的空间动词"在、到、去、经过"等通常是支配处所论元,处所论元是不是基本的论元,至少在汉语里是有争议的(沈阳、郑定欧 1995)。

这里有四个问题值得思考:

1. 方位短语能不能充当非空间动词的宾语？能不能充当前置介词"把"的宾语？
2. 方位短语里的后置方位词是不是后置介词？(本章第一节已经讨论过)
3. 近代汉语里的情况如何？
4. 汉语方言里的情况又如何？

我们对这四个问题都有兴趣,但这里主要就第 3 个问题做些考察。研究第 3 个问题,必然涉及第 1 个问题。

1.2　吕叔湘(1984:51)举有"把瓶里装满水"的例子,并明确说明"把"字后边的方位短语"瓶里"是动作的处所。方位短语除了充当介词"把"的宾语外,也能充当介词"给"的宾语,还可以充当"看"义动词(属于非空间动词)的宾语。例如:

(1) 她央求说,哎呀,你就答应做我的老师吧,我保证只让你锦上添花,绝不会给你脸上抹黑的。(流云《铁马冰河入梦来》,《新华文摘》2005 年第 5 期,70 页)

(2) 保护绳的这一端,已系在粗粗的暖气管上,但那一端,只搭在高高的窗台上,像一条蛇正在窥视窗外。(刁斗《哥俩好》,《人民文学》2005 年第 5 期,54 页)

例中,方位短语"你脸上"、"窗外"分别充当介词"给"与非空间动词"窥视"的宾语。如果把例中的方位短语理解为动作的处所,语感上好像不完全是那么回事。同样,如果把"家里被孩子们弄得乱七八糟"的"家里"看作处所,也让人觉得不太好接受。

属于赣方言的岳西话(作者的家乡话)里,方位短语常常用在表示处置义的句子中,作介词"把"的宾语,表示处置的对象。例如:

(3) 把锅底里添滴水。(把锅里添点儿水。)
(4) 把墙上打个洞。
(5) 把地底里浇滴粪。(给地里浇点粪。)

与例(1)普通话的说法不同的是,岳西话不能单说"添锅底"、"打墙上"、"浇地底",而例(1)的"你脸上"可以与动词"抹"构成动宾短语,说成"抹你脸上"。

例(1)与例(4)的"把"可以替换成介词"在",分别说成"在你脸上抹黑"、"在墙上打个洞",除了处置义损失了以外,方位短语的语义角色发没发生变化? 如果说方位短语的语义角色没有发生变化,那么,"把"和"在"区分语义角色就存在盲区。如果说替换后方位短语的语义角色发生了变化,那么,替换后是处所,替换前是什么? 是受事吗? 总之,一个问题:"把"后边的方位短语,以及非空间动词后边的方位短语,是受事还是处所?

1.3 的确,现代汉语里,非空间动词大多不能带方位短语作宾语,"把"带方位短语作宾语也不多见,方位短语一般不能充当受事成分,这是一个大体上正确的结论。但它被用来证明方位短语里的方位词是后置介词(参见 Ernst 1988 的讨论),是有困难的。非洲的 Ewe 语,有前置介词,也有所谓的后置介词(Ameka 1995)。Ewe 语的后置介词接近于汉语的后置单音方位词,跟在名词的后边,主要表示空间方位,这种结构可以作前置介词的宾语,如 le(在)fiásé(店子)me(里)(在店子里),也可以充当受事成分。例如(Ameka 1995:147):

(6) AmA   tútú   kplɔ-á   dzí. (直译:AmA 擦了桌子上)
    (人名) 擦   桌子 定冠词   上

从 Ameka(1995)的研究可以看出,Ewe 语的后置介词是从方位词虚化来的,方位词和后置介词在形式上已经出现差别。也就是说,Ewe 语的后置介词比汉语的后置方位词更为虚化,但后置介词短语仍然可以充当受事。这带给我们两点启示:1.方位短语能否充当受事成分,不能成为后置方位词虚化为后置介词的证据;2.无论方位词是否虚化为后置介词,方位短语都有可能充当受事成分。

1.4 我们观察到近代汉语里的一些有趣的现象,有助于我们进一步研究方位短语的语义角色功能。下面的两个例子,代表两种格式:

(7) 拴时节拣个牢固椿橛上系。(《借马》,刘坚、蒋绍愚主编《近代汉语语法资料汇编·元代明代卷》,98 页,北京:商务印书馆。以下简称[刘蒋])

(8) 把他那妇人脸上也刺泼妇两字。(《元曲选》,261 页,中华书局,1996)

例(7)是个连动式,可以抽象为格式一:$VP_1+NP\cdot 方+VP_2$;例(8)是个处置式,可以抽象为格式二:"把/将"$+NP\cdot 方+VP$。VP 指动词或动词性词语,NP 指名词或名词性词语,"·方"指后置于 NP 的方位词,"NP·方"是方位短语,"把/将"是介词。下面我们分别对这两种格式进行考察。

二 格式一:方位短语是受事兼处所?

2.1 现象举例

近代汉语里,空间动词带方位短语作处所宾语的情形,经常可以见到。例如:

(9) 让和尚将砖去面前石上磨。(《祖堂集》,[刘蒋]唐五代卷,468 页)

(10) 欲经过五矶山上。(《张协状元》,[刘蒋]宋代卷,518 页)

(11) 着两个荆笼子里盛着枣儿。(《老乞大》,[刘蒋]元代明代卷,267 页)

例中,"去"、"经过"是空间位移动词,例(11)的第一个"着"也是空间动词,意思近似于"在",现代汉语"不着家"的说法,"着"还保留着这种意义。

但例(7)及下面的例子里,后边带有方位短语的动词,并不是空间动词。

(12) 先令人扛抬珊瑚树去园上,开空闲阁子里安了。(《宋四公大闹禁魂张》,[刘蒋]宋代卷,479 页)

(13) 拣着好地面里安葬着。(《孝经直解》,[刘蒋]元代明代卷,59 页)

(14) 拣那清净山庵里安禅悟法却不好?(《朴通事》,[刘蒋]元代明代卷,303 页)

这些例子虽不是很常见,但也不能说是孤例,基本上是属于偶现的、非常规的情况。例中居于连动式前项的动词"开"和"拣",都不是空间动词,它们是强及物动词,通常带的是受事宾语。现代汉语相应的说法,都是不用方位词"里"或"上",直接说成"VP$_1$+NP+VP$_2$"的形式,如例(12)可以说成"开空闲阁子安(置)了"。

2.2 几种可能的理解

如果把"开"、"拣"等理解为介词或空间动词,都是没有证据的。下面的理解是可能的,但未必是本质的。

理解一:把 NP 看作双身份论元,既是 VP$_1$ 的受事,又是 VP$_2$ 的处所,方位词是处所标记,有联系 NP 与 VP$_2$ 的作用,整个格式的结构层次为"(VP$_1$+NP)·(方)+VP$_2$"。这种理解至少在语感上让人难以接受。

理解二:把"NP·方"理解为受事宾语或处所宾语,这就要解决两个问题:"开"、"拣"等概念语义上如何与方位短语匹配?为什么发展到现代汉语里方位词就不能再出现了?无疑,这种理解会带来更多的疑问。

理解三:从句法语义上,都不能绝对排除"开"、"拣"等动词后边的方位短语是受事或处所成分的可能。我们不妨换个角度,从语用上去理解。可以把"VP$_1$+NP·方+VP$_2$"理解为一种简省形式,如"开空闲阁子里安了",看作是"开空闲阁子在空闲阁子里安了"的简省说法。这符合经济原则,也能说明为什么这种现象是偶现的,到现代汉语里就消失了。实际上,这种理解是对第一种理解的注释。

把第一、第三种理解结合起来,似乎较为合理,即基于经济原则,让居于连动式前项的"开"、"拣"等动词临时带上方位短语作宾语,语义角色上,方位短语既是受事成分,又是处所成分。如果这种理解可以接受的话,跟着就会面临另一个问题,"把/将"后边的方位短语,是什么语义角色?

三 格式二:方位短语是受事还是处所?

3.1 现象举例

(15) 将草人腹中悬一付羊心肺。(《元曲选》,1493 页,中华书局,1996)

(16) 将这墙上剜一个大窟窿。(同上,1130页)
(17) 把那邻家顾瑞的孩儿顾驴儿太阳穴上打了一弹。(《新编五代史平话》,[刘蒋]元代明代卷,204页)
(18) 将颊上刺个雀儿。(同上,204页)
(19) 令军人将他脊背上打了三十下背花。(同上,209页)
(20) 把那人头上打了一下。(《老乞大》,[刘蒋]元代明代卷,267页)
(21) 那贼将那客人脊背上射了一箭。(同上,267页)
(22) 那厮你也将那箭袋里插三十根箭,弓袋里插一张弓。(《朴通事》,[刘蒋]元代明代卷,317页)
(23) 当时把乃公面上捶了两拳。(《正统临戎录》,[刘蒋]元代明代卷,375页)
(24) 忙将当地大鼎内贮了三四把百合香,仍用罩子罩上。(《红楼梦》卷四十一,618页,中华书局,2001)
(25) 命香菱将他屋里也收拾严紧。(同上,卷四十八,710页)

例中的情形,都是处置式,标记是"把/将","把/将"后边带方位短语作宾语。这在元、明汉语里,不能说是偶现的现象,直到现代汉语里,也还能这样用。例中的多数动词"悬"、"剜"、"打"、"刺"、"射"、"插"、"贮"等具有附着性特征,对处所有支配要求,但"收拾"、"捶"等动词附着性并不明显。

3.2 几种可能的理解

理解一:"把/将"是空间介词。但是,没有证据表明"把"是空间介词。"将"有时可用为空间介词(参见《汉语大词典》),表示"从、由"义,如"将金篦内取出七十足伯长钱"(《宣和遗事·前集》)。但上述例子里"将"没有适合"从、由"义的用法。因此,这种理解是站不住的。

理解二:把方位短语看成处所成分。吕叔湘(1984:49—51)不认为例(15)—(25)是处置结构,而是认为这种情况下的方位短语是"表示动作的处所或范围"。这种看法的有力证据是,"把/将"后边的方位短语,可与动词构成"动作—处所"类的述宾结构,如"刺颊上"、"收拾屋里"。但朱德熙(1982:114)指出,"我惦记着家里"与"我住在家里"不同,前者的"家里"是"惦记"的对象,后者的"家里"是"我"的位置。那么,"收拾屋里"的"屋里"也是对象,受事意味比"刺颊上"的"颊上"明显。

理解三:把方位短语看成受事成分。张美兰(2001)是这样认为的。张美兰(2001:187—323)对近代汉语的"把/将"处置式的发展和研究概况进行了细致的梳理和评介,并专门研究了《元曲选》的"把/将"字句,认为《元曲选》里"把/将"的宾语是:名词、代词、数量词、并列结构、"的"字结构、偏正结构、"儿"字结构、处所结构和复句形式。其中处所结构包括方位短语。"把/将"的宾语语义角色一部分是受事,一部分是施事,没有提及处所。基本上把方位短语看成受事成分。但例(22)的动词"插"带有受事宾语"三十根箭",如果硬说"那箭袋里"也是受事,就十分勉强。

把例中"把/将"后边的方位短语理解成受事成分,可能是将"处置对象"与"受事"等同起来的缘故。理论上,处置对象应该不限于受事,而且处置意味可能有层级差别。

把方位短语理解为受事的另一个可能的理由是转喻。先看下面的例子:

(26) 贾母因又说及宝琴雪下折梅,比画儿上还好。(《红楼梦》卷五十,749页,中华书局,2001)

例中"比"后边的方位短语"画儿上",是转喻用法,不是表示处所,而是表示"画儿上画的情景"。例(15)—(25)里"把/将"后边的方位短语是不是转喻用法呢? 如果是转喻用法,它们可以理解为受事。但它们都不是转喻用法。

理解四:我们的看法是具体问题具体分析,不能一概而论。我们认为,例(15)、(18)、(22)、(24)里的方位短语是处所成分,只能用"哪儿/哪里"提问,不能用"什么"提问;其他例子的方位短语,虽然也看作处所,但有受事意味,它们往往既可以用"哪儿/哪里"提问,也可以用"什么"提问。

从意义上看,"打头上"与"扔头上"也有不同,"打头上"、"头上"是"打"的直接目标或对象,而"扔头上"、"头上"是"扔"的东西所要达到的目的地。

四 句法格式的管控作用及方位短语语义角色的细微差别

4.1 一个不能忽视的方面是特定的句法格式具有管控作用。

格式一"$VP_1+NP·方+VP_2$"是个连动式,其中的"$VP_1+NP·方$"是低层结构,具有更大的灵活性。无论是近代汉语,还是现代汉语,我们都很难见到当VP_1是非空间动词时"$VP_1+NP·方$"可以单说,如"开空闲阁子里"是不能单说的。下面的例子是罕见的:

(27) 离客店十来家,有个茶坊里,一个官人叫道:"店小二,那里去?"(《宋四公大闹禁魂张》,[刘蒋]宋代卷,486页)

例中动词"有"带"个茶坊里"作宾语,构成一个小句,但也离不开后续小句。这个例子中的方位短语,不好看成处所成分。

另外,"NP·方"处在 VP₁ 与 VP₂ 之间,这为方位短语的双重身份提供了最佳的线性位置,同时也为简省、经济提供了形式条件。

4.2 格式二是"把/将"字句,方位短语位于"把/将"的后边,充当非空间介词"把/将"的宾语。相对于中心动词来说,方位短语是处所成分,但从整个"把/将"字句看,它的句式义是"处置",方位短语是被处置的对象,VP 表示处置动作以及处置结果/目标。可以这么说,在"把/将"字句中,由于它带有"处置义",使表示处所的方位短语带上了对象或受事意味。比较"在"和"把"后边的方位短语,就可以明确这一点。

(28) a. 在墙上剜个洞。   b. 把墙上剜个洞。
(29) a. 在教室里做作业。 b. ＊把教室里做作业。

对比例(28)的 a、b,我们可以知道,"墙上"可能有不同的语义角色。那么,不同体现在哪里呢? 比较例(29)与(28)可以知道这一点。与例(28)不同的是,例(29)的"在"不能换成"把",即 a 成立、b 不能成立。例(29)的"教室里"只是动作进行的处所,而例(28)的"墙上"既是动作的处所("剜"动作发生进行的场所),又是动作的承受者("剜"动作直接涉及的对象)。

总之,方位短语本身虽然表示空间意义,但在具体句子中,它可能只是动作的处所,如例(29)的 a,也可能既是动作的处所,又兼作动作的受事,如例(28)。这种双重身份的方位短语,可以用"哪儿/哪里"提问,也可能用"什么"提问,可以充当介词"在"的宾语,也可以充当介词"把"的宾语。

第五节 "底"由方位词向结构助词的转化

本节通过对岳西话"N_1 底 N_2"格式的考察,发现岳西话的结构助词"底"是由方位词"底"转化而来的。岳西话的"N_1 底 N_2"里,N_1 由空间位置到空间属性及空间领属的变化,促发了"底"由方位词向结构助词的转化。在这个过程中,"容器(N_1)——容纳物(N_2)"关系的淡化、消失,是转化的内在原因,而人们是否把 N_1 看作包容 N_2 的整体,也能对"底"的转化产生影响。

岳西位于安徽省西南部,从古全浊声母今读送气清音看,岳西话属赣语(参郑张尚芳1986,储诚志1987)。本节考察岳西话的"N_1 底 N_2"格式,揭示这样一个重要事实:岳西话的结构助"底",是由方位词"底"转化而来的。所用的岳西话语料以岳西县城所在地的说法为准。

一 "底"为方位词的"N_1 底 N_2"

1.1 "底"为方位词,读轻声[ti],意思相当于普通话的"里",这时的"N_1 底 N_2",N_1 在人们的心目中是三维立体的容器,而 N_2 是容器中的容纳物,即 N_1 是 N_2 的空间位置。例如:

锅底饭	桶底水	凼底水	车底东西	鼻子眼底毛
碗底菜	箩底稻	鞋底沙	水底衣裳	盆底食猪吃的
缸底水	壶底茶	嘴底饭	抽屉底碎布	摇窠底伢摇篮里的孩子
袋底米	灯底油	书包底书	河沟底石头	草窠草丛底蛇

上述"N_1 底 N_2"里的"N_1 底",可以作动词或介词"在"的宾语,也可以作存在句的主语。例如:

"N_1 底"作动词"在"的宾语:饭在锅底/水在缸底/碎布在抽屉底/衣裳在水底

"N_1 底"作介词"在"的宾语:我在锅底煮饭/我在缸底舀水/我在抽屉底找碎布/我在水底洗衣裳

"N_1 底"作存在句的主语:锅底煮着饭/缸底装着水/抽屉底装着碎布/水底泡着衣裳

如果没有"底"出现,上述 N_1 不能单独作"在"的宾语,这说明"N_1 底"在这里是方位短语,"底"是方位词。

1.2 岳西话不是没有方位词"里",但用"里"时大多是与"外"相对,"里"[li^{24}]不读轻声,有强调作用。比较:

(1) 落大雨着!快到屋里来,在外头站着做么事!/下大雨了!快到屋里边来,在外头站着干什么!

(2) 落大雨着,快到屋底来。/下大雨了,快到屋里来。

例(1)用"屋里","里"要重读,有强调屋的内部空间的作用:与"(屋)

外头"相对,也有突出里与外的界线的作用。如果例(1)的"里"换成"底",话仍然可以说,但对比作用大大减弱了。例(2)用"屋底","底"只能读轻声。

与普通话"N 里"(N 指容器型事物名词)对应的说法,岳西话通常说成"N 底","用"N 里"不是通常的说法,是为了对比、强调。当然,"里"也有"底"不可代替的用法。如果"N 里"中的 N 所表示的事物,不是容器或不被认知为容器,就不能说成"N 底",如"山里人"不能说成"山底人","站在线里"不能说成"站在线底"。"里""外"对举的说法,如"家里家外/山里山外/门槛里门槛外"等,其中的"里"都不能换成"底"。

1.3 "底"为方位词的"N_1 底 N_2",如果 N_1 与 N_2 的空间位置关系发生变化,"底"的性质和作用就会相应地受到影响,进而发生转变。下文将说明方位词"底"是如何向结构助词转化的。

二 途径之一: N 由空间位置向空间属性转化,促发方位词"底"向结构助词转化

2.1 如果 N_2 经常处在 N_1 位置,那么,N_1 就可能成为 N_2 的一种属性——空间属性,从而成为对 N_2 进行分类或命名的标准。如"水底蛇",以在水里生活为常,那么,"水底"就成了这种蛇的空间属性,并可以成为分类的标准:"水底蛇"是与陆地上的蛇相对的一种蛇。"水底蛇"类情形举例如下:

河底鱼 海底鱼 田底草 地底草
塘底泥 河底泥 家底狗 家底猫
河底水 江底水 海底水 大棚底菜

上述例子是有歧义的。列表区分如下:

	N_2 在 N_1 底	N_1 底 V 着 N_2	用"么子 N_2"提问	单说成"$N_1 N_2$"
N_1 表示 N_2 的具体位置	+	+	—	—
N_1 表示 N_2 的属性	—	—	+	+

如果 N_1 表示 N_2 的具体位置,那么,"N_1 底"可以作"在"的宾语、存在句的主语,但不能用"么子 N_2 什么 N_2"提问,也不能单说成"$N_1 N_2$",这时,

"底"仍为方位词。如果 N_1 表示 N_2 的属性,"N_1 底"就不能作"在"的宾语,也不能作存在句的主语,却可用"么子 N_2"提问,也可以单说成"N_1N_2",如"水底蛇"可说成"水蛇","海鱼、田草、地草、塘泥、河泥、家狗、家猫、河水、江水、海水、大棚菜"等类推。这时的"底",已失去典型方位词的作用,意义开始虚化,语法性质上已开始向结构助词转化。

2.2 如果 N_1 表示 N_2 的空间属性,就不再表示 N_2 的具体位置,这时的 N_1 是无指的。比较:

(3)(小王看到田埂上有一只猫,说:)"这不是家底猫,这是野猫!"/这不是家养的猫,这是野猫!

(4)(小王看到家里有一只猫,问在菜地里摘菜的妈妈猫是从哪里来的,妈妈回答:)"家底猫是二老把底!"/家里的猫是二叔给的!

例(3)"家底猫"与"野猫"相对,"家底"不表示猫的位置,猫的具体位置在田埂上,"底"结构助词;例(4)"家底"表示猫的具体位置,"家底"的"底"是方位词。值得注意的是,例(4)的"家"是有指的,特指小王的家,而例(3)的"家"是无指的。N_1 的无指性,使其从空间位置向空间属性转化,从而导致"底"从方位词向结构助词转化。

2.3 N_1 表示纯属性,与 N_2 没有任何空间关系时,"底"就成了纯粹的结构助词,下面例子中的"底"都是如此:

木头底桌子　杂树底把子　缎子底被条面　塑料底桶子

三 途径之二:N_1 由空间位置向空间领属转化,促发方位词"底"向结构助词转化

3.1 从认知角度看,空间位置与空间领属是紧密相关的,有转化的可能。岳西话的"N_1 底 N_2"里就有这样的情况:N_1 既是 N_2 的空间位置,又是 N_2 的空间领属者。看下面的例子:

商店底布　学校底课桌　祠堂底香供桌　堂轩堂屋底椅子
旅店底床　油坊底磨子　观音庙底和尚　碾米厂底柴油机

上述例子都有歧义,列表区分如下:

	N_2 在 N_1 底	N_2 是 N_1 底
N_1 表示空间位置	＋	－
N_1 表示空间领属	＋	＋

N_1 表示空间位置，不能说成表示领属意义的"N_2 是 N_1 底"，这时"底"是方位词；N_1 表示空间领属，可以说成"N_2 是 N_1 底"，"底"开始向结构助词转化。比较：

(5) 商店底布多得很，任你买。

(6) 商店底布我忘记带回来。/放在商店里的布我忘记带回来。

例(5)布是商店的，例(6)的布是"我"的，放在商店里，忘记拿了。

3.2 N_1 与 N_2 如果长期在一起，形成固定的空间位置关系，如卖布的商店与布、摆香供桌的祠堂与香供桌，就会被看成整体与部分的关系，整体总是领有部分，因此，长期固定的空间位置关系会向领属关系转化，从而导致"底"向结构助词转化。如果 N_1 与 N_2 的位置关系是临时的，就不会导致这种转化，如"石头缝底蟹子螃蟹"、"茅草篷茅草丛底野鸡"、"喉咙管底鱼刺"里，N_1 与 N_2 的位置关系是临时的，N_1 不会成为 N_2 的领有者，"底"也不会转化为结构助词。有些 N_1 与 N_2 虽然位置关系长期固定，但由于人们不把它们看作"整体—部分"关系，"底"也不会发生转化，如"锅底饭"，"锅"与"饭"的关系是恒常的，但人们不把"锅"看作能包容"饭"的整体，"底"仍然是方位词。

3.3 如果 N_1 不是或不被看作容器，即使 N_1 与 N_2 有空间位置关系，也会被弱化，领属关系会占上风。例如：

沈家冲底亲戚　仓山小学底学生　大学底老师
日本底收音机　新疆底哈蜜瓜　外国底电影

"沈家冲"、"大学"、"日本"等，不是三维空间的容器，"沈家冲底"、"大学底"、"日本底"等，也不能作"在"的宾语及存在句的主语，这说明例中的"底"已不再是方位词，而是结构助词了。

可以说，"容器—容纳物"位置关系的淡化，是"底"发生转变的内部动因。如果 N_1 与 N_2 完全失去了"容器—容纳物"的位置关系，"底"就成了典型的结构助词了。例如：

箱子底锁　　碗柜底门　　树底叶子　　南瓜底藤子
张三底衣裳　李四底笔　　王五底妹　　妈底脾气

上述例子中的"N_1 底",都不能作"在"的宾语,"底"都是结构助词。

四　岳西话的"底"在汉语语法研究上的价值

4.1　现代汉语的结构助词"的",最初的形式是"底",其来源是语言研究者必须回答的问题。王力(1980)认为句中结构助词"底"是"之"的音变,吕叔湘(1984)认为"底"源于"者",冯春田(1991)推测助词"底"应该源于代词"底",石毓智、李讷(1998)也基本同意冯春田(1991)的观点。与上述观点不同的是江蓝生(1999)。江蓝生(1999)明确指出:助词"底"源自方位词"底"。

4.2　论证结构助词"底"源于方位词"底"的可选格式是"N_1 底 N_2"格式,因为单音方位词经常出现在名词的后边("N_1 底"),而两个名词之间是结构助词常现的位置之一,在"N_1 底 N_2"里,"底"既可能是方位词,也可能是结构助词。近代汉语的典型例子如杜甫《哀王孙》诗"屋底达官走避胡","屋底达官"即"N_1 底 N_2"格式,可惜这种例子并不多见。岳西话的"N_1 底 N_2"格式的材料很丰富。岳西话"容器名词+底"(即"N_1 底")表示容纳性的空间方位时,可以作"在"的宾语,"底"不出现,仅 N_1 就不能作"在"的宾语,这可以证明"底"是方位词。当 N_1 与 N_2 不是"容器—容纳物"的关系时,"N_1 底 N_2"里的"底"不再是方位词,而是一个结构助词了。因此,从探讨结构助词的来源看,岳西话"底"的材料及其转化规律都是很有价值的。

4.3　空间位置关系,是人类较早认知到的范畴之一,空间的隐喻或泛化,是语言结构形成、发展的重要动因(参张敏 1998)。岳西话"N_1 底 N_2"结构里,N_1 与 N_2 空间位置关系的泛化,是"底"发生转化的重要动因。岳西话"水底蛇"类、"商店底布"类说法都有歧义,前者 N_1 既可以是空间位置,也可以是空间属性,后者 N_1 既可以是空间位置,也可以是空间领属。这种歧义现象,是两可的现象,为人们提供了重新分析的机会,促发了"底"由方位词向结构助词的转变。岳西话的"锅底饭"类没有歧义,而"水底蛇"类、"商店底布"类都有歧义,这种"N_1 底 N_2"的内部差异性,展示了"底"发生转化的两种基本途径,但更为重要的是,它为汉语方位词"底"转化为结构助词提供了一个有力的事实。也就是说,岳西话"N₁ 底 N₂"结构里"底"的转化情形,为江蓝生(1999)的观点提供了一个佐证。

五 结语

5.1 岳西话的"底",由方位词向结构助词转化,是一种语法化的过程,即虚化的过程,这种虚化与 N₁、N₂"容器—容纳物"空间位置关系的淡化、消失是一致的、也符合语法化"从不太虚的成分向更虚的成分转移"的基本规律。

5.2 从共时平面看,岳西话有两个"底",一个是方位词,一个是助词,这种共时的差异是历时变化的结果。所幸的是,"底"转化为助词以后,仍然保持着方位词的用法,使我们得以窥见方位词"底"与助词"底"之间的内在联系。岳西话"N₁ 底 N₂"格式,为"底"的转化提供了"两可"的歧义句法环境,无疑,这种环境是理想的。

第六节 "在"字句里的"SVO 在 L"式

本节讨论"在"字句里"我写了几个字在黑板上"类的"SVO 在 L"式,S 表示体词性主语,V 指谓语动词,O 表示体词性宾语,L 指方所成分。显然,"SVO 在 L"句式是现代汉语里的弱式用法,但并不是绝对不说,也有探讨的必要。本节主要从三个方面来讨论"SVO 在 L"格式。(一)近代汉语的"SVO 在 L"有 a—g 七种情况,其中 f、g 的说法现代汉语里基本见不到了,c 的说法现代汉语里也不多见。这种变化表明,现代汉语的"SVO 在 L"重视 O 与 L 的位置关系,其表意共性是突出 L 表示的空间位置。(二)相邻原则可以解释为什么近代汉语 a、b、d、e 语序变化的可能性小,而 c、f、g 变化的可能性大一些。(三)信息处理原则可以解释 c、f、g 发生变化的原因;不被突出的"在 L",不应该处在句末焦点的位置。信息处理原则也指明了"在 L"位置变化的方向——向动词前边位移。

"在"字句是二十世纪八十年代以来的一个研究热点,涉及到语义特征分析、变换分析、"三个平面"分析、"古、近代汉语—普通话—方言"多侧面分析、认知考察等汉语语法研究的思路和方法,有一系列值得重视的成果问世。探讨"在 L"的语义功能的,如范继淹(1982)、俞咏梅(1999);关注"在"

的研究的,如王力(1989)、郭锡良(1997)讨论了"在"的语法化过程,郭熙(1986)、徐丹(1992,1994)、赵金铭(1995)、张清源(1997)等讨论了"在"与其他方所介词的关系;研究"在"字句某些格式的句法语义特征的,如朱德熙(1987)、金立鑫(1993)、齐沪扬(1998)等;考察"在L"句法位置的历时变化的,如俞光中(1987)、孙锡信(1991)、洪波(1998)、张赪(1997,2000)等。"在"字句研究影响颇大的成果是关于"在L"语序的探讨,它体现了汉语语法研究方法上的变化,如李英哲(1983,陆俭明译文)、戴浩一(1988,黄河译文)、张赪(1997,2000)、洪波(1998)、俞咏梅(1999)、蒋绍愚(1999)、沈家煊(1999b)等,注重考察制约"在L"语序的因素,如时间顺序原则、抽象原则等。值得注意的是沈家煊(1999b)的研究,他运用顺序原则、包容原则、相邻原则、数量原则等认知原则对"在"字句的"在L"语序作了系统的解释,注意了句式的整体性及研究的综合性,并把"在"字句和"给"字句放在一块儿做了统一的概括和解释。

关于"在"字句的研究,还包括V的语义特征、有界无界、单双音节,O带数量定语,句式变换以及时体方面的内容(参见邢福义1997,沈家煊1999b)。

学习20世纪80年代以来关于"字句"的研究成果,不难发现:对语言事实的观察还不十分充分,如对"SVO在L"式没有给予足够的关注,这在一定程度上影响到分析、解释的概括面和准确度。另外,对一些原则的阐释和运用,也还有进一步深化的可能。本节把"SVO在L"看作"在"字句这个系统的一个成员,在吸收已有研究成果的基础上,进一步发掘相关的语言事实,重视O与L的空间位置关系,从历时角度考察"SVO在L"的变化情况,并运用有关原则予以解释。

一 从近代汉语看"SVO在L"的状况

1.1 这一节近代汉语"SVO在L"的材料,主要来自于刘坚、蒋绍愚主编的《近代汉语语法资料汇编》(1995以下用[刘蒋]标记),为讨论方便,忽略了"在"与"于/於"的差别,综合表述时"在"包括"于/於"。我们把收集到的"SVO在L"例句分成五组,分类的标准是:(一)在时间顺序上,V是否先于"在";(二)V是不是"有/没",(三)L是不是O的位置。具体情况见下表:

	时间上V先于"在"	V是"有/没"	L是O的位置
第一组	＋	－	＋
第二组	－	－	＋
第三组	－	＋	＋/－
第四组	－	－	－
第五组	＋	－	－

分别举例如下(有的例句S省略,举例时保持原貌):

第一组

(1) 有梵夹法文经,又拂舍利,置之於琉璃瓶里。(《入唐求法巡礼行记·卷三》,[刘蒋]唐五代卷,127页)

(2) 皇帝遂留衣——少汗衫子一领在蜀王殿上。(《叶净能诗》,[刘蒋]唐五代卷,311页)

(3) 放夜烛在桌子上。(《简贴和尚》,[刘蒋]宋代卷,399页)

(4) 你如何安手在我怀中?(《崔待诏生死冤家》,[刘蒋]宋代卷,444页)

(5) 王秀去拾那地上一文钱,被赵正吐那米和菜在头巾上,自把了酸馅去。(《宋四公大闹禁魂张》,[刘蒋]宋代卷,492页)

(6) 故铭刻几句言语在盘上。(《鲁斋遗书》,[刘蒋]元代明代卷,22页)

第二组

(7) 列千军于楚塞,布万阵于黄池。(《伍子胥变文》,[刘蒋]唐五代卷,203页)

(8) 一日某与持国、范夷叟泛舟于颖昌西湖。(《河南程氏遗书》,[刘蒋]宋代卷,44页)

(9) 又见一人,年约六十余岁,骑马在挞懒后。(《三朝北盟会编》,[刘蒋]宋代卷,197页)

(10) 大雅谒先生于铅山观音寺。(《朱子语类·训门人》,[刘蒋]宋代卷,263页)

(11) 遂买一所大宅于城中。(《宋四公大闹禁魂张》,[刘蒋]宋代卷,478页)

第三组

(12) 舜有亲阿娘在堂。(《舜子变》,[刘蒋]唐五代卷,203页)

(13) 明道肚里有一条梁,不知今人有几条梁柱在肚里。(《朱子语类·总训门人》,宋代卷,322页)

(14) 没军器在手。(《杨温拦路虎传》,[刘蒋]宋代卷,419页)

(15) 自家又有个好名儿在天地间。(《皇明诏令》,[刘蒋]元代明代卷,259页)

第四组

(16) 出家于石门。(《祖堂集》,[刘蒋]唐五代卷,494页)

(17) 唐明皇奔蜀,肃宗即位于灵武。(《三朝北盟会编》,[刘蒋]宋代卷,108页)

(18) 房以五万众兵出淮东,刘锜拒之于楚州青石口。(同上,207页)

第五组

(19) 便投军在太原营幕。(《刘知远诸宫调》,[刘蒋]宋代卷,366页)

(20) 苗忠方省得是这尹宗附体在秀娘身上。(《万秀娘仇报山亭儿》,[刘蒋]宋代卷,472页)

1.2 仔细观察上述五组例子,可以发现:

a. 第一组和第五组的 V 动作在时间上先于"在"发生,也就是说,这两组的语序遵从时间顺序原则,而其他三组时间上 V 并不先于"在",它们的语序不以时间顺序为准。

b. 第四、第五两组的 L 不是 O 的位置,这包括两种情况:一是 O 是无指的,如例(16)"出家"的"家",例(17)"即位"的"位",例(19)"投军"的"军",例(20)"附体"的"体",这些 VO 结合紧密,近似于一个词;二是 O 不在 L 的范围内,如例(18)的"之"(房以五万众兵)不在楚州青石口。

c. 第三组的 V 是"有/没",表示存在与否,不表示动作或形态,S 可以是事物,也可以是时间或方所,也可以没 S。V 是"有",则 O 与 L 有位置关系,V 是"没",则 O 与 L 没有位置关系。

d. 值得注意的是,O 与 L 的位置关系,各组情况不同。

第一组里,有两种情况。一是表示 V 动作之后,O 与 L 新发生位置关系,如例(1)、(3)、(4)、(5)、(6);二是表示 V 动作之后,O 与 L 重新发生位置关系,如例(2),皇帝穿着少汗衫子已在蜀王殿上,皇帝要离开了,少汗衫子也将脱离蜀王殿,但把少汗衫子留下,在心理上,等于少汗衫子与蜀王殿重新发生了位置关系,虽然实际上少汗衫子并未发生位移。为更清楚地说明问题,对比下面两例:

(21) 苗忠道:"容易事。"便背了万秀娘,夜里走了一夜,天色渐渐晓,到一所庄院。苗忠放万秀娘在地上,敲那庄门。(《万秀娘仇报山亭儿》,[刘蒋]宋代卷,468 页)

(22) 当夜都来焦吉庄上来。连夜敲开酒店门,买些个酒,买些个食,吃了。打开笼仗里金银细软头面物事,做三分,陶铁僧分了一分,焦吉分了一分,大官人也分了一分。这大官人道:"物事都分了,万秀娘却是我要,待把来做个札寨夫人。"当下只留这万秀娘在焦吉庄上。(同上,466 页)

例(21)万秀娘本在苗忠背上,"放"动作之后,与"地上"新发生位置关系;例(22)不同,万秀娘已在焦吉庄上,她与金银财物都是被劫来的,分给了"大官人"苗忠,苗忠本要带走万秀娘,但暂时把她留在焦吉庄上,继续拦路抢劫。在心理、事理上,万秀娘应离开"焦吉庄上",被留下后,心理、事理上,万秀娘又与"焦吉庄上"重新发生了位置关系。这种心理、事理上的先离开再进入,照映在句法结构上,也能构成"SVO 在 L"的格式,其语序与心理时间的顺序一致。这种情形的 V,常见的是"留、丢、撇"等动词。

第二组里,也有两种情况。一是 V 动作开始,O 与 L 的位置关系即存在,如例(7)里,"列"动作开始时,"千军"就在"楚塞";二是 V 动作开始前,O 与 L 的位置关系已经存在,如例(11),"买"动作发生之前,"大宅"就已在"城中"了。

第三组里,V 为"有",O 与 L 才存在位置关系,"有"表示 O 虚泛的存在,"在 L"表示 O 存在的具体位置,可以说,"有 O"是先决条件,是背景,O 与 L 的空间位置关系是背景下的焦点。这种情形的语序,遵从认知上"背景—焦点"的顺序原则。

二 从更多的实例看"SVO 在 L"的表意共性

2.1 俞咏梅(1999)、沈家煊(1999b)讨论"SVO 在 L",S 限于施事,O

限于受事,本节不做这种限制,本节涉及的范围更广,实际用例更多。

我们先看看"SVO 在 L"从近代汉语到现代汉语的变化情况。

    近代汉语   现代汉语

a. 苗忠放那万秀娘在地上。 A 她放了一把马扎子在躺椅下面。
b. 当下只留这万秀娘在焦吉庄上。 B 我留下好朋友一个人在宿舍。
c. 骑马在挞懒后。 C 他端着一饭盒排骨在我身边。
d. 舜有亲阿娘在堂。 D 他有一群羊在山上。
e. 没军器在手。 E 他没那么多的设计在里头。
f. 拒之于楚州青石口。 F ——
g. 这尹宗附体在秀娘身上。 G ——

  本节第一部分把近代汉语"SVO 在 L"分成五组,在这里,a、b 属第一组,c 属第二组,d、e 属第三组,f 属第四组,g 属第五组。只有 O 与 L 没有位置关系的 f、g 在现代汉语里难以见到相应的说法(上表用长实线在 F、G 后标记)。这表明,现代汉语里,O 与 L 有没有位置关系,对"SVO 在 L"的构成来说,显得非常重要。

  近代汉语里,时间上 V 并非先于"在"发生的 c 很常见,但现代汉语的 C 并不多见。本节列举收集到的三个例子:

(23) 我催了新闻部的老主任好几次,哪次都说快了,最后,我和他在食堂吃饭,他端着一饭盒排骨在我身边,一边啃着排骨,一边无奈地告诉我,采访顺祥的事还没落实。(李治邦《随风起舞》,《北京文学》1999:7,23 页)

(24) 姑太太十五岁嫁过去,已经生了很多儿子孙子在一个很遥远的地方了。(石舒清《小青驴》,《小说选刊》2000:5,96 页)

(25) 那天梁子开车在中山路上,迎面一辆车撞倒了一个老头就跑了。(谈歌《的爷》,《人民文学》1998:10,55 页)

  这三个例子的可接受度一个比一个低,例(25)"梁子开车在中山路上"与近代汉语的第二组说法最接近,在现代汉语里可接受度却最低。这表明,近代汉语的 c 类说法在现代汉语里几近消失了。

  2.2 沈家煊(1999b)限定 S 为施事,O 为受事,V 为单音节的及物动作动词,把"SVO 在 L"的意义概括为"动作作用下事物到达某处所",这不能包括例(23)的情形,尽管例(23)的说法是一个弱式。如果 S、V、O 不做上述限制,那么,"SVO 在 L"的表意共性是什么呢？近代汉语到现代汉语的变化,给了我们明确的提示：现代汉语的"SVO 在 L",十分重视 O 与 L 的空间位置关系。本节认为,现代汉语的"SVO 在 L"格式的表意共性是：突出 L 表示的空间位置。具体情况如下：

SVO 在 L	突出 L 表示的空间位置
A. 她放了一把马扎子在躺椅下面。	突出 O 新到的空间位置
B. 我留下好朋友一个人在宿舍。	突出 O 重新到达的空间位置
C. 他端着一饭盒排骨在我身边。	突出 S、O 所处的空间位置
D. 他有一群羊在山上。	突出 O 所处的空间位置
E. 他没那么多的设计在里头。	突出 O 不在的空间位置

L 为"手里"、"手上"的"SVO 在 L",通过突出 L 的空间位置,可以表达 S 对 O 的控制或拥有义,如"她落了五块钱在自己手里"、"抓了一大把糖在手上"、"点了一支烟在手上"、"取过祖母的红盖头在手里"等,都有这种意义。

2.3 应该注意的是 A、B 是施动句,D、E 是以存现为主要意义的句子,C 可以说是动态句。动态句里,V 后加"着"是有可能的,如例(23)的"端着"。范继淹(1982)认为,"在 L"出现后的句式没有进行语态,这种看法适合于施动句,不适合动态句。

三 从相邻原则看 O 与 L 的形式距离

3.1 沈家煊(1999b)对相邻原则做了简明的阐释：相邻的两个成分倾向于组成一个单位,具体的距离是这样,抽象的距离也是这样。他用相邻原则说明了"V 在"是一个复合性动词结构,其动因是转移和到达可以是一个统一的过程。

本节根据 D. Bolinger(1975)的看法,在更广泛的范围上理解相邻原则。D. Bolinger(1975)认为：句法的第一条规则是属于一起的东西总在一起。如 beautiful flowers, my mother, he came 等,这些词是以其相近性(proximity)而结合在一起的。如果一个信息是从口中说出的,亲近性(togetherness)可能就是时间上的接近；如果一个信息是写在纸上的,亲近性就是指空间上的接近。本节对相邻原则做如下表述(参张敏 1998)：

语义上越亲近,形式上越靠近。语义距离近的两项,其形式距离不会比语义距离远的两项大。

为什么现代汉语的"SVO 在 L","在 L"与 O 紧挨在一起？根据相邻原则可以得到解释：因为 L 是 O 的位置,它们的语义关系密切,"在"是这种空间位置关系的标记。"在"有不出现 的可能。下面是古、近代汉语的例子：

(26) 坎坎伐檀兮,置之河之干兮。(《诗经·魏风·伐檀》)
(27) 以挫晋兵河上也。(《史记·晋世家》)
(28) 浮之河中。(《史记·滑稽列传》)
(29) 先主、关公待送张飞徐州,献与吕布,又思桃园结义。(《三国志·卷上》)
(30) 沉尸河底。(《滕大尹鬼断家私》)

李崇兴(1992)、蒋绍愚(1999)注意到,西汉以后,"V＋O＋于＋L(方位短语)"里的"于",有消失的趋势。蒋绍愚(1999)认为"于"有标记 L 为处所成分的作用,如果 L 是方位短语,本身可以与名词区分开,根据经济原则,可以不出现,并认为"于"的消失,是方位短语 L 前移的一个契机。本节认为,相邻原则可以更好地解释这一点,因为 L 是 O 的位置,空间位置关系密切,形式上靠近,为"在/于/於"的不出现提供了可能性。现代汉语里,还有"我放桌上一本书/姐姐存银行一笔钱/那个人扔河里一个石头"的"SVLO"格式,L 与 O 之间没有关系标记词出现,"在"可能出现的位置是 L 的前边。这从另一侧面说明,"(在)L"与 O 形式距离遵从相邻原则。

3.2　问题是,"SVO 在 L"里,C 类说法的 L 不仅是 O 的位置,也是 S 的位置,而 S 离 L 距离较远,这似乎有悖于相邻原则。实际情况并非如此,问题的关键是谁与谁相邻。"SVO 在 L"理论上至少有三种相邻情况({}[]表示相邻的单位)：

	现代汉语	古代汉语
第一种：{S}{[V][O][在 L]}	A、B、D、E	a、b、d、e
第二种：{SVO}{在 L}	C	c
第三种：{S}{[VO][在 L]}		f、g、c

如果现代汉语的 C 是第二种情况,即{SVO}与{在 L}相邻,那么 L 既可能是 S 的位置,也可能是 O 的位置。

3.3　相邻原则可以解释为什么近代汉语的 a、b、d、e 保留下来,而 f、g、

c却在现代汉语里消失或几近消失了。

a、b、d、e 的相邻原则是{S}{[V][O][在L]},O 近似兼语,既与 V 相邻,又与"在L"相邻,也就是说,O 有两个方向的拉力,一个来自 V,一个来自"在L",无法再安排另一个语序,能把这种情形表现出来。a、b、d、e 如果不违反相邻原则,语序上就没有选择的余地。

c 就不同了。近代汉语的 c 类说法,相邻情况有两种:一是{SVO}与{在L}相邻,二是{S}与{[VO][在L]}相邻,其中[VO]与[在L]又相邻。两两相邻,不管哪个在前哪个在后,都是相邻的。因此,每种相邻情况至少都有两种语序可供选择:

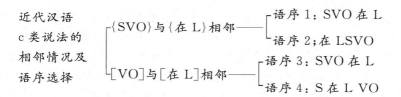

仅从线性顺序看,语序1和语序3是一样的。因此,近代汉语 c 类说法有两种可能的语序变化(语序2、语序4),举例说明如下:

　　　　　　　　　语序2:在挞懒身后,一个人骑着一匹马。
一人骑马在挞懒后
(语序1、语序3)　　语序4:一个人在挞懒身后骑着一匹马。

上述分析表明,在不违反相邻原则的前提下,近代汉语的 c 类说法仍然有选择其他语序的余地。现代汉语基本上放弃了 c 类说法"SVO 在 L"的语序,选择了"在 LSVO"、"S 在 L VO"的语序。

近代汉语的 f、g 是[VO]与[在L]相邻,语序上也可以有两种安排,即"S VO 在 L"或"S 在 L VO",近代汉语两种语序并存,现代汉语抛弃了前者,选择了后者。举例说明如下:

(31a) 女子泊沙於水。(《伍子胥变文》,[刘蒋]唐五代卷,190页)

(31b) 今于水上泊沙。(同上,190页)

(32a) 出家于罗汉院,具戒造曹源。(《祖堂集》,[刘蒋]唐五代卷,532页)

(32b) 姓马,于罗汉寺出家。(同上,538页)

例(31a)、(32a)选择"SVO 在 L"的语序,例(31b)、(32b)选择 S 在 LVO"的语序。

从时间顺序原则去解释近代汉语 c、f、g 类说法的变化,显然有些无能为力,因为 V 与"在"时间上难以分出先后。相邻原则却可以说明这种变化的可能性。

四 从信息处理原则看"在 L"的位置安排

4.1 现代汉语句子的焦点,刘丹青、徐烈炯(1998)分成三类:自然焦点、话题焦点和对比焦点。仅从自然焦点看,现代汉语通常把它安排在句子的末尾。因此,"SVO 在 L"里,"在 L"处在句子的末尾,是自然焦点,L 表示的空间位置是突出的信息。本节第二部分讨论的"SVO 在 L"的表意共性,正是突出 L 表示的空间位置。近代汉语 A、B、D、E 类说法能保留下来的重要原因之一,就是它适应了信息处理原则的要求。

4.2 由 S、V、在 L、O 构成的"在"字句里,"在 L"越靠近左边,越不易成为自然焦点,越靠近右边,越容易成为自然焦点。下面两式的自然焦点是有差别的:

格式	例句	自然焦点
SVO 在 L	我写几个字在黑板上。	在黑板上
SV 在 LO	我写在黑板上几个字。	几个字

近代汉语的 c、f、g 里,"在 L"可以不是信息焦点,如例(31a)的"於水"、例(32a)的"于罗汉院",从上下文看,都不是信息焦点,但它们却处在句末的焦点位置。为了解决这种矛盾,"在 L"只好改变位置,使句子的语序发生变化。相邻原则允许"在 L"发生位移,并提供了可供选择的语序。"在 L"位移的方向是句子的左边——不易成为自然焦点的位置。因此,近代汉语的 c、f、g 类说法,到现代汉语里,一般都说成"在 L"位于左端的"S 在 LVO"式或在"LSVO"式。

4.3 沈家煊(1999b)区别了"SVO"与"VO",认为前者包括施事 S,是事件,而后者不带 S,是动作。他运用包容原则说明了"在 LSVO"与"S 在 LVO"的差别:对前者来说,"在 L"是表示 SVO 事件的处所,对后者来说,"在 L"是表示 VO 动作的处所。而事件或动作发生的处所,"与事件或动作参与者的处所无关"(98 页)。俞咏梅(1999)的讨论高度重视参与者的处所,这与沈家煊(1999b)不同。根据我们的观察,典型的"在 LSVO"式里,L

既是事件的处所,也是施事的位置。但的确存在下面的现象:

(33) 在第三页上我删了两句话。(沈家煊1999b 用例)

"第三页上"不可能是"我"的位置。例(33)这种情形是受到限制的,下面的例子都不能说:

(34) *在竹竿上陶珍晾了衣服。
(35) *在灯上我点着了烟。

例(33)的情形,可以从信息处理原则得到解释:例(33)的"在第三页上"是话题焦点或对比焦点。例如:

(36) 翻到第三页。在第三页上我删了两句话,大家看看合不合适。(话题焦点)
(37) 在第三页上我删了两句话,第四页上我却一个标点也没动。(对比焦点)

支持上述分析的一个事实是:L可以是S位置的"在LSVO","在L"是背景,也可以成为焦点,而例(33)那样L不是S位置的"在LSVO","在L"只是焦点,而不可能是背景。

4.4 根据相邻原则,VO前边的L更靠近S,而VO后边的L更靠近O,那么,可以有这样一个倾向性的结论:

现代汉语由S、在L、VO构成的"在"字句里,VO前边尤其是S前边的L,通常可以是S的位置,而不必是O的位置;VO后边的L,通常可以是O的位置,而不必是S的位置。更为保险的说法是,VO前边的L,表示S位置的可能性不会比VO后边的L小;而VO后边的L,表示O位置的可能性不会比VO前边的L小。

五 结语

5.1 本节讨论了"SVO在L"格式。无论从近代汉语的发展变化看,还是从自然焦点看,现代汉语"SVO在L"的表意共性都是突出L表示的空间位置。

5.2 相邻原则可以解释为什么近代汉语"SVO在L"的七种情形,a、b、d、e,保留下来,而c、f、g基本消失了。因为从相邻情况看,c、f、g还有选择的余地,而 a、b、d、e 却无法重新选择语序。

5.3 信息处理原则可以解释近代汉语的 c、f、g 发生变化的原因。c、f、g 里的"在 L"可以不是信息焦点,但它处在句末焦点的位置,"在 L"前移,正好解决了这种矛盾,适应了信息处理原则的要求。因此,本节认为,相邻原则为 c、f、g 的消失(体现为"在 L"位置的变化)提供了可能,而信息处理原则为"在 L"的位移指明了方向。

5.4 相邻原则可以从三个层面去理解:(一)语义、概念上密切,形式上靠近。如"我妈妈"比"我的钢笔"结合更紧密。(二)相邻的两个成分经常在一起,易于组成一个单位。沈家煊(1999b)正是这样理解,并成功地解释了"V 在"的结合。但沈家煊(1999b)的讨论没有涉及动词为"有"的"在"字句。现代汉语里不说"有在",但近代汉语里可以说"有在",这说明"有在"也可以被看作一个整体。现录几例在这里,作为补缀:

(38) 三杯之后,王婆起身道:"教授既是要这头亲事,却问干娘觅一个帖子。"干娘道:"老媳妇有在这里。"(《一窟鬼癞道人除怪》,[刘蒋]宋代卷,454 页)
(39) 小衙内有在这里。(《水浒》五十回,576 页,海南出版社,1995)
(40) 誓书有在那里。(同上,582 页)

(三)直接成分都是相邻的。这是在更广的范围内理解相邻原则。"SVO 在 L"里,"在 L"与 SVO、VO、O 都可能相邻。相邻的两个成分有互换位置的可能。因此,与"在 L"相邻的成分不同,语序变化的可能性就不一样。近代汉语"SVO 在 L"七类说法,发展到现代汉语里,有的保留,有的消失,这种不平衡性,正是相邻原则影响的结果。

第七节 "V 往+O"的语义约束

本节先从现代汉语共时平面探讨"V 往+O"的语义约束情况,能够进入格式的动词"开、通、飞、送、寄、逃"等具有非内向性位移、速度较快、有位移工具等语义特征,O 具有距起点远、范域较大等特征;然后从历时角度考察"往"的语义俯瞰、虚实两重性情况,解释为什么 O 通常是处所词,并说明"派往、押往"的构成理据是"往"仍带有动词性。本节还从赋元能力方面说明了"上、到"等不能进入格式的原因。

○ 研究现状及存在的疑问

现代汉语的"V往＋O"格式,表示"(人或物)向某处位移"的意思。吕叔湘主编的《现代汉语八百词》(1984:480)认为,"V往＋O"里,"往"是介词,表示动作的方向,O是处所词语,V限于"开、通、迁、送、寄、运、派、飞、逃"等少数几个。王小溪(2004)对这个问题有进一步的研究,得出如下结论:第一,V必须是表示位移的持续动词,除吕叔湘(1984)列出的9个动词外,又增加了"赶、涌、驶、押、带、发"等6个动词;第二,O必须是表示目的地的地点名词,不能是方位短语。这些研究,对本节有很大的启发。

我们的疑问是:V真的只限于上述两家所举的15个单音动词吗?单音节位移动词有几百个(齐沪扬(2000)列出240个),为什么它们中的大多数都不能构成"V往＋O"?"派、押"等动词的位移意味并不明显,为什么"派往武汉"、"押往监狱"之类的说法可以成立?为什么O一般不能是方位短语?本节试图探讨这些问题。

一 "V往＋O"的构成情况

1.1 V与O的音节数量

"V往＋O"格式里,"往"是固定因子,V与O是变化因子。从音节数量看,V只能是单音节动词,O是两个或两个音节以上的表示方所的词语。

迁往重庆	*搬迁往重庆	迁往南方	*迁往南
开往北京	*开动往北京	通往宴会厅	*通往厅
运往长沙	*运输往长沙	运往湖北	*运往鄂
押往伊犁	*押解往伊犁	寄往美国	*寄往美

从韵律上看,"V往＋O"里的停顿是在"往"的后边,"V往"是一个节拍,O是一个节拍,"V往"是双音节的,O至少也要有两个音节,否则,就显得头重脚轻,结构不稳。

1.2 V的数量

V的数量是有限的,但不限于"开、通、迁、送、寄、运、派、飞、逃、赶、涌、驶、押、带、发"15个,下面的说法应该是可以接受的。

(1) 我始终神智清醒,看着人们惊慌地跑来,七手八脚地把我抬往急救室。(王朔《过把瘾就死》)

(2) 医疗废水流往何处？/疯牛病牛肉流往华盛顿。
(3) 西区首批女生搬往东区公主楼。/部分重污染企业可能搬往唐山。
(4) 家人迅速将孩子抱往医院抢救。
(5) 台胞去年打往大陆的电话近10亿分钟。
(6) 亚洲沙尘暴将沙尘吹往美国。
(7) 俄军一艘退役柴油潜艇在被拖往拆船厂途中沉没。

"抬、拉、拖、推、抱、流、搬、挪、捎、打（电话）、吹"等动词也可以参与构成"V往＋O"格式。本节第二部分考察V的情况时，会涉及到典型性问题。从典型性角度看，V的数量虽然不大，但也不会是一个绝对精确的数字，而是表现为一个级差序列。我们把易于进入"V往＋O"的动词分成三组：

第一组：包括"迁、送、寄、逃、发、卖、流"等动词；

第二组：包括"通、运、飞、赶、驶、打（电话）、拨、输、开、涌、吹、游"等动词；

第三组：包括"派、带、捎、押、领、抱、抬、背、摇"等动词。

本节第二、第三部分会对它们能进入格式的原因做出说明。

1.3 O的三种主要情况

"V往"后边的O，主要有三种情况。一是表示地点的命名性处所词，如"飞往上海"、"资金流往中国"、"搬往西区"；二是表示单位或机构的处所词，如"送往医院"、"通往海军大院"；三是表示某个处所的词语，如"飞往南方"、"开往东海里的一个小岛"、"逃往生父居住的地方"、"寄往你处（的信）"、"流往何处"。O一般不能是方位短语，像"通往关外/海边"这样的说法，"关外"已成词，"海边"的说法也比较固定。

如果是比喻用法或隐喻用法，O也可以是名词性的词语，如"通往这些问题的阶梯"、"在通往四化的征途上"、"项目资金已拨往承担人账户"。

1.4

"V往＋O"里，"V往"后边不能出现体标记"了、着、过"，如不能说"飞往了北京"。表示已然状态，是在"V往＋O"后加上助词"了"，如"飞往北京了"。

二 V与O的语义特征对格式构成的影响

2.1 位移的方向：外向＞泛向＞内向

不能位移的动词进入"V往＋O"格式是受到很大限制的，如"吃往、穿往、喝往、吵往、抄往、冻往、蹲往、躺往、煮往、办往"等一般都不能说,王小溪(2004)已经指出了这种限制。但表示位移的动词,并不是都能构成"V往+O"格式。从语义上看,"往+O"表示动作的方向和目的地,是由近处向远处的,因此,只有位移方向与"往+O"相匹配的动词,才能构成"V往+O"。动词位移的方向不同,对格式的构成有明显的影响作用。位移的方向可以粗略地分成三种情况(邓守信1975,汤廷池1977,范晓1986)。

外向位移:由近处向远处,单一方向。如"迁、送、寄、逃、发、卖、流、去、上、扔、撞"等。

内向位移:由远处向近处,单一方向。如"买、收、取、拾、捡、抢、来、回"等。

泛向位移:非单一方向。如"通、运、飞、赶、驶、打(电话)、拨、输、开、涌、吹、游、传、查、捉"等。

依据位移方向的情况,可以发现如下的级差序列:

外向位移	>	泛向位移	>	内向位移
迁往合肥		通往四川		*买往老家
送往编辑部		赶往出事地点		*取往福建
逃往深山老林		游往湖心		*抢往小明家
?扔往海边		*捉往监狱		*拾往仓库
*上往泰山		*查往宿舍		*来往北京

上述序列中,越往右,越难构成"V往+O",尤其是内向位移动词,一般不能后加"往",因为它们与"往+O"的方向正好相反,语义上有矛盾,不能组配在一起。

2.2 位移的速度:快>慢

位移速度越快的V,越容易进入"V往+O"格式。比较:

速度快	>	速度慢
逃往大峡谷	跑往大峡谷	*走往大峡谷
逃往另一个方向	跑往另一个方向	*走往另一个方向
逃往边境	*跑往边境	*走往边境

"跑"指脚或腿快速向前交互移动,"逃"包含着"跑"的意思,还有"躲避"的意思在里边,"走"指脚交互向前移动,速度比"逃"和"跑"慢,因此,在构成

格式方面受到更大的限制。

实际上,在普遍接受的"V往+O"说法里,V大多是位移速度快的动词,如"飞、运、开、寄、驶、涌、赶、逃、跑"等。这里所说的速度快,是相对来说的,如"跑"相对于"走","赶"相对于"走","涌"相对于"漫","飞、运、开"等涉及交通工具的动词相对于"跑、走"等人体动作动词,速度总要快一些。

值得注意的是,距离有实际距离和心理距离之分,心理距离远的动词,易于构成"V往+O",即遵从如下序列:

心理距离远　　　＞　　　心理距离近
逃往海南　　　　　　　　＊奔往工地

"逃"在心理上是越远越好,"奔"在心理上是越近越好,不希望拐弯抹角,《现代汉语词典》对动词"奔"的释义是"直向目的地走去"。因此,"奔"一般不与"往"组配。

2.3　位移的距离：远＞近

V位移的起点与目的地的距离越远,V越容易进入"V往+O"格式。比较:

扔往广岛的原子弹＞? 扔往屋顶的石块＞＊扔往地板的球

上述序列中,从左到右,位移的距离越来越近,相应的说法也越来越难成立。

距离与速度是成正比的,"运、寄、驶、开、飞"等位移速度快,位移的距离自然就远,构成"V往+O"也就越容易。而位移距离很近甚至不能位移的动词,如"挨、放、擦、缠、垫、叮、缝、盖、挂、裹、画、晾、沏、签、染、锁、剃、驮、贴、栽、煮、凿",就难以进入"V往+O"格式。

2.4　目的地的空间范域：大＞小

"V往+O"里,"往+O"表示位移的方向,O同时又是位移的目的地。目的地的空间范域有大有小,动词的空间适应能力也有强有弱(储泽祥1998,齐沪扬2000,方经民2004)。O的空间范域越大,构成"V往+O"越容易接受。比较：

空间范域大　　　　　　＞　　　　　空间范域小
逃往河南　　? 逃往商场　　＊逃往草堆　　＊逃往椅子底下
送往郑州　　送往学校　　? 送往嘴边　　＊送往嘴里
通往缅甸　　通往山顶　　通往厨房　　＊通往窗户

地名、单位机构名构成的处所词,所表示的空间范围是比较大的,因此,"逃往河南"、"送往郑州"类的说法易于接受,而"草堆"、"嘴里"、"窗户"等所表示的空间是很有限的,由它们参与构成的"V 往+O"是难以接受的。

当然,不同的位移主体对目的地的范围大小有不同要求,飞机的体积较大,位移范围也很大,不能说"飞机飞往邻院",蒲公英的茸毛体积很小,可以说"蒲公英的茸毛越过篱笆飞往邻院",但是,"蒲公英的茸毛飞往嘴里"仍然不能说。这就表明,不管位移主体的体积大小如何,都要求目的地具有相对较大的空间范围,只有这样,"V 往+O"的说法才好接受一些。

2.5 位移工具:有＞无

有些动词本身的语义或某个义项涉及到位移工具,例如:

开:操纵车、船、飞机等(到某处);
迁:利用车、船等迁移到某处;
运:利用车、船、飞机等搬运到某处;
送:把东西运到或拿到某处;
驶:车、船等快速移动到某处;
寄:把东西通过邮局、交通部门送到某处;
飞:鸟类或飞行器等从空中移动到某处;
逃:步行或凭借交通工具逃走到别处;
赶:步行或凭借交通工具快速到某处;
打(电话):通过电话装置通话。

利用位移工具进行位移,速度比较快,起点与目的地的距离也相对较远,因此,这样的动词更容易进入"V 往+O"格式。比较:

| 有位移工具 | ＞ | 无位移工具 |

拉:救护车将伤者拉往医院救治。　　?醉汉被干警拉往救助站协查。
拖:将车拖往维修厂进行修理。　　　*他把笨重的沙发拖往地下室。
推:9 时 14 分,病人被推往手术室。　*他用双手把陌生人推往门外。

从比较中可以看出,如果凭借了位移工具,"拉/拖/推往+O"的说法都可能成立,如果没有位移工具,"拉/拖/推"纯粹是人体发出的动作,就难以构成"V 往+O"格式。"扯/抓/拽"等动词所表示的动作,通常都是人的手直接进行的动作,都难以进入"V 往＋O"格式。

2.6 V 的赋元能力:必须介引＞不必介引＞不能介引

O 是 V 的一个论元,O 表示位移的目的地,也能间接表示动作的方向。不同的动词,赋予"目的地"论元的能力并不一样。"逃、驶、流、涌、吹、赶、运、开、送、派、押、带、抱"等动词必须由"往"来介引"目的地"论元,"通、飞、迁、寄、发"等动词可以由"往"介引,也可以不用介引,但"去、上、进、到、入、奔"等动词有直接赋元的能力,不能用"往"介引。因此,"去、上、进、到、入、奔"等动词虽然表示位移,但不能构成"V 往＋O"格式。

可以进入"V 往＋O"格式的动词,义项往往不止一个。但只有基本具备"外向位移、速度快、距离远、范域大、有位移工具、必须介引"这些特征的义项,才能符合"V 往＋O"格式的要求。例如"送":

义项	外向位移	速度快	距离远	范域大	有位移工具	必须介引
① 把东西运到或拿到某处	＋	(＋)	＋	＋	(＋)	＋
② 赠送或把东西拿给某人	＋	－	－	－	－	－
③ 陪着离去的人一起走	＋	－	－	－	－	－

只有用为第一个义项时,"送"才能构成"送往＋O"格式。

三 "往"的虚实两重性及其与 V、O 的匹配情况

3.1 动词"往"的语义俯瞰

从现代汉语的共时平面看,"往"后的 O 一般只能是处所词,不能是方位短语。这可以从 V 的语义限制得到一定的解释,尤其是速度快、距离远的位移,必然要求目的地必须有较大的空间范域,而能表示较大空间范域的首先是表示地点的处所词,如"中国、北京、岳麓山",其次是表示单位机构或建筑物的处所词,如"故宫、中山公园、办公室",由"一般名词＋方位词"构成的方位短语,如"沙发上、杯子里",表示的空间范域比较小。因此,O 通常是处所词。这里我们从另一个角度来说明 O 为什么通常是处所词。

近代汉语里,动词"往"表示"向某处去"的意思,所带的宾语通常都是表示处所的词语,既能表示目的地,又能表示方向。例如:

(8) 许意甚忿,便往西寺与王理论。(《世说新语·文学第四》)

(9) 君往东厢,任意选之。(同上,《雅量第六》)

(10) 吾当往鸡足山矣。(《祖堂集》)

(11) 师言讫,便往新州国恩寺。(同上)

(12) 汝等五百兄弟,但往蘑园礼佛听法。(《敦煌变文集》)

例中"西寺"、"东厢"、"鸡足山"、"新州国恩寺"、"蘑园"都是表示地点或场所的词语。演化到现代汉语,动词"往"单独所带的宾语,要么是合成方位词构成的处所词,如"一个往东头,一个往西头,碰不到一块儿",要么是单纯方位词,如"我往东,你往西",既不能是地名、机构或建筑名构成的处所词,也不能是方位短语。

动宾短语"往+O"出现在动词后边,构成连动结构"V+(往+O)",语法化以后,"往"成为介词,附着在V的后边,形成"V往+O"格式。在这个格式里边,"往"仍然影响着O的构成,通常都是处所词语,如下面例子中的"卫州"、"后楼"、"他乡":

(13) 星夜出关,驰往卫州。(《水浒传》)

(14) 已知此人来意不善,不觉心惊,欲待走了,却又下楼不及,遂推更衣,走往后楼躲避。(《金瓶梅》)

(15) 那霍启也就不敢回来见主人,便逃往他乡去了。(《红楼梦》,第一回)

V后边的"往"虚化成介词以后,语义上仍然要求与处所词构成的O相匹配,介宾结构"往+O"仍然表示方向和目的地。先出现的动词"往"对后衍生的介词"往"的这种语义匹配上的影响,就是"语义俯瞰"。

应该说明的是,近代汉语里,无论是动词"往",还是介词"往",后边都有少数方位短语构成的O。例如:

(16) 纵步下阶,径往阁中。(《清平山堂话本》)

(17) 贾母唤了他去,吩咐不许送往家庙中。(《红楼梦》,第七十回)

例中的"阁中"、"家庙中"是方位短语,不过,值得注意的是,其中的"阁"、"家庙"都是处所词。为什么近代汉语里O偶尔可以是方位短语?这还要从处所词说起。在下面这个表示范域大小的序列里,表示单位机构、建筑物的处所词有着特殊的表现。

表示地点的处所词>表示单位机构、建筑物的处所词≥"单位机构、建筑名+上/内/中/里">"一般名词+上/内/中/里"

表示地点的处所词范域最大,一般也不能后加方位词,表示单位机构、建筑物的处所词范域次之,但可以后加方位词构成方位短语(储泽祥2004a)。从范域大小看,"家庙"="家庙中","阁"="阁中"。这就表明,由"表示单位机构、建筑物的处所词+方位词"构成的方位短语,空间范域也是比较大的,构成O,并不违背"V往"对O的语义要求。

3.2 "往"的虚实两重性及其对格式构成的影响

前文反复说明,进入"V往+O"的动词首先就必须是外向位移性的,这种观察结果能够解释为什么"逃、寄"类动词可以进入格式,而"收、取"类动词不能进入格式,但不能解释为什么"带、捎、押、领、抱、抬、背、摇"等外向位移性不明显的动词,以及"派"这样的非位移动词(但它是外向性的),也可以进入"V往+O"格式。例如:

带往深圳 捎往杭州 押往襄樊 领往食堂 抱/抬/背往医院 摇往湖心 派往安庆

仔细观察这些例子,不难发现:表达位移意义的,不是"往"前边的V,而是"往"本身。这表明,在这些说法里,"往"仍然是动词性的。可以这样说,现代汉语里的"V往+O","往"是虚实两重性的:有时候是介词(如"飞往长沙"),有时候是动词性的成分(如"押往襄樊")。

明代小说里,"往"的虚实两重性就表现得十分明显。例如:

(18) 我两个奉哥哥将令,差往北京打听卢员外消息。(《水浒传》)
(19) 连忙差人往均、巩二州约会去了。(同上)
(20) 他家鸨子说,收拾了才待来,被王皇亲家人拦往宅里唱去了。(《金瓶梅》)

现代的"派往"与明代的"差往"最接近,而《水浒传》里"差往"是连动结构,例(19)与例(18)可以形成对比,"差"与"往"之间插入了"往"的施事"人","往"是表示位移的动词。例(20)的"拦往宅里","拦"是非位移动词,表示位移的也是"往"。现代汉语的"V往"虽然不能拆开,但像"派往"、"押往"这样的说法,"往"并未完全虚化,仍然保留着动词的意味。关于"往"的虚实两重性问题,第四章第二节已有更为详细的讨论。

3.3 "往"的性质、作用及其与V的匹配情况

从句法上看,"V往+O"的"往"有两种性质。

a. 用作介词,为V介引目的地或方向论元;

b. 近似动词,"往"带宾语,表示位移。前边的 V "押、带"等表示位移时伴随的动作,"派"表示位移的动因,而近代的"拦往＋O"、"往＋O"表示"拦"动作的目的。

从语义上看,"V 往＋O"里的"往"有三个作用。

a. 介词,显示外向性。前边的 V 包括"迁、送、寄、逃、发、卖、流"等外向位移动词。
b. 介词,择定方向,使动作的方向选择为外向性。前边的 V 包括"通、运、飞、赶、驶、打(电话)、拨、输、开、涌、吹、游"等泛向位移动词。
c. 动词性成分,表示位移(向某处去)。前边的 V 包括"派、带、捎、押、领、抱、抬、背、摇"等位移不明显的动词。

四 结语

4.1 V 与"往"的匹配情况可以归结如下:

动词	位移	方向	"往"的词性	"往"的语义作用	举例
第一组	是	外向	介词	显示外向性	送往医院
第二组	是	泛向	介词	择定外向性	通往四川
第三组	否	——	动词性成分	向某处去	派往西藏

4.2 动词的词汇语义对格局的构成有着十分明显的约束作用,如本节考察的"V 往＋O"格式里,动词的位移性、方向性、速度以及动作所涉及的位移工具,都能制约着格式的构成。动词的这些个语义特征,都可以作为划分动词小类的依据,并从相应的句法形式中得到验证。

4.3 动词的词汇语义研究,必须与特定的句法格式结合起来,否则,不仅研究的难度很大,作用也会大打折扣。

4.4 动词的词汇语义研究,不能完全局限在共时平面,历时研究有时也十分重要。本节对"往"的语义俯瞰及虚实两重性的考察,可以说明这一点。如果不从历时角度去观察,一味地认为"V 往"里的"往"是介词,而忽略它也可以是动词性成分,就很难说明"派往、押往"的构成理据是什么。

4.5 一个人的语言知识是有限的,语言学家也不例外。因此,词汇语义的研究,要依靠大规模的语料,不仅要利用语料库,也要注意利用网络资源。网上可以搜寻到十分鲜活的语料,虽然某些说法不够规范,但有些"灰色语料"很有启发作用。

第八节 里外关系变化的四种表达式及其标记模式

在动力作用下,事物 X 可与容器 N 发生里外性质的空间位置关系。汉语可用四种格式来表示:A 式:X→(V 进＋N);B 式:X→(V 进＋N 里);C 式:X→(V 出＋N);D 式:X→(V 出＋N 外)。汉语教学中必须回答这样的问题:A 式与 B 式、C 式与 D 式有什么不同? 在具体运用时如何选择? 本节主要依据"标记理论"(Markedness Theory)来讨论表示里外关系变化情况的四种表达式,以期对上述问题作出回答。

里外关系,是基本的空间位置关系。认知语言学理论也认为,里外关系是基本关系之一。(参石毓智 1995,张敏 1998)里外关系可以表述为两种情形:容入关系和离析关系(参储泽祥 1997a)。

一个容器 N,具有两个要素:明确的边界和一定的可容纳的空间。在动力作用下,事物 X 可与容器 N 发生里外性质的空间位置关系。汉语可用四种格式来表示:

A 式:X→(V 进＋N),如"王小三跑进教室";
B 式:X→(V 进＋N 里),如"王小三跑进教室里";
C 式:X→(V 出＋N),如"王小三跑出教室";
D 式:X→(V 出＋N 外),如"王小三跑出教室外"。

这四种格式是相互联系的,可以表示事物 X 与容器 N"容入—离析"的空间位置关系的变化情况。表达式中,X 表示发动者(属于广泛意义上的事物),V 表示移动动作,"进/出"表示移动的方向。汉语教学中必须回答这样的问题:A 式与 B 式、C 式与 D 式有什么不同? 在具体运用时如何选择? 本节主要依据"标记理论"来讨论表示里外关系变化情况的四种表达式,以期对上述问题作出回答。

B 式中"N 里"是"N 里/中/内"的代表形式,行文中不再说明。

一 有标记与无标记

本节根据"标记理论",假设并证明如下的标记模式:

	表示"容入关系"	表示"离析关系"
无标记	A 式	C 式
有标记	B 式	D 式

为证明这种标记模式的存在，笔者做了必要的材料统计工作。统计的对象是《王朔文集》(华艺出版社，1997)，约 160 万字。

1.1 基本数据如下：

A 式	B 式	C 式	D 式	合计
326	122	133	6	587
55.54%	20.78%	22.66%	1.02%	100%

仔细观察数据，可以看出：

（一）虽然有标记的 B 式、D 式在组合形态上比无标记的 A 式、C 式复杂（多了"里/外"），但数量上没有 A 式、C 式多。A 式、C 式有 459 个实例，B 式、D 式只有 128 个实例。

（二）无标记的 A 式、C 式的使用频率比有标记的 B 式、D 式高。A 式、C 式占 78.2%，B 式、D 式只占 21.8%。A 式、C 式单独的使用频率都比 B 式、D 式的频率之和高。

（三）相对的情况更明显。表示容入关系，A 式、B 式是相对的，无标记的 A 式有 326 个实例，占 72.77%；而有标记的 B 式只有 122 个实例，只占 27.23%。表示离析关系，C 式、D 式是相对的，无标记的 C 式有 133 个实例，占 95.68%；而有标记的 D 式仅有 6 个实例，只占 4.32%。

（四）分布上，无标记的 A 式、C 式与有标记的 B 式、D 式基本一致，最常见的都是做谓语，其次是做定语。

统计结果从形态标准、分布标准、频率标准等方面证明标记模式是可以成立的。（参 Croft 1990，沈家煊 1997a、1997b）

可以说，表示里外关系，无标记的 A 式、C 式是基本的，而有标记的 B 式、D 式是非基本的。无标记的格式使用频率高，没有"里/外"的附加标记，是说话经济的需要，是"经济原则"制约的结果。

1.2　N 与"里/外"结合的情况也是支持本节的标记模式的设立的。单独看，N 与"里"结合是很常见的，但在与"V 进"结合时，"V 进＋N 里"比"V 进＋N"要少得多。N 与"外"的结合虽不及"N 里"自由、常见,但也不至于像"V 出＋N 外"那样少得可怜。笔者曾统计过张炜《美妙雨夜》、林希《天津扁担》、池莉《小姐你早》,约 10 万字,"N 外"有 17 例,但"V 出＋N 外"却一例也没有。这说明,B 式、D 式不及 A 式、C 式常见,问题的根本并不在 N 与"里/外"的结合方面。这使我们对标记模式的设立更有信心。

二 有标记的语义后果

虽然 A 式与 B 式都可以表示容入的空间关系,C 式与 D 式都可以表示离析的空间关系,但有标记的与无标记的意义必然有所不同。概念、语义复杂的,形式上也复杂一些。为了说明问题,我们把 A—D 四种格式表示"容入—离析"的空间位置关系的变化情况图示如下:

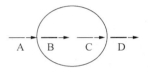

说明:圆圈表示容器 N,箭头表示事物 X 的移动方向,A、B、C、D 表示移动的四个阶段。B 段、D 段用粗线加以凸显。A 段、C 段箭头的位置表示 X 突破 N 的边界,B 段、D 段箭头的位置表示 X 已越过 N 的边界。

2.1 如图所示,表示 X 与 N 的容入关系或离析关系都有两种情况,分别与四种表达式对应:

也就是说,图示中 A、B、C、D 四个阶段,也正好与四种表达式对应。

2.2 突破边界与越过边界有程度上的差别。这里的程度,是指空间上 X 与 N 亲近的程度,它决定着 X 与 N 的空间位置关系是否明确、稳定。

相比较而言,B 式里的 N 与 X 的空间亲近程度要比 A 式高。B 式里,由于亲近程度高,"N 里"与 X 形成了空间上的稳定关系,可以说成"N 里的 X";而 A 式里,除非 N 与 X 本是整体—部分的关系,否则不能说成"N 的 X"。比较:

A 式:衣服放进行李袋 ——→ *行李袋的衣服
B 式:衣服放进行李袋里 ——→ 行李袋里的衣服

相比较而言,D式里的N与X的空间亲近程度要比C式低一些。D式里,"N外"与X已形成稳定的空间关系,可以说"N外的X",而C式不能这样。比较:

C式：小明冲出大门　　──→　＊大门的小明
D式：小明冲出大门　　──→　外大门外的小明

即使X与N本有整体—部分的关系,说成"N的X",也会与表达式的意义相违背,因为C式表明X移出N,空间上不再是部分—整体的关系。

据上所述,可以知道,有标记的语义后果是:凸显了X越过N边界后的空间状态。B式、D式里,X与"N里/外"形成了稳定、明确的空间关系,这是标记凸显的结果。

三　制约标记出现的其他因素

如果除有标记的差别外,其他的成分都一样的话,如"我走进食堂"与"我走进食堂里",那么,制约、促动的因素是象似原则和经济原则:无标记的是经济的,有标记的是象似的。不过,标记能不能出现,还受到其他因素的影响。

3.1　容器的典型性可以制约标记的出现。典型的容器具有以下属性:(一)实体的;(二)边界清楚;(三)有可容纳的三维空间;(四)有进出口。如"楼、院子、大厅、礼堂、垃圾桶"等都是典型的容器。

有些容器是不典型的,如"毛巾被、肉"虽是实体的,但没有可容纳的三维空间,也没有进出口,因此,与"V进"配合,通常是有标记的B式,使空间关系得以强化。例如:

(1) 脸藏进毛巾被里。(《王朔文集》,80页,华艺出版社,1997。以下用例若出处与此相同,则只标页码)
(2) 两条手臂几乎勒进我肉里。(173页)

更不典型的容器是离散性的事物,如"水、火、油、雨、雾"等,与"V进"配合,都是有标记的:

(3) 元豹和水鬼此起彼伏地被对方把头拽进水里。(928页)
(4) 她默默地、麻利地磕了个鸡蛋放进油里。(61页)

(5) 我跑进雨里。(133页)

3.2 N为处所词的,有些不能和"里"结合,如"北京、安徽、汉正街、长江路"等,与"V进"配合,只能以无标记的形式出现。这种制约是绝对的。

3.3 有的N只是帮助限定空间,N起指示的作用,本身并不是容器,与"V进"配合,一定要带标记。例如:

(6) 我和李云江闪进挂着的红花门帘内。(364页)

例中,"门帘"本身不是容器,"门帘内"才是表示某个容器的空间,"门帘"起指示的作用,一定要带标记。这种情形在《王朔文集》里只发现上述一例。

3.4 音节也有影响。为了韵律和谐,单音节的N倾向于有标记。如"嘴、肚、车、盆、碗、杯、包、兜、书、被、套、屋、房、店、池、海、湖、水、火、油"等,与"V进"配合,大多是以"N里"的有标记形式出现。《王朔文集》里的6个"V出＋N外"的实例,N全是单音节的,其中"窗外"两个,"门外"两个,"圈外"、"杯外"各一个。"窗、杯"等在口语里成词能力不强,也需要"里/外"配合才更像一个词。

3.5 应该说明的是,容器典型性的影响是相对的。有些不典型的容器,也可以以无标记的形式与"V进"配合。例如"屁股、皮肤、手指":

(7) 有一次在海滩上投手榴弹,一枚弹片打进我屁股。(8页)
(8) 针扎进皮肤。(185页)
(9) 她已用指甲深深掐进了男兵紧攥的手指。(321页)

音节的影响更不是绝对的。对比下列各例:

(10) a. 他们把我推进屋,关上门。(68页)
(10) b. 门被推开了,曲强微笑着一步跨进屋里。(680页)
(11) a. 他伸出一只肥厚的手把李缅宁拉进车。(493页)
(11) b. 我们坐进车里。(50页)

例中,N都是单音节的,a是无标记的,b是有标记的,这两种情形同时并存。尤其是"屋",《王朔文集》里"V进屋"有14例,而"V进屋里"只有5例。这说明,单音节对标记的要求并不是绝对的。

这些因素制约能力的相对性,恰恰说明了本节把四种格式分为有标记与无标记两类是站得住的,无标记/有标记与基本/非基本的对应是最根本的。

四 结语

本节的看法是,表示里外关系的变化,A—D四种表达式,A式、C式是无标记的基本式,B式、D式是有标记的非基本式。前者表明事物对容器边界的突破,空间关系不稳定,一般不能说成"N 的 X",后者凸显了事物越过容器边界后的空间状态,空间关系稳定,可以说成"N 里/外的 X"。这是它们的差别所在。

在具体运用中,可以根据上述差别选择表达式。但也要注意其他因素的影响:不典型的容器倾向选择 B 式或 D 式,以强化空间关系;单音节的容器 N 倾向选择 B 式或 D 式,韵律上和谐一些。当然,如果容器 N 不能与"里/外"组合,就只能选择 A 式或 C 式。

有些问题还需进一步说明。

4.1 本节统计的数据显示,"V 出＋N 外"只有6例。为什么"V 出＋N 外"不多见呢?关键是对"出"的重新理解。近代汉语里,"出＋N 外"里的"出"是"到"的意义。V 与"出＋N 外"构成连动式,较早见于《世说新语》,如"跳出屋外"。由于"V＋(出＋N 外)"长期连用,V 与"出"结合越来越紧密,结构关系发生变化,形成"V 出＋N 外"的格式。格式形成以后,"出"由"到"的非基本义被重新理解为"由内而外"的基本义,这使"出"与"N 外"产生逻辑语义上的矛盾,"V 出＋N 外"因此受到抑制而不多见。详细情况参看储泽祥、徐朝晖等(1999)。

由于"出"与"N 里"的矛盾,"V 出＋N 里"更难见到。本节只收集到一例,而且似乎难以接受:

(12) 她一边哭着,一边把头上的牛粪拨将下来,然后就走出了田里。
    (鬼子《你猜她说了什么》,《青年文学》1998:2,45 页)

4.2 统计中还见到一些用例:

(13) 我们躲进一株老树的浓密伞盖下。(《王朔文集》,98 页)
(14) 我把脸盆踢进床底下。(80 页)
(15) 他们俩被一起挤出柜台前,站到一边。(516 页)

例中,"V进/出"后,N都有标记,但不是"里/外"。这里的N本身都不是容器。"伞盖下"、"床底下"、"柜台前"指示了一个近似容器的空间,事物X与这种空间也可以形成里外关系。这种情形共有6例,远比A式、C式少,不会影响本节的基本结论。但它可以说明,在里外关系变化的表达式里,容器的最显著的属性是:能提供一个可容纳的空间。

参考文献

白丽芳 2006 "名词+上/下"语义结构的对称与不对称,《语言教学与研究》第 4 期。
北京大学中文系 55、57 级语言班 1996 《现代汉语虚词例释》,北京:商务印书馆。
陈　康 2000 赛德克语概况,《民族语文》第 5 期。
陈昌来 1994 论动后趋向动词的性质,《烟台师范学院学报》第 4 期。
陈昌来 2002 《介词与介引功能》,合肥:安徽教育出版社。
陈垂民 1995 谈述宾短语带宾语的几个问题,《暨南学报》第 1 期。
储诚志 1987 安徽岳西方言的同音字汇,《方言》第 4 期。
储泽祥 1995 务实学风与"表—里—值"验证方法,《语言文字应用》第 2 期。
储泽祥 1996a 汉语空间方位短语历史演变的几个特点,《古汉语研究》第 1 期。
储泽祥 1996b "满+N"与"全+N",《中国语文》第 5 期。
储泽祥 1996c "在"的涵盖义与句首处所前"在"的隐现,《汉语学习》第 4 期。
储泽祥 1997a 《现代汉语方所系统研究》,武汉:华中师范大学出版社。
储泽祥 1997b 现代汉语的命名性处所词,《中国语文》第 5 期。
储泽祥　徐朝晖　贺福凌　黄春平　尹戴忠 1999 近代汉语的"V 出+N 外"格式——兼说该格式现代为什么不多见,《古汉语研究》第 4 期。
储泽祥 1998 动词的空间适应性情况考察,《中国语文》第 4 期。
储泽祥 2001 语言运用中的"干亲"现象,《海外华文教育》第 1 期。
储泽祥 2004a 汉语"在+方位短语"里方位词的隐现机制,《中国语文》第 2 期。
储泽祥 2004b 处所角色宾语的判定及其典型性问题,《语言教学与研究》第 6 期。
储泽祥 2004c "V 往+O"的语义约束,"汉语词汇语义研究的现状与发展趋势国际学术研讨会"论文,北京大学,2004 年 11 月 7—8 日。
崔希亮 2000 汉语方位结构"在……里"的认知考察,《语法研究和探索》(十一),商务印书馆,2002 年。

崔希亮 2002 空间关系的类型学研究,《汉语学习》第 1 期。
戴浩一 1988 时间顺序和汉语的语序,黄河译,《国外语言学》第 1 期。
戴浩一 1990 以认知为基础的汉语功能语法刍议,叶蜚声译,《国外语言学》第 4 期。
戴浩一 2002 概念结构与非自主性语法:汉语语法概念系统初探,《当代语言学》第 2 期。
戴庆厦 崔志超 1985 《阿昌语简志》,北京:民族出版社。
戴庆厦 1990 《藏缅语族语言研究》,昆明:云南民族出版社。
戴庆厦 1992 《景颇语语法》,北京:中央民族大学出版社。
戴庆厦 1998 景颇语方位词"里、处"的虚实两重性,《民族语文》第 6 期。
道 布 1983 《蒙古语简志》,北京:民族出版社。
邓守信 1975 《汉语及物性关系的语义研究》,侯方等译,黑龙江大学科研处,1983。
丁声树等 1979 《现代汉语语法讲话》,北京:商务印书馆。
董秀芳 2002 《词汇化:汉语双音词的衍生和发展》,成都:四川民族出版社。
渡边济民 2001 《汉语语法引进"提示语"概念的探索》,《语文研究》第 2 期。
范继淹 1982 论介词短语"在十处所",《语言研究》第 1 期。
范 晓 1986 交接动词及其构成的句式,《语言教学与研究》第 3 期。
方光焘 1997 《方光焘语言学论文集》,北京:商务印书馆。
方经民 2002 论汉语空间区域范畴的性质和类型,《世界汉语教学》第 3 期。
方经民 2004 现代汉语方位成分的分化和语法化,《世界汉语教学》第 2 期。
方绪军 2002 "V 向……"和"V 往……",《语言教学与研究》第 2 期。
冯春田 2000 《近代汉语语法研究》,山东:山东教育出版社。
盖兴之 1986 《基诺语简志》,北京:民族出版社。
高桥弥守彦 1992 是用"上"还是用"里",《语言教学与研究》第 1 期。
高永奇 2001 莽语概况,《民族语文》第 4 期。
顾曰国 1999 使用者话语的语言学地位综述,《当代语言学》第 3 期。
郭 锐 2002 《现代汉语词类研究》,北京:商务印书馆。
郭 熙 1986 "放到桌子上""放在桌子上""放桌子上",《中国语文》第 1 期。
郭锡良 1997 介词"于"的起源和发展,《中国语文》第 2 期。
何乐士 1992 《史记》语法特点研究,见程湘清主编《两汉汉语研究》,济南:山东教育出版社,1992。
何乐士 1997 《左传》《史记》名词作状语的比较,《湖北大学学报》第 4 期。
何乐士 2000 《世说新语》的语言特色——《世说新语》与《史记》名词作状语比较,《湖北大学学报》第 6 期。
何汝芬 曾思奇 李文苏 林青春 1986 《高山族语言简志(布嫩语)》,北京:民族出版社。
贺嘉善 1983 《仡佬语简志》,北京:民族出版社。
洪 波 1991 不同系统、结构的指示代词在功能上没有可比性,《中国语文》第 3 期。

洪　波 1998 汉语处所成分的语序演变及其机制,见《纪念马汉麟先生论文集》,天津:南开大学出版社。

洪　波 1999 《坚果集——汉台语锥指》,天津:南开大学出版社。

胡裕树(主编)1988 《现代汉语》,上海:上海教育出版社。

胡裕树 1982 试论汉语句首的名词性成分,《语言教学与研究》第4期。

胡增益 1986 《鄂伦春语简志》,北京:民族出版社。

胡振华 1986 《柯尔克孜语简志》,北京:民族出版社。

黄布凡 2002 羌语构词词缀的某些特征,《民族语文》第6期。

江蓝生 1999 处所词的领格用法与结构助词"底"的由来,《中国语文》第2期。

江蓝生 2001 《近代汉语探源》,北京:商务印书馆。

蒋冀骋　吴福祥 1997 《近代汉语纲要》,长沙:湖南教育出版社。

蒋绍愚 1999 抽象原则和临摹原则在汉语语法史中的体现,《古汉语研究》第4期。

金立鑫 1993 "把OV在L"的语义、句法、语用分析,《中国语文》第5期。

金昌吉 1996 《汉语介词和介词短语》,天津:南开大学出版社。

景士俊 1987 《语法问题二则》,中国人民大学复印资料《语言文字学》第8期。

孔令达　王祥荣 2002 儿童语言中方位词的习得及相关问题,《中国语文》第2期。

李崇兴 1992 处所词发展历史的初步考察,胡竹安、杨耐思、蒋绍愚编《近代汉语研究》,北京:商务印书馆。

李春林 1985 《"在"和"在"字句的语义、语法分析》,中国人民大学复印资料《语言文字学》第1期。

李大勤 2002 《格曼语研究》,北京:民族出版社。

李大勤　江　荻 2001 扎话概况,《民族语文》第6期。

李锦芳 2001 茶洞语概况,《民族语文》第1期。

李晋霞　刘　云 2006 从概念域看单音方位词语法化的非匀质性,《语言科学》第4期。

李临定 1990 《现代汉语动词》,北京:中国社会科学出版社。

李泰洙 2000 古本、谚解本《老乞大》里方位词的特殊功能,《语文研究》第2期。

李英哲 1983 汉语语义单位的排列次序,陆俭明译,《国外语言学》第3期。

李永燧　王尔松 1986 《哈尼语简志》,北京:民族出版社。

林莲云 1985 《撒拉语简志》,北京:民族出版社。

林书武 1995 《隐喻与象似性》简介,《国外语言学》第3期。

廖秋忠 1983 现代汉语篇章中空间和时间的参考点,《中国语文》第4期。

廖秋忠 1989 空间方位词和方位参考点,《中国语文》第1期。

刘丹青　徐烈炯 1998 焦点与背景、话题及汉语"连"字句,《中国语文》第4期。

刘丹青 2002a 汉藏语言的若干语序类型学课题,《民族语文》第5期。

刘丹青 2002b 汉语中的框式介词,《当代语言学》第4期。

刘丹青 2003 《语序类型学与介词理论》,北京:商务印书馆。

刘　坚　蒋绍愚(主编)1995　《近代汉语语法资料汇编》,北京：商务印书馆。

刘纶鑫(主编)1999　《客赣方言比较研究》,北京：中国社会科学出版社。

刘梦溪(主编)1996　《赵元任传》,石家庄：河北教育出版社。

刘宁生 1994　汉语怎样表达物体的空间关系,《中国语文》第 3 期：169—179 页。

刘　伟 2007　动态句法：以汉语主题句复指代词的隐现为例,《当代语言学》第 3 期。

刘照雄 1981　《东乡语简志》,北京：民族出版社。

卢曼云 1988　句子结构的内外层和名词性的外层成分——题解关系刍议,《杭州大学学报》第 4 期。

陆丙甫 2004　作为一条语言共性的"距离—标记对应律",《中国语文》第 1 期。

陆俭明 1963　"的"的分合问题及其他,《陆俭明自选集》,河南教育出版社,1993 年。

陆俭明 2004　《现代汉语语法研究教程》(修订版),北京：北京大学出版社。

陆绍尊 1983　《普米语简志》,北京：民族出版社。

陆绍尊 1986　《错那门巴语简志》,北京：民族出版社。

吕冀平 2000　《汉语语法基础》,北京：商务印书馆。

吕叔湘 1965　《方位词使用情况的初步考察》,《中国语文》第 3 期。

吕叔湘 1984　论底、地之辨及底字的由来,载《汉语语法论文集》,北京：商务印书馆。

吕叔湘(主编)1984　《现代汉语八百词》,商务印书馆。

吕叔湘 1985　《近代汉语指代词》,江蓝生补,上海：学林出版社。

吕叔湘 1989　《吕叔湘自选集》,上海：上海教育出版社。

吕叔湘 1990　指示代词的二分法和三分法,《中国语文》第 6 期。

马贝加 2001　《近代汉语介词》,北京：中华书局。

马贝加 2003　在汉语历时分析中如何区分动词和介词,《中国语文》第 1 期。

毛宗武　李云兵 2002　《炯奈语研究》,北京：中央民族大学出版社。

孟　琮　郑怀德　孟庆海　蔡文兰 1987　《动词用法词典》,上海：上海辞书出版社。

孟庆海 1986　动＋处所宾语,《中国语文》第 1 期。

欧阳觉亚 1985　《珞巴族语言简志(崩尼—博嘎尔语)》,北京：民族出版社。

欧阳觉亚 1998　《村语》,上海：上海远东出版社。

欧阳觉亚　程　方　喻翠容 1984　《京语简志》,北京：民族出版社。

彭楚南 1957　语法范畴,《中国语文》5 月号 7 月号。

齐沪扬 1998　《现代汉语空间问题研究》,上海：学林出版社。

齐沪扬 2000　动词移动性功能的考察和动词的分类,《语法研究和探索》(十),北京：商务印书馆。

齐沪扬　唐依力 2004　带处所宾语的"把"字句中 V 后格标的脱落,《世界汉语教学》第 3 期。

钱乃荣(主编)1990　《现代汉语》,北京：高等教育出版社。

覃凤余 2005　壮语方位词,《民族语文》第 1 期。

任　鹰 2000　《现代汉语非受事宾语句研究》，北京：社会科学文献出版社。

沈家煊 1993　句法的象似性问题，《外语教学与研究》第1期。

沈家煊 1995　"有界"与"无界"，《中国语文》第5期。

沈家煊 1997a　类型学中的标记模式，《外语教学与研究》第1期。

沈家煊 1997b　形容词句法功能的标记模式，《中国语文》第4期。

沈家煊 1999a　《不对称和标记论》，南昌：江西教育出版社。

沈家煊 1999b　"在"字句和"给"字句，《中国语文》第2期。

沈家煊 2002　《著名中年语言学家自选集·沈家煊卷》，合肥：安徽教育出版社。

沈　阳　郑定欧编 1995　《现代汉语配价语法研究》，北京：北京大学出版社。

盛爱萍 2004　温州地名中的方位词，《方言》第3期。

石定栩 2003　Chomsky句法理论的最新动向，《当代语言学》第1期。

石毓智 1995a　时间的一维性对介词衍生的影响，《中国语文》第1期。

石毓智 1995b　《女人，火，危险事物——范畴揭示了思维的什么奥秘》评价，《国外语言学》第2期。

石毓智　李　讷 1998　汉语发展史上结构助词的兴替——论"的"的语法化历程，《中国社会科学》第5期。

石毓智　李　讷 2001　《汉语语法化的历程》，北京：北京大学出版社。

斯钦朝克图 2002　康家语概况，《民族语文》第6期。

史有为 1992　《呼唤柔性——汉语语法探异》，海口：海南出版社。

孙锡信 1991　"V在L"格式的语法分析，孙锡信《汉语历史语法丛稿》，汉语大词典出版社，1997。

孙玄常 1987　《宾语和补语》，上海：上海教育出版社。

太田辰夫 1991　《汉语史通考》，江蓝生、白维国译，重庆：重庆出版社。

汤廷池 1977　动词的语法属性，《语文周刊》(台湾)第1463期。

王　力 1980　《汉语史稿》(中册)，北京：中华书局。

王　力 2000　《汉语语法史》，北京：商务印书馆。

王小溪 2004　为什么不能说"扔往地上"，《汉语学习》第4期。

王秀珍 1998　关于现代汉语里的处所宾语，北京：第十次现代汉语语法学术讨论会论文。

王　锳 2004　敦煌变文"处"字例释，见《近代汉语词汇语法散论》，北京：商务印书馆。

王　锳 2004　唐诗方位词使用情况考察，见《近代汉语词汇语法散论》，北京：商务印书馆。

王　锳 2004　《近代汉语词汇语法散论》，北京：商务印书馆。

王远新 2003　突厥语族语言方位词的语法化趋势及其语义特点，《民族语文》第1期。

王占华 2000　"吃食堂"的认知考察，《语言教学与研究》第2期。

王志敬 1994　《藏语拉萨口语语法》，北京：中央民族大学出版社。

魏　红 2008　面向汉语习得的常用动词带宾情况考察,武汉:华中师范大学博士学位论文。

吴福祥 1996 《敦煌变文语法研究》,长沙:岳麓书社。

吴丽君 2002 《日本学生汉语习得偏误研究》,北京:中国社会科学出版社。

伍云姬(主编)2000 《湖南方言的代词》,长沙:湖南师范大学出版社。

小川环树 1981 苏州方言的指示代词,《方言》第4期。

谢红华 2001 单双音节同义方位词补说,《语言教学与研究》第2期。

谢晓明 2002 相关动词带宾语的多角度考察,长沙:湖南师范大学博士学位论文。

邢福义 1991 汉语里宾语代入现象之观察,《世界汉语教学》第2期。

邢福义 1995 《语法问题思索集》,北京:北京语言学院出版社。

邢福义 1996 方位结构"X里"和"X中",《世界汉语教学》第4期。

邢福义 1997 《汉语语法学》,长春:东北师范大学出版社。

邢福义　丁　力　汪国胜　张邱林 1990 《时间词"刚刚"的多角度考察》,《中国语文》第1期。

邢福义 1997 V为双音节的"V在了N"格式,《语言文字应用》第4期。

徐　丹 1992 汉语里的"在"与"着(著)",《中国语文》第6期。

徐　丹 1994 关于汉语里"动词+X+地点词"句型,《中国语文》第3期。

徐　慧 2001 《益阳方言语法研究》,长沙:湖南教育出版社。

徐　杰 1983 "动词·到·处所词"的句法语义结构,见其《汉语描写语法十论》,河南教育出版社,1993。

徐烈炯　邵敬敏 1998 《上海方言语法研究》,上海:华东师范大学出版社。

徐　琳　木玉璋　盖兴之 1986 《傈僳语简志》,北京:民族出版社。

徐世璇 1998 《毕苏语》,上海:上海远东出版社。

徐悉艰　徐桂珍 1984 《景颇族语言简志(载瓦语)》,北京:民族出版社。

宣德五　金祥元　赵　习 1985 《朝鲜语简志》,北京:民族出版社。

严辰松 1997 语言临摹性概说,《国外语言学》第3期。

杨　军 2007 概率性优选论,《当代语言学》第2期。

叶蜚声　徐通锵 1997 《语言学纲要》,北京:北京大学出版社。

于思湘 2002 现代汉语中应增设方位型合成词,《汉语学习》第4期。

于根元等 1999 《语言哲学对话》,北京:语文出版社。

俞士汶等 2003 《现代汉语语法信息词典详解》(第2版),北京:清华大学出版社。

俞光中 1987 "V在N"的分析及其来源献疑,《语文研究》第3期。

俞咏梅 1999 论"在+处所"的语义功能和语序制约原则,《中国语文》第1期。

袁毓林 1994 关于认知语言学的理论思考,《中国社会科学》第1期。

袁毓林 2000 一个汉语词类的准公理系统,《语言研究》第4期。

苑中树 1994 《黎语语法纲要》,北京:中央民族大学出版社。

詹卫东 2001 确立语义范畴的原则及语义范畴的相对性,《世界汉语教学》第 2 期。

詹卫东 2004 论元结构与句式变换,《中国语文》第 3 期。

张伯江　方　梅 1996 《汉语功能语法研究》,南昌：江西教育出版社。

张　赪 1997 论决定"在 L＋VP"或"VP＋在 L"的因素,《语言教学与研究》第 2 期。

张　赪 2000 从先秦时期"介词＋场所"在句中不合规律分布的用例看汉语的词序原则,《语言研究》第 2 期。

张　赪 2002 《汉语介词词组词序的历史演变》,北京：北京语言文化大学出版社。

张定京 2003 哈萨克语虚词类别问题,《民族语文》第 1 期。

张惠英 2001 《汉语方言代词研究》,北京：语文出版社。

张济民 1993 《仡佬语研究》,贵阳：贵州民族出版社。

张　璐 2002 从东西南北谈汉英语序所反映的认知过程,《语言研究》第 4 期。

张美兰 2001 《近代汉语语言研究》,天津：天津教育出版社。

张　敏 1998 《认知语言学与汉语名词短语》,北京：中国社会科学出版社。

张文国 1997 《左传》名词研究,四川联合大学博士学位论文。

张晓勤 1998 宁远方言的介词,伍云姬主编《湖南方言的介词》,长沙：湖南师范大学出版社,1998 年。

张谊生 2000 《现代汉语虚词》,上海：华东师范大学出版社。

张元生　覃晓航 1993 《现代壮汉语比较语法》,北京：中央民族学院出版社。

郑张尚芳 1986 皖南方言的分区(稿),《方言》第 1 期。

赵金铭 1995 现代汉语补语位置上的"在"和"到"及其弱化形式"·de",《中国语言学报》第 7 期,北京：语文出版社。

赵日新 2001 说"在"及相当于"在"的成分,《语文研究》第 4 期。

赵世开主编 1999 《汉英对比语法论集》,上海：上海外语教育出版社。

赵艳芳 2001 《认知语言学概论》,上海：上海外语教育出版社。

周长楫　欧阳忆耘 1998 《厦门方言研究》,福州：福建人民出版社。

周烈婷 1998 汉语方位词"上(面)、里(面)"隐现条件的认知解释,1998 年现代汉语语法国际学术会议论文,北京大学。

周小兵 1997 表示处所的"在"字结构,《中国语言学报》第八期。

周植志　颜其香 1984 《佤语简志》,北京：民族出版社。

朱德熙 1961 说"的",《中国语文》12 月号。

朱德熙 1982 《语法讲义》,北京：商务印书馆。1997 年。

朱德熙 1985 《语法答问》,北京：商务印书馆。

朱德熙 1986 变换分析中的平行性原则,《中国语文》第 2 期。又见《朱德熙选集》,长春：东北师范大学出版社,2001 年。

朱德熙 1987 "在黑板上写字"及相关句式,见《语法丛稿》,上海：上海教育出版社。

朱庆之 1992 《佛典与中古汉语词汇研究》,台北：台湾文津出版社。

祝敏彻　尚春生 1984 敦煌变文中几个行为动词,《语文研究》第 1 期。

邹崇理 2007 从逻辑到语言——Barbara H. Partee 访谈录,《当代语言学》第 2 期。

邹韶华 1984 现代汉语方位词的语法功能,《中国语文》第 3 期。

邹韶华 2001 《语用频率效应研究》,北京:商务印书馆。

Ameka, F. K. 1995. The linguistic construction of space in Ewe. Cognitive Linguistics 6—2/3, 139—181.

Becker, A. & Carroll, M. 1997. The Acquisition of Spatial Relations in a Second Language. Amster Amsterdam: J. Benjamins Publication.

Bolinger, D. 1975. Aspects of Language, New York: Harcourt. (方立等译《语言要略》,外语教学与研究出版社,1993)

Chomsky, N. 1957. Syntactic Structures. The Hague: Mouton.

Comrie, B. 1981. Language Universals and Linguistic Typology. Chicago: Chicago University Press. (沈家煊译《语言共性和语言类型》,北京: 华夏出版社,1989 年)

Croft, William. 1990. Typology and Universals. Cambridge: Cambridge University Press.

Ernst, Thomas. 1988. Chinese postpositions?——again. Journal of Chinese Linguistics; 16—2.

Fillmore, Charles J. 1968. The case for case. In Emmon Bach and Robert T. Harms (eds.). Universals in Linguistics Theory (New York: Holt, Rinehart and Winston).

Haiman, John. 1983. Iconic and economic motivation. Language 59.

Heine, Bernd et al. 1991. Grammaticalization: A Conceptual Framework. Chicago: The University of Chicago Press.

Hsieh, Hsin-I. 1989. Time and Imagery in Chinese Functionalism and Chinese Grammar, ed. by James Tai and Frank Hsieh, 45-94. Chinese Language Teachers Association, Monograph Series No. 1.

Jackendoff, R. 1991. Semantic Structures. Cambridge, Mass: MIT Press.

Kempson, R., W. Meyer-Viol and D. Gabbay. 2001. Dynamic Syntax: The Flow of Language Understanding. Oxford: Blackwell Publishers.

Lakoff, George. 2004. Ten Lectures in Cognitive Linguistics. At Beihang University(高远、李福印主编《乔治·莱考夫认知语言学十讲》,北京航空航天大学外国语言系、外国语言研究所).

Langacker, R. W. 1999. Grammar and Conceptualization. Berlin; New York: Mouton de Gruyter.

Li, Y-H Audrey. 1990. Order and Constituency in Mandarin Chinese. Dordrecht: Kluwer.

Liu, Feng-his. 1998. A clitic analysis of locative particles. Journal of Chinese Linguistics: 26—1.

Liu, Ningsheng. 1993. "Figure" and "Ground": Their Cognitive Basis, Idiosyncrasy, Biases, and Symmetry-A Cognitive Semantics Analysis of Spatial Expressions in Chinese. MS. University of Colorado at Boulder.

Lyovin, A. V. 1997. An Introduction to the Languages of the World. Oxford: Oxford University Press.

Mithun, M. 1999. The Languages of Native North America. Cambridge: Cambridge University Press.

Rijkhoff, J. 2002. The Noun Phrase. Oxford: Oxford University Press.

Sun, Chaofen. 1996. Word-Order Change and Grammaticalization in the History of Chinese. Stanford: Stanford University Press.

Svorou, Soteria. 1993. The Grammar of Space. Amsterdam: J. Benjamins Publication.

Tai, H-Y James. 1973. Chinese as a SOV Language. In C. Corum et al (ed.). Papers from the Ninth Regional Meeting of Chicago Linguistics Society. Chicago: Chicago University Press.

Tai, James H-Y. 1989. Cognitive Basis of Spatial Expressions in Chinese: A Preliminary Analysis of the Zai Phrase. Paper presented at the 22nd Sino-Tibetan Conference, Hawaii.

Tai, James H.-Y. 1993 Conceptual structures of Chinese spatial expression. In "Parasession on Conceptual Representations". Chicago Linguistic Society.

Talmy, Leonard. 1983/2000. How language structures space. In Talmy "Toward a cognitive semantics" Vol. I, 177—254. MIT Press.

Tiersma, P. M. 1982. Local and general markedness. Language 58: 832—849.

Wang, Mingquan. 1990. With or without Li. Journal of Chinese Language Teachers Association, Volume XXV: No. 2: 91—95.

Zhang Niina Ning. 2002. Movement within a Spatial Phrase. In "Perspectives on Prepositions"(Edited by Cuyckens, H. & Radden, G. Max Niemeyer Verlag Tübingen, 2002), 47—64.